冶金工业出版社

冶金专业教材和工具书经典传承国际传播工程

Project of the Inheritance and International Dissemination of Classical Metallurgical Textbooks & Reference Books

普通高等教育“十四五”规划教材

钢铁工业多尺度能效评估理论及应用

主　编　杜　涛

副主编　那洪明

本书数字资源

北　京

冶　金　工　业　出　版　社

2025

内容提要

本书面向国家“碳达峰、碳中和”战略和行业绿色低碳转型发展重大需求，结合编者多年来从事钢铁工业系统节能、减碳、增效理论与技术的研究实践，围绕钢铁工业能效评估的理论基础、案例分析、关键技术及数字化转型等内容展开，涵盖钢铁工业多尺度能效评估理论框架及案例研究、碳排放核算理论体系及案例研究、能源系统优化方法及案例研究、节能减碳关键技术及措施、钢铁工业数字化转型等内容，旨在促进钢铁工业节能减排和可持续发展，为钢铁工业的能效提升减碳提供理论支撑和实践指导。

本书可作为高等院校冶金工程、能源与动力工程等相关专业的教材或教学参考书，可供冶金行业管理者和从事能源管理等企业相关技术人员、国内本领域科研人员等参考，也适用于对能效与碳排放管理感兴趣的广大读者阅读和使用。

图书在版编目（CIP）数据

钢铁工业多尺度能效评估理论及应用 / 杜涛主编 ； 那洪明副主编. -- 北京 ：冶金工业出版社，2025. 4. （普通高等教育“十四五”规划教材）. -- ISBN 978-7-5240-0124-9

Ⅰ. F426. 31

中国国家版本馆 CIP 数据核字第 20257MH666 号

钢铁工业多尺度能效评估理论及应用

出版发行 冶金工业出版社　**电　话** (010)64027926

地　址 北京市东城区嵩祝院北巷 39 号　**邮　编** 100009

网　址 www. mip1953. com　**电子信箱** service@ mip1953. com

责任编辑　夏小雪　美术编辑　吕欣童　版式设计　郑小利

责任校对　梅雨晴　责任印制　禹　蕊

三河市双峰印刷装订有限公司印刷

2025 年 4 月第 1 版，2025 年 4 月第 1 次印刷

787mm×1092mm　1/16；11. 5 印张；250 千字；165 页

定价 42. 00 元

投稿电话　(010)64027932　投稿信箱　tougao@cnmip. com. cn

营销中心电话　(010)64044283

冶金工业出版社天猫旗舰店　yjgycbs. tmall. com

（本书如有印装质量问题，本社营销中心负责退换）

冶金专业教材和工具书
经典传承国际传播工程
总　　序

钢铁工业是国民经济的重要基础产业，为我国经济的持续快速增长和国防现代化建设提供了重要支撑，做出了卓越贡献。当前，新一轮科技革命和产业变革深入发展，中国经济已进入高质量发展新时代，中国钢铁工业也进入了高质量发展的新时代。

高质量发展关键在科技创新，科技创新离不开高素质人才。党的二十大报告指出："教育、科技、人才是全面建设社会主义现代化国家的基础性、战略性支撑。必须坚持科技是第一生产力、人才是第一资源、创新是第一动力，深入实施科教兴国战略、人才强国战略、创新驱动发展战略，开辟发展新领域新赛道，不断塑造发展新动能新优势。"加强人才队伍建设，培养和造就一大批高素质、高水平人才是钢铁行业未来发展的一项重要任务。

随着社会的发展和时代的进步，钢铁技术创新和产业变革的步伐也一直在加速，不断推出的新产品、新技术、新流程、新业态已经彻底改变了钢铁业的面貌。钢铁行业必须加强对科技进步、教育发展及人才成长的趋势研判、规律认识和需求把握，深化人才培养体制机制改革，进一步完善相应的条件支撑，持续增强"第一资源"的保障能力。中国钢铁工业协会《"十四五"钢铁行业人力资源规划指导意见》提出，要重视创新型、复合型人才培养，重视企业家培养，重视钢铁上下游复合型人才培养。同时要科学管理，丰富绩效体系，进一步优化人才成长环境，造就一支能够支撑未来钢铁行业高质量发展的人才队伍。

高素质人才来源于高水平的教育和培训，并在丰富多彩的创新实践中历练成长。以科技创新为第一动力的发展模式，需要科技人才保持知识的更新频率，站在钢铁发展新前沿去思考未来，系统性地将基础理论学习和应用实践学习体系相结合。要深入推进职普融通、产教融合、科教融汇，建立高等教育+职业教育+继续教育和培训一体化行业人才培养体制机制，及时把钢铁科技创新成果转化为钢铁从业人员的知识和技能。

一流的专业教材是高水平教育培训的基础，做好专业知识的传承传播是当代中国钢铁人的使命。20世纪80年代，冶金工业出版社在原冶金工业部的领导支持下，组织出版了一批优秀的专业教材和工具书，代表了当时冶金科技的水平，形成了比较完备的知识体系，成为一个时代的经典。但是由于多方面的原因，这些专业教材和工具书没能及时修订，导致内容陈旧，跟不上新时代的要求。反映钢铁科技最新进展和教育教学最新要求的新经典教材的缺失，已经成为当前钢铁专业人才培养最明显的短板和痛点。

为总结、提炼、传播最新冶金科技成果，完成行业知识传承传播的历史任务，推动钢铁强国、教育强国、人才强国建设，中国钢铁工业协会、中国金属学会、冶金工业出版社于2022年7月发起了“冶金专业教材和工具书经典传承国际传播工程”（简称“经典工程”），组织相关高校、钢铁企业、科研单位参加，计划用5年左右时间，分批次完成约300种教材和工具书的修订再版和新编，以及部分教材和工具书的对外翻译出版工作。2022年11月15日在东北大学召开了工程启动会，率先启动了高等教育和职业教育教材部分工作。

“经典工程”得到了东北大学、北京科技大学、河北工业职业技术大学、山东工业职业学院等高校，中国宝武钢铁集团有限公司、鞍钢集团有限公司、首钢集团有限公司、河钢集团有限公司、江苏沙钢集团有限公司、中信泰富特钢集团股份有限公司、湖南钢铁集团有限公司、包头钢铁（集团）有限责任公司、安阳钢铁集团有限责任公司、中国五矿集团公司、北京建龙重工集团有限公司、福建省三钢（集团）有限责任公司、陕西钢铁集团有限公司、酒泉钢铁（集团）有限责任公司、中冶赛迪集团有限公司、连平县昕隆实业有限公司等单位的大力支持和资助。在各冶金院校和相关钢铁企业积极参与支持下，工程相关工作正在稳步推进。

征程万里，重任千钧。做好专业科技图书的传承传播，正是钢铁行业落实习近平总书记给北京科技大学老教授回信的重要指示精神，培养更多钢筋铁骨高素质人才，铸就科技强国、制造强国钢铁脊梁的一项重要举措，既是我国钢铁产业国际化发展的内在要求，也有助于我国国际传播能力建设、打造文化软实力。

让我们以党的二十大精神为指引，以党的二十大精神为强大动力，善始善终，慎终如始，做好工程相关工作，完成行业知识传承传播的使命任务，支撑中国钢铁工业高质量发展，为世界钢铁工业发展做出应有的贡献。

中国钢铁工业协会党委书记、执行会长

2023 年 11 月

《钢铁工业多尺度能效评估理论及应用》
编　委　会

前　　言

目前，全球气候变暖加速、极端气候事件频发，在能源转型和绿色发展的大背景下，国际社会对于减缓气候变化、实现绿色低碳发展的共识日益增强。2020 年 9 月，中国明确提出“二氧化碳排放力争于 2030 年前达到峰值，努力争取 2060 年前实现碳中和”的“双碳”目标，开启了中国的“双碳”征程。钢铁工业是我国国民经济的重要支柱产业，也是传统的能耗、排放大户，面对“双碳”目标的挑战与机遇，亟须探索出一条符合自身发展规律和特点，有效应对碳排放压力的转型路径。本书正是基于这样的背景和需求，整理和汇聚了编者多年科研实践和成果，力图通过深入的理论分析与丰富的实践案例，系统探讨钢铁工业节能减碳以及数字化转型等关键问题，为推动钢铁行业绿色低碳发展提供理论支撑与实践指导。

本书由东北大学冶金学院杜涛教授担任主编，那洪明担任副主编。全书主要包括 7 章内容，第 1 章为绪论，由杜涛编写，主要介绍了节能增效对温室气体减排的重要性和必要性，概述了我国钢铁工业发展现状、节能历程及碳减排挑战等；第 2 章为钢铁工业多尺度能效评估理论与方法，由那洪明编写，主要从设备、工序、界面到企业几个层面，全面介绍了钢铁企业能效评价的方法与指标等；第 3 章为能效评价及分析案例研究，由那洪明编写，主要分析和评估了钢铁企业典型耗能设备、生产工序、界面和企业的能效水平，给出了对应案例分析；第 4 章为钢铁工业碳排放核算方法及分析，由周立峰编写，主要介绍了钢铁工业碳排放核算相关知识，包括基本概念、核算方法与计算范围，给出了典型钢铁企业碳排放案例分析；第 5 章为钢铁工业能源系统优化及案例分析，由袁喻兴编写，主要介绍了钢铁企业能源系统优化模型及优化方法，结合实际案例阐述了建模和优化方法；第6章为钢铁工业节能减碳技术研究，由张磊、闫肃共同编写，主要从源头减量、过程控制和末端治理几个角度，介绍了钢铁工业中目前各类减碳技术的原理及应用效果；第7章为钢铁工业数字化转型，由王义松编写，主要介绍了数字化过程中重要的数据采集、治理和分析等关键环节，以及资源配置与调度管理等问题，分析了我国钢铁行业数字化进程和未来趋势。此外，本书编写过程中得到博士后孙竞超，硕士生陈宝奇、肖天顺和王维辰等人的帮助。

本书汇聚了编者团队多年的研究成果与实践经验，力求理论与实践相结合，希望能为钢铁行业的管理者、能源工程技术人员提供决策依据，为高等院校、科研院所科研人员提供理论和技术参考，为广大学生和读者了解和掌握钢铁工业提升能效、绿色低碳理论和技术打下良好基础，共同为推动钢铁工业可持续发展、构建人与自然和谐共生的美好未来贡献力量。

本书编写过程中参考了相关教材、专著、论文等，国家环境保护生态工业重点实验室、能源科学与生态工业研究所各位师生为本书的资料收集和编写、校稿付出了辛勤劳动，本书的出版得到了东北大学冶金学院的大力支持与资助，编者在此一并表示衷心的感谢！

由于编者水平有限，书中难免有错误和疏漏之处，敬请读者批评指正。

作　者

2024年12月

目　录

1　绪论　1

1.1　温室气体与节能增效　1

1.1.1　温室气体的概念、来源及影响　1

1.1.2　节能增效的重要性及其与温室气体减排的关联　3

1.1.3　节能增效在减少温室气体排放方面的实际应用　6

1.2　我国钢铁工业发展现状、节能历程及碳排放现状　7

1.2.1　我国钢铁工业发展现状　7

1.2.2　我国钢铁工业节能历程　10

1.2.3　我国钢铁工业碳排放现状　11

1.3　钢铁工业能效理论及节能降碳研究现状　12

1.3.1　钢铁工业能效评价方法研究现状　12

1.3.2　钢铁工业节能减碳研究现状　17

1.3.3　钢铁工业能源系统优化研究现状　19

1.4　钢铁工业高能效低碳发展面临的机遇与挑战　21

1.4.1　能耗“双控”挑战　21

1.4.2　碳达峰、碳中和及碳排放“双控”挑战　23

1.4.3　碳关税及碳税挑战　24

思考题　28

参考文献　28

2　钢铁工业多尺度能效评估理论与方法　33

2.1　基本概念　33

2.2　设备层面能效评价指标及方法　33

2.2.1　设备分类　33

2.2.2　加热装置能效评价方法　35

2.2.3　能源转换装置能效评价方法　35

2.2.4 物质转换装置能效评价方法 36
2.2.5 能源-物质转换装置能效评价方法 37
2.3 工序层面能效评价指标及方法 38
2.3.1 工序构成 38
2.3.2 能效评价指标及方法 40
2.4 界面层面能效评价指标及方法 43
2.4.1 界面的概念及构成 43
2.4.2 能效评价指标及方法 45
2.5 企业层面能效评价指标及方法 45
2.5.1 钢铁企业物质流及能量流网络系统 45
2.5.2 能效评价指标及方法 46
思考题 48
参考文献 48

3 能效评价及分析案例研究 50

3.1 典型设备能效评价及分析 50
3.1.1 案例简介 50
3.1.2 高炉设备能效评价及分析 51
3.2 典型工序能效评价及分析 55
3.2.1 案例简介 55
3.2.2 高炉炼铁工序能效评价及分析 56
3.3 典型界面能效评价及分析 59
3.3.1 案例简介 59
3.3.2 铁钢界面能效评价及分析 61
3.4 典型钢铁生产流程能效评价及分析 65
3.4.1 钢铁生产流程简介 65
3.4.2 能效评价过程及敏感性分析 66
思考题 73
参考文献 74

4 钢铁工业碳排放核算方法及分析 76

4.1 钢铁工业碳的主要来源 76

4.2 钢铁工业碳排放核算方法 77
4.2.1 排放因子法 77
4.2.2 质量平衡法 79
4.2.3 实测法 80
4.2.4 不同核算方法的比较 80
4.3 不同组织的碳排放核查 81
4.3.1 IPCC 81
4.3.2 IEA 82
4.3.3 CDP 83
4.3.4 WSA 83
4.3.5 《中国钢铁生产企业温室气体排放核算方法与报告指南(试行)》 84
4.3.6 不同组织碳核算的区别 86
4.4 典型钢铁生产流程碳排放研究 87
4.4.1 高炉-转炉长流程碳排放 87
4.4.2 电炉短流程碳排放 91
4.4.3 钢铁企业不同生产流程的分析比较 92
思考题 94
参考文献 94

5 钢铁工业能源系统优化及案例分析 96

5.1 优化模型概述 96
5.1.1 线性规划 96
5.1.2 非线性规划 98
5.1.3 多目标规划 99
5.2 优化算法 100
5.2.1 传统优化算法 100
5.2.2 启发式算法 107
5.3 钢铁企业能源系统优化案例分析 111
5.3.1 优化模型 111
5.3.2 优化结果 112
5.3.3 影响因素分析 115
思考题 117
参考文献 118

6 钢铁工业节能减碳技术研究 119

6.1 源头减量型节能减碳技术 119
6.1.1 低碳原料替代技术 119
6.1.2 清洁电力替代技术 120
6.2 过程控制型节能减碳技术 121
6.2.1 焦化工序节能减碳技术 121
6.2.2 烧结（球团）工序节能减碳技术 121
6.2.3 炼铁工序节能减碳技术 122
6.2.4 炼钢工序节能减碳技术 123
6.2.5 轧钢工序节能减碳技术 123
6.2.6 余热余能高效回收利用技术 124
6.3 末端治理型减碳技术 132
6.3.1 碳捕集与回收利用技术 132
6.3.2 固废回收及循环利用 138
思考题 139
参考文献 139

7 钢铁工业数字化转型 142

7.1 数字经济时代 142
7.1.1 数字经济时代的来临 142
7.1.2 数字技术的飞速进步 142
7.1.3 数字产业蓬勃发展 143
7.2 钢铁行业数字化 144
7.2.1 钢铁行业数字化转型的背景 144
7.2.2 钢铁行业数字化转型的定义与内涵 146
7.3 钢铁行业数字化转型的系统构建 147
7.3.1 数据采集系统 147
7.3.2 数据治理系统 150
7.3.3 数据分析系统 153
7.3.4 资源配置与调度管理系统 155
7.3.5 钢铁行业数字化新架构 156
7.4 中国钢铁行业数字化进展 158

7.4.1 中国钢铁企业数字化进展 158
7.4.2 中国钢铁数字化转型标杆 159
7.4.3 中国工业大模型 161
7.5 钢铁行业数字化未来展望 162
7.5.1 钢铁行业数字化发展趋势 162
7.5.2 钢铁行业数字化面临挑战 163
7.5.3 钢铁行业数字化前景展望 163
思考题 164
参考文献 164

1 绪　论

1.1 温室气体与节能增效

近年来，全球气候变暖问题日益严重，极端天气事件频发，给人类社会和自然生态系统构成了巨大的挑战。温室气体排放是导致全球气候变暖的主要原因之一，随着温室气体排放的持续增加，尤其是二氧化碳、甲烷等关键温室气体在大气中的浓度不断攀升，加剧了全球气候系统的复杂性和不确定性。因此，减少温室气体排放、降低碳足迹已成为全球范围内的迫切需求和广泛共识。节能增效作为一种有效的减排手段，具有显著的环境效益和经济效益，在应对全球气候变暖方面发挥着重要作用。

1.1.1 温室气体的概念、来源及影响

1.1.1.1 温室气体的概念

在地球的大气层中，存在着一类特殊的气体，具有独特的物理特性，能够让太阳短波辐射透过到达地面，而地面增暖后放出的长波辐射却被它们吸收，使地表和低层大气温度增高，这一过程与温室效应的原理相似，类似于温室截留太阳辐射并加热温室内空气的作用，因此得名“温室气体”。温室气体的主要类型包括水蒸气（H_2O）、二氧化碳（CO_2）、甲烷（CH_4）、氧化亚氮（N_2O）、氟利昂、臭氧（O_3）、氢氟碳化合物（HFCs）、全氟化碳（PFCs）及六氟化硫（SF_6）等，这些气体在大气中形成了一个复杂的“温室层”，如同地球大气层中的一层隐形屏障，共同维持着地球表面温度在一个相对稳定的范围内，为地球上的生命提供了适宜的生存环境。然而，当温室气体浓度过高时，会导致地球表面温度上升，引发全球气候变暖。

1.1.1.2 温室气体的来源

温室气体的来源确实广泛且复杂，它们既源自自然界的正常过程，也大量产生于人类的各种活动之中，分为自然源和人为源。自然源主要包括火山喷发、森林火灾、生物分解等自然现象，这些自然过程虽然持续存在，但通常在一个相对平衡的状态下进行，对气候系统的影响较为稳定。人为源则主要包括化石燃料的燃烧、工业生产过程、农业活动等（见图1-1），其排放源主要如下。

（1）化石燃料燃烧。煤、石油和天然气的燃烧产生大量的二氧化碳（CO_2），发电厂、工业锅炉和家庭取暖系统是主要的排放源，汽车、卡车、飞机和船只等交通工具燃烧汽油和柴油产生 CO_2、一氧化二氮（N_2O）和甲烷（CH_4），水泥生产、钢铁制造和化学工业等工业过程也会释放大量的 CO_2 和其他温室气体。

（2）农业活动。牲畜（如牛、羊）的肠道发酵过程会产生大量的 CH_4，淹水稻田中的厌氧微生物活动会产生 CH_4。使用氮肥会导致 N_2O 的排放，尤其是在土壤中的微生物活动下。

（3）林业和土地利用变化。砍伐森林会释放储存在树木中的 CO_2，同时减少地球吸收 CO_2 的能力。湿地被排干、草地转为农业用地等土地开发和利用变化也会导致温室气体的释放。

（4）废弃物管理。有机废弃物在垃圾填埋场中分解产生 CH_4，废水处理中的有机物分解也会释放 CH_4 和 N_2O。

（5）制冷剂和其他工业气体。氟利昂和其他制冷剂如氢氯氟烃（HCFCs）、氢氟烃（HFCs）等工业气体虽然在大气中的浓度较低，但其温室效应潜力（GWP）非常高。六氟化硫（SF_6）、全氟化碳（PFCs）等气体在半导体工业电子制造业中应用广泛，且 GWP 极高。

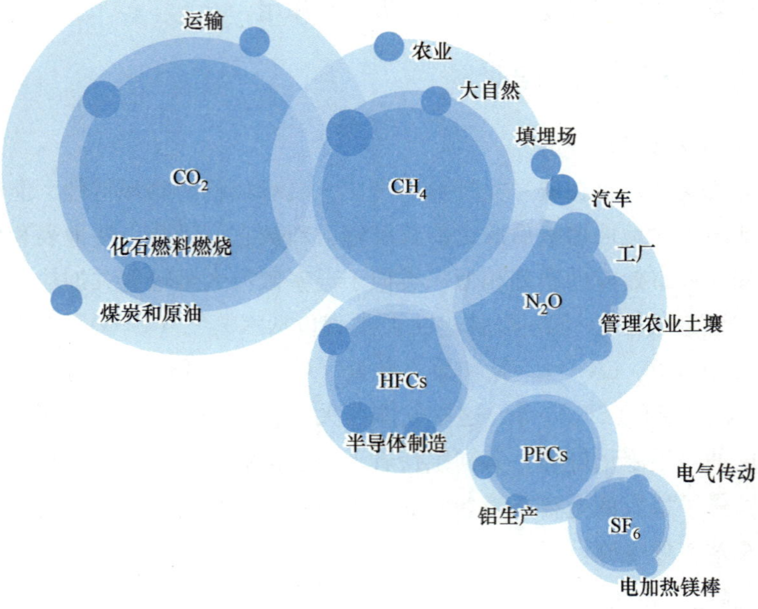

图 1-1 彩图

图 1-1 大气中主要的温室气体及来源

（图中每种温室气体的温室效应均换算为等同于 CO_2 全球增温潜势（Global warming potential，GWP））

其中，化石燃料的燃烧和工业生产过程是全球温室气体排放的主要来源，它们不仅排放量大，而且排放的温室气体种类多样，对气候系统的影响尤为显著。因此，为了减缓全球气候变暖的趋势，必须聚焦于减少化石燃料燃烧与工业生产过程中的温室气体排放。

1.1.1.3 温室气体对全球气候的影响

自 19 世纪中叶工业革命以来，随着煤炭、石油和天然气等化石燃料的大量燃烧，以及农业、工业生产和土地利用变化等人类活动的加剧，大气中温室气体的浓度达到了过去

80 万年来的最高水平。特别是二氧化碳，作为最主要的温室气体之一，其浓度已从工业化前的约 280 ppm（$2.8\times10^{-2}\%$）飙升至当前的 420 ppm（$4.2\times10^{-2}\%$）以上，且仍在以每年约 2 ppm（$2\times10^{-4}\%$）的速度增长，这一前所未有的变化，直接导致了地球表面温度的持续上升。根据英国气象局哈德利中心（Hadley Center）测量数据，以 1861—2023 年参照期的全球陆地-海洋长期平均气温 14 ℃为基准温度，历年来相对于基线的全球平均温度差距如图 1-2 所示，目前全球平均气温已经上升了约 1.1 ℃，其速度与规模远超自然气候变化的范畴，并且这种上升趋势还在持续。气温的升高会导致极地冰盖和冰川的快速融化以及海水热膨胀，导致全球海平面不断上升，对沿海地区构成了严重威胁。另外，也增加了极端天气事件的频率和强度，如热浪、干旱、洪水和飓风等，这些变化对农业、生态系统和人类居住地区都带来了巨大的影响。

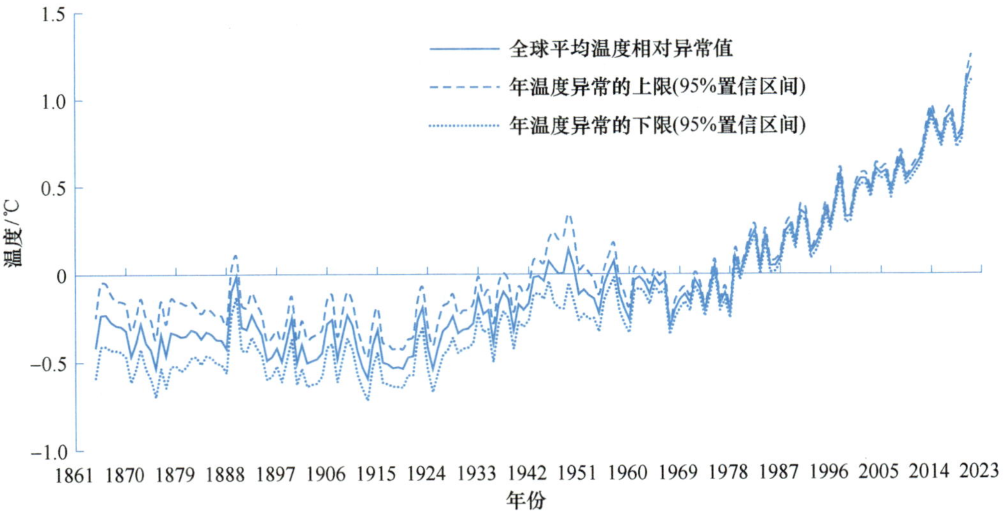

图 1-2　历年来全球平均温度相对于 1861—2023 年全球平均温度值的差值

1.1.2 节能增效的重要性及其与温室气体减排的关联

1.1.2.1 节能增效的重要性

面对日益严峻的能源短缺和亟待控制的温室气体高排放危机，节能增效作为一种直接有效的减排手段，全球范围内许多国家和地区已认识到节能增效的重要性，并通过制定和实施相关政策与法规，大力推动节能增效措施的落地，旨在提高能源利用效率、减少温室气体排放。以下是一些具有代表性的节能增效政策和项目。

A 中国

中国在节能增效方面出台了一系列政策，《中共中央 国务院关于完整准确全面贯彻新发展理念做好碳达峰碳中和工作的意见》于 2021 年 10 月发布，这是碳达峰碳中和“1 + N”政策体系中的“1”，为减碳工作提供了总体指导和方向。《2030 年前碳达峰行动方案》作为碳达峰碳中和"1+N"政策体系的重要组成部分，该方案明确了碳达峰的总体目标、主要任务和保障措施。另外，还制定了一系列节能增效专项政策，如《"十四五"节能减排综合工作方案》《关于严格能效约束推动重点领域节能降碳的若干意见》《关于进一步加强节能标准更新升级和应用实施的通知》《节能增效、绿色降碳服务行动方案》等，中国在各领域实施了众多节能增效工作。

（1）重点领域和行业节能改造。钢铁行业加强钢铁产能产量调控，推动钢铁行业高炉炉顶煤气、焦炉煤气余热、低品位余热综合利用，推进铁水一罐到底、铸坯热装热送等工序衔接技术综合利用，推广先进节能技术。石化化工行业实施能量系统优化，加强高压低压蒸汽、余热余压等回收利用，推广大型高效节能设备。有色金属行业优化产能布局，发展再生金属产业，推进节能降碳改造和用能设备更新。建材行业严格落实产能置换政策，发展绿色建材，推动原料低碳化替代。

（2）大力发展可再生能源。加快建设以沙漠、戈壁、荒漠为重点的大型风电光伏基地，合理有序开发海上风电项目。推动分布式新能源开发利用，有序建设大型水电基地，发展核电、生物质能、氢能等其他可再生能源。

（3）建筑节能降碳。加快建造方式转型，推广使用绿色低碳建材，推动建筑光伏一体化建设，推动绿色建筑和超低能耗建筑的发展。结合城市更新行动、老旧小区改造等工作，推进照明设备、电梯、老旧供热管网等更新升级，对既有建筑进行节能改造。因地制宜推进北方地区清洁取暖项目，减少散煤使用，推动余热供暖规模化发展。

（4）交通运输领域节能增效。加大新能源汽车在公共交通、物流配送等领域的推广应用力度，实施交通拥堵治理和交通网络优化工程，提高交通运输效率。推动绿色公路、绿色水运等绿色交通基础设施建设，形成绿色生活方式和消费模式。

（5）公共机构节能降碳。推动公共机构采用高效节能技术和产品，如照明系统、空调系统、供暖系统等节能改造。加强公共机构能效管理，实施能源审计和能效公示制度。推广绿色办公理念和实践，减少纸张消耗、节约用电等。

B 欧盟

2019 年 12 月 11 日，欧盟委员会正式启动《欧洲绿色协议》，这一重要政策提出到 2030 年将温室气体净排放量比 1990 年减少至少 55% 的目标，要求欧盟各国在能源使用上必须实现高效利用，到 2050 年实现气候中和，即二氧化碳净排放量降为零，使欧盟成为全球首个气候中和大陆。该协议实施了一系列能效提升计划，鼓励采用先进的节能技术和产品，提高能源使用效率，减少能源浪费。例如，在建筑物领域推广高效节能材料和设备，在工业领域推广高效节能的生产工艺和设备。制定节能标准，欧盟通过制定和实施严格的节能标准，规范能源使用行为，推动各行业提高能源效率，这些标准涵盖了建筑、交通、工业等多个领域。2021 年 7 月，欧盟又公布《Fit for 55》计划，将绿色协议的气候目标转化为法律。《欧洲绿色协议》在节能增效方面提出了多项具体措施和目标，旨在通过提高能源效率、发展循环经济、促进可持续交通等方式，推动欧盟经济社会的绿色转型和可持续发展。另外，欧盟通过颁布《能源效率指令》法规，于 2023 年 10 月 10 日生效，该指令要求欧盟各国共同确保到 2030 年能源消耗比欧盟参考情景 2020 年的预测再减少 11.7%。欧盟能源效率措施侧重于推动政策领域改革，并在欧盟成员国推动统一政策，推动欧盟向低碳、环保、可持续的能源体系转型。

C 美国

通过系列《能源政策法案》推动提高能源效率和可再生能源利用的发展，采取了如提高设备和建筑能效标准、鼓励家庭和企业采用节能技术和产品、提高能源传输和分配效率、提高煤炭利用的能效、发展替代能源、推广高效交通工具等节能增效措施，对国家能源安全、经济发展及环境保护产生了深远影响。美国能源部（United States Department of Energy，DOE）于 2022 年发布工业脱碳路线图，该路线图针对五个高能耗、高排放的关键行业，分别为铁钢、化学制造、石油炼制、食品饮料和水泥，提出了一系列技术和战略措施，确定了四个关键的技术支柱。这些支柱适用于所有工业子部门，分别为：（1）能源效率，通过战略能源管理、系统优化和智能制造技术，提高工业过程的整体能源效率；（2）工业电气化，利用低碳电力包括网电和现场可再生能源，电气化工业过程中的加热、蒸发和高温过程；（3）低碳燃料、原料和能源，使用低碳、无碳燃料和原料，如氢气、生物燃料和清洁电力，减少工业过程中的燃烧相关排放；（4）碳捕集、利用和封存（CCUS），开发和优化先进的 CO_2 捕集材料和技术，将捕集的 CO_2 用于制造新材料或进行长期封存。

D 日本

以《节能法》为日本节能政策体系的基础和核心，陆续提出了《第六次能源基本计划》《2050 年碳中和绿色增长战略》《节能与非化石能源转型技术战略 2024》等多项政策。其中，《2024 年节能与非化石能源转型技术战略》于 2024 年 5 月 14 日由日本经济产业省（METI）和新能源产业技术综合开发机构（NEDO）联合发布，该战略汇总了对节能和非化石能源转换有重大贡献的关键技术以及相关技术路线图，明确了在工业领域关注高性能隔热材料、高效制热技术等工业热的有效利用技术，在交通领域提升电动汽车驾驶性能等汽车能效技术，在商业领域开发数据中心运营优化、光电子融合节能技术等数据高效处理技术，在家庭领域推广高效热水器等家庭供热节能技术，旨在有效推进节能技术和非化石能源转换技术的研发与普及。

E 国际能源署（IEA）

IEA 积极推动能效政策的制定和实施，通过发布能效报告、指南和最佳实践，帮助各国制定和实施高效的能效政策；提供能效政策和项目的评估工具，帮助各国评估能效措施的效果和成本效益；提供能效技术和市场的分析工具，帮助各国识别和推广高效的能效技术和解决方案，为全球能效提升提供指导和支持。IEA 还倡导各国加强能效合作，促进能效技术和知识的跨国转让和共享，推动制定和实施国际能效标准和规范，支持和资助跨国能效研究和开发项目，致力于推动减少能源消耗和碳排放，共同应对能源和气候挑战。

这些政策和措施的实施，不仅有助于减少温室气体排放，还推动了清洁能源产业的发展，创造了大量就业机会，促进了经济的可持续增长。

1.1.2.2 节能增效与温室气体减排的关联

节能增效与温室气体减排，作为应对全球气候变化、促进可持续发展的重要策略，其最终目标高度一致，即旨在通过减少资源消耗和环境污染，构建绿色低碳、环境友好的发展模式。这一过程不仅关乎生态环境的保护，更是对人类未来福祉的深远考量。节能增效，作为实现这一目标的关键路径，通过技术创新、管理优化等手段，有效提升能源使用效率，使得在满足经济社会发展需求的同时，能有效地降低能源消耗及伴随的温室气体排放。

两者之间的相互依赖关系尤为显著。节能增效不仅是减缓气候变化、实现温室气体减排目标的有效工具，其本身的推进也依赖于对温室气体排放控制的紧迫认识。提高能效意味着在同等产出下减少能源投入，由于大部分温室气体排放来自能源生产和消费过程，因此能源效率的提升自然会导致二氧化碳等温室气体的排放量减少。反之，温室气体减排的迫切需求也促使社会各界更加重视节能技术的研发与应用，形成了一种良性循环，即减排压力转化为节能增效的动力，节能增效又进一步促进了减排目标的实现。

两者之间具有较强的协同效应。节能增效与温室气体减排相辅相成，形成了 $1+1>2$ 的效果。节能措施的实施，如高效照明系统的普及、工业能效提升项目等，直接减少了能源消耗和温室气体排放；同时，为了达成减排目标，各国政府和企业加大投入于清洁能源、碳捕捉与储存等技术的研发，这些技术的突破和应用反过来又促进了能源结构的优化和能效的进一步提升。

节能增效与温室气体减排不仅是实现可持续发展的双轮驱动，更是相互依存、相互促进的共同体。通过节能增效，可以有效地降低能源消耗和温室气体排放，有利于构建清洁、低碳、高效的能源体系，推动绿色低碳发展，实现可持续发展目标。

1.1.3 节能增效在减少温室气体排放方面的实际应用

1.1.3.1 工业节能增效

在工业领域，节能增效不仅是应对能源挑战的关键，也是减少温室气体排放的有效途径。高效生产技术和设备性能改进方面，在钢铁、有色金属等行业中，采用先进的冶炼技术可以显著提高能源利用效率，减少温室气体排放。例如，高炉富氧喷煤技术、电炉短流程炼钢技术等。在电力、化工、建材等行业推广使用高效节能设备，如高效电机、变频器、余热回收装置等，可以大幅降低能源消耗。另外，流程优化与智能管理同样至关重要。通过精细化管理和智能化控制，企业可以实现对生产流程的精准调控，避免不必要的能源浪费。例如，利用先进的物联网、大数据等技术，实时监测生产设备的运行状态和能耗情况，及时调整生产参数，确保设备在最佳能效状态下运行。

此外，可再生能源与低碳技术的应用也是工业节能增效的重要组成部分。太阳能、风能等可再生能源的引入，可以显著降低企业对传统化石能源的依赖，从而减少温室气体排放。同时，碳捕集和储存技术、氢能等低碳技术的研发和应用，也为工业领域的节能减排提供了新的解决方案。这些技术的综合运用，不仅有助于提升企业的能源利用效率，还能有效推动工业的绿色转型和可持续发展。

1.1.3.2 建筑节能增效

建筑领域的节能增效同样具有巨大的潜力。建筑能效的设计方面，采用节能和保温隔热性能好的建筑材料，如岩棉、玻璃棉、聚氨酯等，减少建筑能耗。通过合理的建筑朝向、窗墙比、遮阳措施等，降低建筑能耗需求。除了采用节能建筑材料和优化建筑设计外，智能建筑管理系统的应用也日益广泛。这些系统通过集成各种传感器、控制器和执行器，实现对建筑内环境（如温度、湿度、光照等）的精准控制和调节。例如，智能温控系统可以根据室内外温差和人员活动情况自动调控空调、照明等设备，既保证了舒适度又节约了能源，保证了节能设备运行，还通过能源智能管理系统集成建筑内各种能源使用数据，进行综合分析和优化调度，提高能源利用效率。

此外，绿色建筑理念的推广也是建筑节能增效的重要方向。绿色建筑不仅注重节能和环保，还强调与周围环境的和谐共生。通过采用雨水收集系统、绿色屋顶、太阳能光伏板等措施，绿色建筑可以实现能源的自给自足和废弃物的循环利用，从而大大降低对外部能源的依赖和温室气体排放。

1.1.3.3 交通节能增效

在交通领域，节能增效的措施更加多样化和创新化。首先，电动汽车和氢能汽车的推广，减少燃油汽车的使用，从而降低交通领域的温室气体排放，实现零排放交通。其次，公共交通系统的优化也是关键一环。通过合理规划公交线路、提高公交车辆的运营效率、建设高效便捷的公共交通网络，可以吸引更多市民选择公共交通出行，从而减少私家车的使用和温室气体排放。同时，智能交通系统的建设也是交通节能增效的重要手段。利用大数据、云计算等先进技术，智能交通系统可以实时监测交通流量、路况信息，为驾驶员提供最优的行驶路线和交通导航服务，从而有效减少车辆拥堵和无效行驶时间，降低能源消耗和温室气体排放。此外，鼓励共享出行、发展绿色物流等创新模式，也是推动交通领域节能减排的有效途径。

节能增效在减少工业领域、建筑、交通等领域温室气体排放方面的实际应用非常广泛，涵盖了技术、管理、政策等多个层面，全方位促进相关行业的绿色转型和可持续发展。

1.2 我国钢铁工业发展现状、节能历程及碳排放现状

1.2.1 我国钢铁工业发展现状

钢铁工业是国民经济发展的支柱产业。自20世纪50年代以来，世界钢铁工业呈现快速发展态势。根据世界钢铁协会统计数据，世界粗钢产量由1950年的1.92亿吨增长到1973年的6.98亿吨，到2004年世界粗钢产量突破10亿吨，达到10.69亿吨。2022年，世界粗钢产量达18.84亿吨，如图1-3所示。世界钢铁工业发展可分为三个时期：第一个时期一直延续到20世纪70年代末，这一期间，受第二次世界大战影响，世界各国开始进入“重建阶段”，粗钢产量由1950年1.92亿吨增长到1979年的7.46亿吨；第二个时期

则至20世纪90年代中期结束，受两次能源危机影响，粗钢产量一度下降到6.45亿吨，粗钢产量为7亿吨左右；进入第三个时期，即20世纪90年代中期之后，随着世界经济的蓬勃发展，钢铁工业也迎来了快速增长的新阶段，其年增长率高达4.15%。

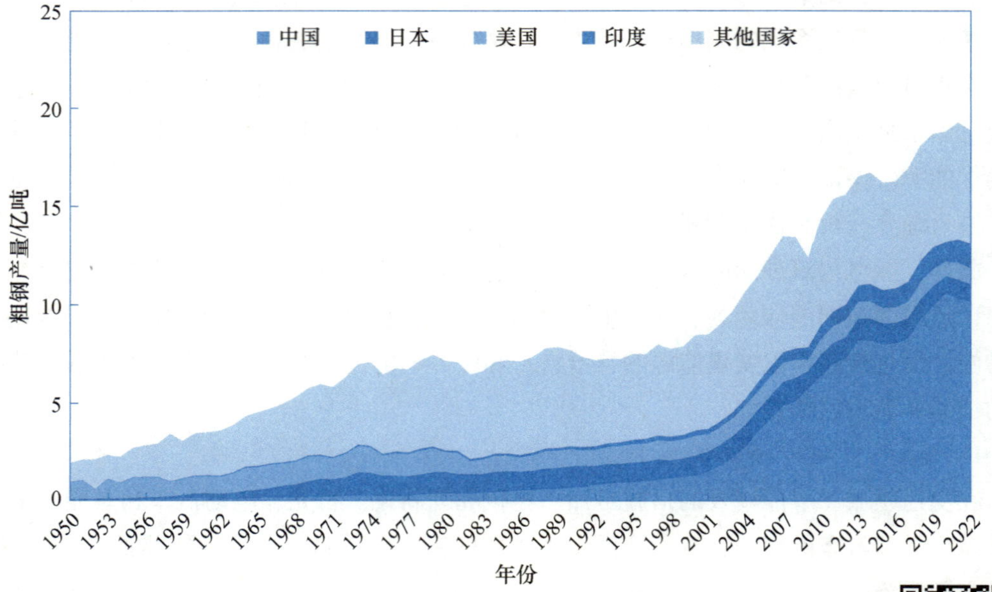

图1-3 1950—2022年世界粗钢产量统计数据

图1-3 彩图

目前，钢铁生产以高炉-转炉生产长流程（以下简称“长流程”）和废钢-电炉生产短流程（以下简称“短流程”）为主，长流程工艺生产的粗钢占世界粗钢总产量的71.5%，短流程工艺生产的粗钢仅占28.2%。表1-1展示了世界主要国家不同工艺粗钢产量及其占比情况。我国以长流程冶炼为主，占比为90.5%，是长流程工艺占比最高的国家。

表1-1 2022年世界主要国家不同工艺粗钢产量及其占比情况

国家/世界	产量/t				占比/%			
	转炉	电炉	其他	总计	转炉	电炉	其他	总计
中国	918.75×10^6	96.71×10^6	—	1018.0×10^6	90.5	9.5	—	100.0
印度	57.4×10^6	67.9×10^6	—	125.3×10^6	45.8	54.2	—	100.0
日本	65.4×10^6	23.8×10^6	—	89.2×10^6	73.3	26.7	—	100.0
美国	25.0×10^6	55.5×10^6	—	80.5×10^6	31.0	69.0	—	100.0
俄罗斯	46.2×10^6	23.7×10^6	1.3×10^6	71.5×10^6	65.0	33.1	1.9	100.0
韩国	45.1×10^6	20.7×10^6	—	65.8×10^6	68.5	31.5	—	100.0
世界	1347.2×10^6	531.3×10^6	7.5×10^6	1884.2×10^6	71.5	28.2	0.4	100.0

随着供给侧结构性改革的深入推进，我国钢铁行业的集中度不断提升。大型钢铁企业借助并购整合与战略部署的优化，不断强化了其市场领导地位，从而涌现出了如宝武集团、鞍钢集团、河钢集团等一系列在钢铁制造领域举足轻重的领军企业。目前我国进入全球粗钢产量前十的钢铁生产公司见表1-2，占比超过三分之二。行业集中度的提升有助于减少恶性竞争，提高行业整体效益。另外，中国钢铁生产装备大型化也取得了跨越式发展，高炉大型化、现代化、高效化技术装备升级成就突出。2009年5月，首钢京唐1号高炉建成投产，标志着我国已经完全掌握了5000 m^3 以上巨型高炉设计、建造和生产运行技术。随后，沙钢5000 m^3 高炉、京唐2号5000 m^3 高炉、宝钢湛江2座5000 m^3 高炉、山钢日照2座5000 m^3 高炉、京唐3号5000 m^3 高炉相继建成投产，这些巨型高炉是中国钢铁冶金工程科技的集成创新和综合实力的集中体现。除了高炉之外，我国钢铁行业还在转炉、焦炉、烧结机等主要冶炼设备方面实现了大型化。例如，我国已拥有具有世界先进水平的5500 m^3 高炉、600 t顶底复吹转炉，以及世界最大的可年产150万吨铁水的COREX炉等。

表1-2　我国进入全球粗钢产量前十的钢铁生产公司　（百万吨）

公司名称	年份		
	2021	2022	2023
宝武集团	119.95	131.84	130.77
鞍钢集团	55.65	55.65	55.89
河钢集团	41.65	41.00	41.34
沙钢集团	44.23	41.45	40.54
建龙集团	36.71	36.99	36.56
首钢集团	35.41	33.58	33.82

目前，我国钢铁产品结构也正在逐渐转变，高端钢材、特钢等高附加值产品占比逐年上升。随着我国钢铁行业产品结构的持续调整，制造业用钢的占比已由2020年的42%，提高至2023年的48%，2024年初以来更是呈现进一步上升的趋势。2024年第一季度，我国高附加值产品出口占比已超过35%。随着我国产业结构的不断优化升级，钢铁需求结构也在发生变化。建筑钢材需求趋势正在下降，而汽车、家电、船舶、机械等制造业用钢量则稳中有升。此外，风电、核电等新能源产业对钢铁的需求也在快速增长。

近年来，我国钢铁企业在新工艺、新技术、新产品的开发和应用上取得了显著成就，提升了自身技术水平。值得一提的是，在智能化发展方面，众多钢铁企业正加速构建无人工厂，积极引入数字化和自动化技术，智能化、数字化转型已成为我国钢铁行业未来发展的重要趋势，也是未来国际竞争力的关键所在。此外，我国钢铁行业还积极拓展国际市场，通过海外投资建厂、技术合作等方式加强海外布局，帮助共建“一带一路”国家提升钢铁产业水平。目前，已在沙特、伊朗、埃及、菲律宾、津巴布韦等多个国家建设综合性钢厂。这不仅有助于企业实现多元化发展，降低市场风险，更为我国钢铁行业在全球舞台上展现了更强的实力和影响力。

总的来说，我国钢铁工业在全球的地位稳固且不断提升，这得益于其在产量规模、企业实力、技术创新、可持续发展以及国际化战略等多个方面的全面发展。随着全球经济的持续发展和钢铁行业的深刻变革，我国钢铁工业将继续保持其领先地位，为全球钢铁行业的繁荣发展注入更多活力和动力。

1.2.2 我国钢铁工业节能历程

钢铁工业是典型高能耗行业，其节能工作至关重要。针对钢铁工业开展节能降耗的工作从 20 世纪 80 年代开始，至今取得了显著成效。如图 1-4 所示，20 世纪 80 年代的节能技术主要是单体设备节能和加强工序管理，吨钢综合能耗由 1980 年的 1646 kg 标煤降到 1990 年的 1274 kg 标煤；20 世纪 90 年代节能措施主要是应用系统节能理论，节能工作由单体、工序节能转向工序间匹配、生产节奏均衡等方面，聚焦于工艺流程中结构的调整和优化，例如连铸机取代模铸、转炉取代平炉、热装代替冷装等；21 世纪以来，随着高炉喷吹煤、干熄焦发电、高炉煤气余压发电、其他余热余能回收等多项节能技术的应用和推广，2010 年吨钢综合能耗下降到 615 kg 标煤。“十二五”期间，钢铁工业节能工作得到进一步发展，进入能量流行为与能量流网络阶段，注重能量流网络系统构建及优化，推行了行业装备升级——大型化、淘汰 400 m^3 及以下高炉和 30 t 及以下转炉落后产能，建立各钢铁企业能源管控中心，加强全厂区能源管理和绿色化、智能化等多项严格措施。“十二五”末期吨钢综合能耗下降到 572 kg 标煤，由此钢铁工业的节能工作进入“从能量流

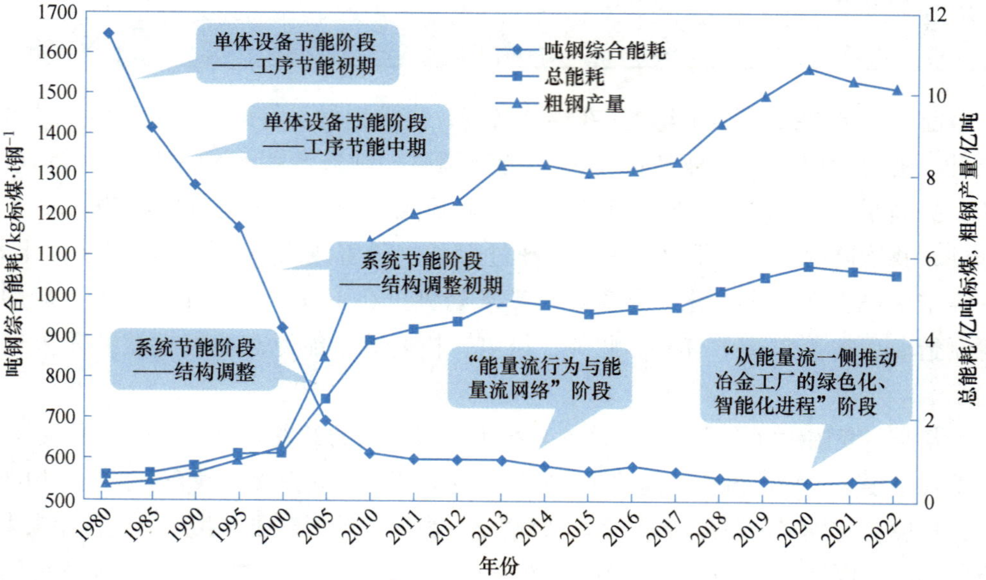

图 1-4　我国大中型钢铁企业历年吨钢综合能耗

（2000 年电力折标系数由 0.404 kg 标煤/(kW·h) 调整为 0.1229 kg 标煤/(kW·h)）

一侧推动冶金工厂的绿色化、智能化进程”阶段。“十三五”“十四五”期间国家加快了钢铁工业绿色化和智能化的进程，2022 年我国钢铁工业吨钢综合能耗降至 551.36 kg 标煤。节能工作取得显著成效，但随着能源危机的持续加剧，钢铁工业节能工作仍需持续推进。

在钢铁生产过程中，各工序的能耗是节能工作的重点。通过优化生产工艺、采用先进设备、技术等措施，我国钢铁工业各工序的能耗显著降低，见表 1-3。例如，烧结、球团、焦化、炼铁、转炉炼钢、电炉炼钢等工序的能耗均有所下降。

表 1-3 2016—2021 年中国钢铁工业协会会员单位主要技术经济指标变化情况

指标名称	计量单位	年份					
		2016	2017	2018	2019	2020	2021
综合能耗	kg 标煤/t 钢	585.56	570.43	544.32	550.11	531.63	543.28
烧结工序单位能耗	kg 标煤/t 钢	48.49	47.78	48.73	48.23	49.08	49.07
烧结工序电力消耗	kW·h/t 钢	45.30	45.39	45.84	46.31	45.99	47.68
球团工序单位能耗	kg 标煤/t 钢	26.17	26.16	26.99	25.51	25.04	26.27
高炉入炉焦比	kg/t 钢	368.03	370.44	371.23	360.78	359.83	355.28
高炉喷煤比	kg/t 钢	142.79	140.43	139.65	144.17	144.25	146.53
高炉综合燃料比	kg/t 钢	503.46	497.82	502.70	499.14	498.39	496.57
炼铁工序单位能耗	kg 标煤/t 钢	391.37	387.75	390.13	387.35	385.65	385.25
转炉工序单位能耗	kg 标煤/t 钢	-14.26	-12.24	-14.22	-15.32	-15.72	-17.67
热轧工序单位能耗	kg 标煤/t 钢	52.84	52.10	53.57	51.43	48.30	48.22

1.2.3 我国钢铁工业碳排放现状

钢铁工业是碳排放大户。在过去30 年间，中国粗钢产量迅速增长，由1991 年的7100 万吨增长至2021 年的10.35 亿吨；与此同时，中国钢铁工业 CO_2 排放总量也从1991 年的2.83 亿吨增加到2021 年的16.78 亿吨，但相比之下，CO_2 排放总量的增幅（4.93 倍）远低于粗钢产量的增幅（13.58 倍）。1991—2021 年，中国钢铁工业吨钢 CO_2 排放量从1991 年的3.98 t 降低到2021 年的1.60 t，下降幅度达59.8%。中国钢铁工业 CO_2 排放总量在2014 年出现了拐点，达到历史排放量最高峰17.26 亿吨，随后开始呈现下降态势；2018 年后，钢铁行业碳排放总量又呈现回弹上升趋势，但是最新的测算结果显示，2021 年较2020 年碳排放总量降低了2791 万吨，如图1-5 所示。由此可见，在“双碳”目标的驱动下，钢铁行业已经开始步入绿色低碳的发展新时代。我国作为负责任的大国，面对全球气候变化向世界做出“碳达峰”和“碳中和”承诺，即到2030 年前，我国二氧化碳排放量达到峰值，不再增长，且达到峰值后二氧化碳排放量逐年降低，在2060 年前实现二氧化碳的“零排放”。面对日趋严峻的碳减排形势，降低钢铁工业二氧化碳排放是必不可少且势在必行的。

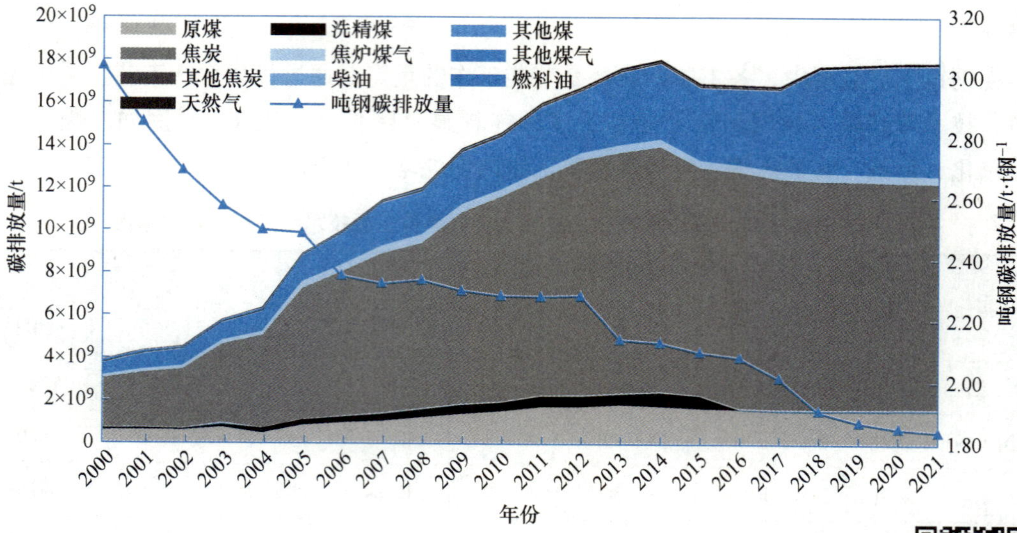

图 1-5 我国钢铁工业历年碳排放情况

图 1-5 彩图

为应对这一严峻挑战，我国钢铁行业已采取了一系列积极措施，2022 年 8 月 15—16 日，钢铁行业低碳工作推进委员会 2022 年年会在重庆召开，会上正式发布了《钢铁行业碳中和愿景和低碳技术路线图》（以下称《路线图》）。《路线图》明确了中国钢铁工业“双碳”技术路径——系统能效提升、资源循环利用、流程优化创新、冶炼工艺突破、产品迭代升级、捕集封存利用。

我国钢铁行业也正在积极进行技术创新和低碳转型，探索富氢碳循环高炉技术、氢基熔融还原技术等八大世界前沿低碳技术，推动这些技术的工程示范和应用。然而，尽管取得了这些进步，但距离这些技术的广泛推广与产业化应用仍存在一定的差距，对比国际先进水平，我国在钢铁行业的节能减排工作仍有较大的提升空间和潜力。

1.3 钢铁工业能效理论及节能降碳研究现状

1.3.1 钢铁工业能效评价方法研究现状

钢铁工业是高能耗行业，其节能研究工作备受关注，能源效率是节能研究中一项重要考核指标。目前，针对钢铁工业能源效率评价方法可分为两类（见图 1-6），分别是以能源或资本为投入要素和以能源或产值为产出要素的单要素能源效率评价方法，以及以资本、能源和劳动力等为投入要素和以产值和污染物排放等为产出要素的多（全）要素能源效率评价方法。单要素评价方法分为热力学指标（thermodynamic indicators）、物理-热量指标（thermo-physical indicators）、经济-热量指标（thermo-economic indicators）和纯经济指标（economic indicators），多（全）要素评价指标体系可细分为两大类：参数法（parametric approach）与非参数法（non-parametric approach）。

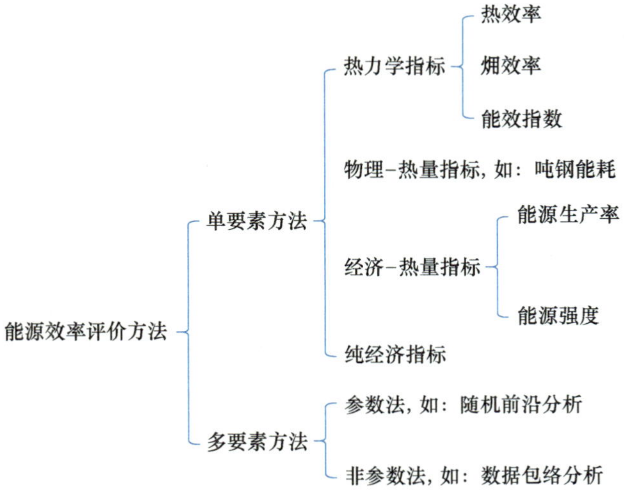

图 1-6　能源效率评价方法分类

1.3.1.1　单要素能源效率评价方法

A　热力学指标

热力学指标（thermodynamic indicators）是一种基于热力学第一、二定律建立的能源效率评价指标，目前广泛应用的指标包括热效率和㶲效率等。热效率是基于热力学第一定律建立的能效评价方法，是一种较为传统的能源效率分析方法，目前已广泛应用于各个行业热效率或热工效率测试上。我国钢铁工业已建立了一系列设备层面的热平衡测试及计算方法并且已形成标准，如焦炉、带式焙烧机、烧结机、热风炉、转炉和加热炉等热平衡测试及计算方法，这些标准对于提高单体设备效率在单体设备节能阶段发挥了至关重要的作用。我国大型焦炉热效率一般在79%~85%，大型高炉热效率一般在80%~90%，转炉热效率为85%左右。Qin 等人对不同熄焦方式进行了热力学分析、技术经济分析和 CO_2 排放分析，分析结果表明：湿法熄焦浪费了大量的能量，干法熄焦可产生 22.98 MW 电量，而混合干法熄焦和余热锅炉的回收方式可产生 32.12 MW 电量和 8.44 MW 低压蒸汽。湿法熄焦、干法熄焦，混合干法熄焦和余热锅炉三种回收方式的热效率分别为 88.26%、89.30%和 90.13%，三者的㶲效率分别为 86.54%、87.61%和 88.08%。Sun 等人基于物质流和能量流理论建立了钢铁生产过程物质-能量-排放网络系统，研究了运行参数对原料、物质和排放强度的影响，重点分析了外供焦炭、出口铸铁、废钢利用和提高金属产量对原料、物质和排放强度的影响，在此基础上提出了减少物质消耗、能源消耗和排放的政策建议。此外，Ratzek 等人基于热力学第一定律分别对钢铁生产设备或工序等进行了热效率评价，对其物料参数及结构参数进行了分析探究。

㶲效率是基于热力学第二定律建立的，区别于基于热力学第一定律建立的热效率方法，它不仅能体现能源的“量”，同时也能体现能源的“质”。㶲分析法自20世纪60年代诞生以来受到大量研究学者的广泛青睐，目前已广泛应用于大量工业能源系统评价分析上。早在1961年Szargut就将㶲分析法应用在钢铁工业能源系统的效率评价上。随后，Brauer结合黑箱模型探究了炼铁工艺的㶲效率。后来，大量学者采用该方法对钢铁工业进行了㶲效率评价分析，如Costa等人基于㶲值提出了钢铁生产全生命周期清单，探究了不同钢铁生产流程㶲损、㶲效率和污染物㶲值，分析特定参数变化时不同钢铁生产流程㶲值影响。Zhang等人对链篦机-回转窑球团进行了㶲分析，结果表明：链篦机-回转窑系统的㶲效率为10.7%，炉排的㶲损最大为74.2%，具有巨大的节能潜力。Wu等人对钢铁生产各个工艺进行了热分析、㶲分析和二氧化碳排放分析，结果表明：㶲损最大发生在CO_2排放量最高的高炉，烧结机需进一步升级改进，湿法熄焦须重新设计。Liu等人分别通过热分析和㶲分析方法对烧结环冷机余热梯级利用进行了分析。此外，Bisio等人也基于㶲分析对钢铁生产设备进行分析。

总之，㶲分析法揭示了不同形式的能源在使用价值上的不同，也就是说，能源的“质”是不同的。与热分析法相比，㶲分析法能较好地揭示设备或系统的能量利用情况。然而，由于数据采集困难和计算复杂等特点，㶲分析法在实际生产中很少使用，而多用于理论分析上。

B 物理-热量指标

物理-热量指标（thermo-physical indicators），即单位产品或服务的能源消耗量，如目前广泛应用于钢铁工业能源系统评价的方法是由东北大学陆钟武院士基于“载能体”概念提出的吨钢综合能耗、吨钢可比能耗、工序能耗等，这一系列概念的提出促使我国钢铁工业由单体设备节能阶段步入一个新的节能阶段——系统节能阶段。吨钢综合能耗是企业生产吨合格钢所消耗的各种能源总量，用于钢铁企业或工业总体能源消耗情况。由于不同钢铁企业生产结构的不同，所以吨钢综合能耗在不同钢铁企业无法作为对比的依据。对此，提出了吨钢可比能耗的概念。吨钢可比能耗是指钢铁企业在报告期内，每生产1 t粗钢所需消耗的能源量，包括从炼焦、烧结、炼铁、炼钢直到企业最终钢材配套生产所必需的耗能量，以及企业燃料加工与运输、机车运输能耗及企业能源亏损分摊在每吨粗钢上的耗能量之和。工序能耗是企业指定工序在统计期内生产1 t工序合格产品的能源消耗量。能效指数是基于物理-热量指标建立的，其计算方法是当前钢铁企业能源消耗值与其历史最好水平值或同行业的先进水平值的比值，依据其比值得出能效等级。该方法能掌握企业能效水平，但是无法揭示能效提升的根本，因此，很少企业采用该方法探究能效提升措施。总之，无论是吨钢综合能耗、吨钢可比能耗、工序能耗，还是能效指数，其关注的仅是能源投入与能源回收，对其内部反应机理不予以探究。

C 经济-热量指标

经济-热量指标（thermo-economic indicators）一般包含能源强度（energy intensity）和能源生产率（energy productivity）。能源强度是指单位产值的能源消耗量，如万元产值能耗和万元增加值能耗。能源生产率为能源强度的倒数。

D 纯经济指标

纯经济指标（economic indicators）是单位能源投入的市场价值与生产产品或服务的价值之间的比值。这些指标是以企业效益为目的探究能源消耗情况下其创造的最大价值关系，对于企业评价其经济效益具有很大意义。

1.3.1.2 多要素能源效率评价方法

A 非参数法

非参数法（non-parametric approach）中最为典型的是数据包络分析（data envelopment analysis，DEA）。该方法运用线性规划方法确定所有决策单元的生产前沿，并根据各决策单元与生产前沿的相对距离判别其效率。应用数据包络分析测算钢铁工业能源效率的研究主要历经了三个阶段。

第一阶段，生产内部被当作“黑箱”，选取能源要素（如煤炭、天然气和电力等）和非能源要素（如劳动力和资本等）作为投入指标，期望产出（如利润和产量等）作为产出指标。例如，Subhash 等人评估了美国钢铁企业能源效率，结果显示环境约束政策抑制了美国钢铁工业能源效率的提升。Ma 等人以能源投入、资本投入和劳动力投入为投入要素，以企业效益、粗钢等为产出要素，评估了包括宝钢、鞍钢等在内的我国 88 家钢铁企业的能源效率。Braglia 等人比较分析了意大利五个最大钢铁企业的能源效率。Mitra 等人分析了印度 22 家钢铁企业的能源效率，分析发现非效率主要是由于设备老化造成的。

第二阶段，以 CO_2、SO_2 为典型代表的污染物作为非期望产出（undesirable output）被考虑在内用来评价钢铁工业能源效率。Kumar 等人探讨了 41 个国家钢铁企业的环境敏感性效率，发现非期望是否考虑的全要素生产率变化不大。Choi 等人发现，非期望产出不被考虑时的能源效率高于非期望因素被考虑时的能源效率，研究还发现钢铁企业扩大生产规模有利于提高企业能源效率。

第三阶段，专家及学者们进行了更为深层次的探讨，集中探讨了区域的异质性、行业异质性以及“黑箱”问题。Chen 等人采用二阶 DEA 方法探讨了我国 47 个钢铁企业能源效率。在第一阶段以能源、新水、劳动力以及固定资产作为投入要素，以工业产值、废液、废气和固废为产出探究钢铁企业生产效率。在第二阶段以第一阶段的废液、废气、废固以及环境投资为投入要素，以废物利用值、CO_2、SO_2 和烟气为产出要素探究钢铁企业污染物处理效率，结果显示：我国钢铁企业能源效率普遍偏低，污染物政策对钢铁企业能源效率有着“倒 N 型”的影响。Wu 等人也采用同种方法探究了我国钢铁企业可持续的表现。在区域异质性上，Yang 等人分析我国分省份能源效率，分析发现：东部地区钢铁企业的技术效率明显高于西部地区，长三角、环渤海和珠江三角区域钢铁企业能源效率高于其他地区。Feng 等人做了同样的探讨，发现我国钢铁企业能源效率提高的根本原因是技术进步。

B 参数法

参数法（parametric approach）主要包含随机前沿分析（stochastic frontier analysis）、

自由分布分析（free distribution analysis）、厚前沿分析（thick frontier analysis）和递归厚前沿分析（recursive thick frontier analysis）等，目前较为广泛应用的是随机前沿分析。随机前沿分析是通过样本数据与生产前沿面进行对比从而得出样本的相对效率。与数据包络分析一样，随机前沿分析也经历了三个发展阶段。第一阶段，Kim 等人选取以劳动、资本和原料作为投入要素，以产品作为产出要素评价世界上 52 个钢铁企业能源效率。Liu 等人应用该方法探究了从 1998—2003 年我国钢铁工业能源效率，结果显示：技术进步是我国钢铁企业能源效率提升的重要因素。第二阶段，Lin 等人探究了我国钢铁工业能源效率与节能潜力，结果显示：我国钢铁工业能源效率总体呈现增长态势，节能潜力大约折合 723 Mt 标煤，同时发现通过提高钢铁企业的集中度、促进企业私有制改革、加强技术创新、增加节能投资和开展供给侧结构性改革可有效提升钢铁工业能源效率。第三阶段，专家和学者们通过拟合数据包络分析方法和随机前沿分析方法建立了三阶分析方法。第一阶采用数据包络分析方法初步核算整体的能源效率，第二阶采用随机前沿分析对第一阶中非相关或非必要参数进行调整，第三阶将第二阶调整后变量再经由数据包络分析确定最终能源效率。三阶分析方法计算复杂，目前在钢铁工业中并未得到应用，需要研究者采用该方法对钢铁工业能源效率进行测算。

总之，目前针对钢铁工业能源效率评价形成了单要素和多（全）要素的能源效率评价方法。其中，单要素能源效率评价方法是以能源或资本为投入要素和以能源或产值为产出要素的评价方法。单要素能源效率评价方法中一类指标主要用于单体设备的能源效率评估，如热效率和㶲效率等，通过测算生产过程中发生物理化学反应的能源消耗和转换等过程实现能源效率评估，旨在摸清生产设备的能源利用水平。另一类指标用于工厂等层面的成本或能耗等方面的评估，如单位产品能耗和万元产值能耗等指标。多（全）要素的能源效率评价方法是以资本、能源、劳动力等为投入要素和以产值、污染物排放等为产出要素的评价方法，以随机前沿分析方法为典型的参数法和以数据包络分析为典型的非参数法为代表。这类评价指标是一个集能源、污染物和经济等多方面要素的综合性且相对的指标，而非“真正”的能源效率。钢铁生产流程是一个结构紧凑、衔接密切且过程复杂的系统，系统能效研究工作对我国钢铁工业节能增效甚至碳减排至关重要。目前针对钢铁生产流程能源效率的研究是十分匮乏的，透过生产过程中发生的物理化学反应来探究钢铁生产流程能源效率研究更是需要加强的。

1.3.1.3 钢铁工业能效问题

钢铁工业，作为现代工业体系的基石，历经数百年的发展与革新，其技术水平和能效管理已具备了较强的先进性。从单体设备的优化设计到整个生产流程的系统集成，钢铁企业不仅建立起了全面而完整的能源评价指标体系，实现了从原料准备、冶炼、加工到成品产出的全链条能源消耗与能效的多层级监控，还针对各个关键环节制定了具体的能效评估方法和标准。这些指标不仅涵盖了全厂层面的综合能耗（如吨钢综合能耗、吨钢可比能耗），还深入到炼焦、烧结、球团、炼铁、炼钢、热轧、冷轧等各道工序的工序能耗，也细化到了高炉炼铁过程中的焦比、煤比、燃料比等单一设备的能效考核指标，指导了一代一代钢铁生产节能工作，为推动钢铁行业的高效、节能、绿色低碳发展做出很大的贡献。

然而，钢铁生产的复杂性决定了其能效评价的多维度和局限性。经过长时间的分析，业内人士一致认为，由于生产工艺流程的多样性、物料条件、能源结构、装备技术差异、工序配置完整性、产品加工深度不同、能源加工转换次数、工辅设置及设备差异等多方面因素影响，这些差异导致单一的吨钢综合能耗指标难以公平、准确地反映不同企业的用能水平。当前能耗指标体系在企业间的可比性不强，也很难单独用一个或者某几个指标评价不同钢铁企业的整体用能水平。即使是同一类型的企业，在能耗表现上也可能存在显著差异。

根据发达国家经验，用能源效率描述流程、工艺或某设备的能耗水平，可以比较客观地体现某工艺或流程的能源利用水平。这要求我们在现有能源评价指标体系的基础上，进一步细化和完善，考虑引入更加科学合理的能效评价指标和方法，加强钢铁能效先进性的研究。比如，可以结合生产流程特点，将钢铁生产的设备、工序和企业联系起来，构建一种多层级耦合的能效评价体系；采用数据驱动的方法，如大数据分析、人工智能算法等，对钢铁企业的能效进行动态、全面、准确地评估，增强企业间的可比性，可以有效提升我国钢铁行业的能效水平。

1.3.2 钢铁工业节能减碳研究现状

中国作为世界上最大的钢铁生产国，深知钢铁工业节能减碳的重要性，因此采取了一系列全面而深入的政策和措施，取得了举世瞩目的显著成效。这主要得益于政策的积极引导、装备水平的提升、节能技术的普及以及前沿节能技术的开发与应用等多方面的综合作用的结果。

在装备水平方面，随着技术的不断进步和创新，钢铁生产设备的能效显著提升。高炉富氧喷吹、转炉煤气回收、余热余压发电等先进节能技术的广泛应用，极大地提高了钢铁生产过程中的能源利用效率。同时，电炉炼钢等短流程工艺的发展也进一步降低了钢铁生产的碳排放强度。在节能技术普及方面，各国钢铁企业积极响应政府号召，加大节能技术研发投入和推广力度。通过技术改造和产线升级，钢铁行业的综合能耗和碳排放强度持续下降。例如，中国的钢铁行业在过去几年中重点实施了产能置换、超低排放改造、极致能效三大改造工程。截至 2024 年 10 月 8 日，中国已有 159 家钢铁企业（包括 1 家球团企业）完成或部分完成了超低排放改造和评估监测。其中，114 家企业全过程完成超低排放改造，涉及粗钢产能约 5.17 亿吨；45 家企业部分完成超低排放改造，涉及粗钢产能约 1.52 亿吨。自 2022 年 12 月极致能效改造工程启动以来，已有两批总共 58 家企业参与示范创建，对应 4.4 亿吨钢铁产能。这些企业通过实施一系列能效提升措施，如工艺优化、装备升级、余热余压利用等，取得了显著的节能降耗成效。

在前沿节能技术开发及应用方面，各钢铁企业和科研机构不断探索和创新。例如，首钢京唐于 2018 年实现了大型高炉超高比例球团冶炼技术，通过采用该技术，高炉的焦比可降低 3%～5%、燃料消耗可降低 5%～10%，显著提高了大型高炉的冶炼效率和能源利用水平。中国科学院力学研究所和包钢“转炉煤气全干法显热回收绿色低碳新技术”，避免了传统湿法处理过程中的水资源消耗和二次污染问题，吨钢节约标准煤7.582 kg。中冶京诚科林公司自主研发的国际首创“转炉烟气隔爆型中低温余热回收技术”成功投用于建龙西钢转炉烟气隔爆型中低温余热回收国内首台（套）研发示范项目，该技术的实施改变了800～200 ℃转炉烟气余热无回收的现状，工序能耗降低5.9 kg标煤/t钢，实现10～15元/t钢的收益，减少二氧化碳排放13.3 kg/t钢。此外，氢冶金等前沿低碳冶炼技术也正在逐步工业化应用。例如，河钢集团张宣科技全球首例120万吨氢冶金示范工程，使用的焦炉煤气“自重整”方式制氢，产品高纯直接还原铁金属化率已稳定在94%以上。中国钢研科技集团有限公司全球首条纯氢多稳态竖炉示范工程，使用99.5%氢气作为还原气，顺利运行300 h，金属化率超过93%，设备国产化率达到100%。宝武集团湛江生产基地国内首套百万吨级氢基竖炉项目，预计再建设国内首个“氢基竖炉＋220 t绿色电炉”短流程冶炼生产高等级薄钢板的近零碳生产线，采用可再生能源发电-高效水电解槽生产的绿氢，氢气比例逐步达到80%～90%，计划2025年底建成，具备年产约180万吨零碳板材能力。氢冶金等前沿低碳冶炼技术正在全球范围内得到越来越多的关注和应用，随着技术的不断进步和成本的逐步降低，氢冶金有望成为未来钢铁行业实现绿色低碳发展的重要途径之一。

减少二氧化碳排放更是重中之重的工作。目前，遏制过多二氧化碳排放大体可分为四种途径，分别为：(1) 采取清洁能源代替传统能源；(2) 提高能源的利用率；(3) 发展能源利用基础理论；(4) 碳捕获并资源化利用。清洁能源代替传统能源是从源头上遏制碳投入来减少二氧化碳排放，发展能源利用基础理论和提高能源的利用率是从过程控制角度控制二氧化碳排放的重要方式，通过核算二氧化碳排放量并对其进行排放源和过程解析是发展能源利用基础理论和提高能源利用率的基础。

当前，普遍采用的二氧化碳排放核算方法是基于联合国政府间气候变化专门委员会（Intergovernmental Panel on Climate Change，IPCC）于2006年提出的《2006年IPCC国家温室气体清单指南》逐步完善的，2019年该组织对其进行了修订。目前，该核算方法包括排放因子法、投入产出法、实测法和全生命周期碳排放核算方法。其中，排放因子法通过燃料、物料消耗和产品、副产品产量与排放因子建立联系得出二氧化碳排放量，该方法因计算简便、快捷而广泛应用于国家、行业或企业等层面二氧化碳排放核算。Kim等人基于排放因子法对巴西、中国、印度（发展中国家）、墨西哥和韩国（新兴工业化国家）以及美国（工业化国家）7个国家的钢铁工业碳排放进行分析，发现这些国家钢铁工业碳排放差异巨大。在大多数国家，粗钢产量增加或减少是造成二氧化碳排放量变化的主要原因，能源效率提升是降低二氧化碳排放强度的主要因素。Zhang等人基于动态物流分析（MFA）和排放因子法分析了我国钢铁工业2015—2050年节能减排潜力，结果表明：在短期内能源消耗和二氧化碳排放逐步下降依赖于技术进步和结构调整的协同作用，特别是技术进步；从长期来看，特别是2040年以后，生产结构调整成为能源消耗和二氧化碳排放下降的主因。此外，Prasad等人基于该方法对钢铁工业碳排放进行分析及减排潜力预测。

投入产出法是基于质量守恒定律建立的，通过对投入物质及产品的元素平衡求得二氧化碳排放量。该方法数据要求高，计算结果较为精确而广泛应用于科学研究工作中。例如，Wu 等人基于物质流法分析了高炉-转炉生产长流程碳素流图，提出了碳减排的重要措施。Zhang 等人采用投入产出法对干熄焦（CDQ）、联合循环发电（CCPP）和渣碳化捕集 CO_2 技术（CCSC）进行了碳减排潜力和减排成本评估。三种技术吨钢二氧化碳排放量可分别减少 56.18 kg、134.43 kg 和 222.89 kg。Chen 等人采用物质流分析法（SFA）和能量经济评价法（Energy and Economic Assessment）对不同钢铁生产流程 CO_2 排放进行了分析。

实测法通过仪器设备测得实际生产过程中的二氧化碳排放量，因其应用成本较高而较少被采用。2008 年英国标准协会等机构基于生命周期概念提出了产品全生命周期碳排放核算方法，该方法又称为从“摇篮”到“坟墓”的碳核算方法。因为该方法考虑了产品从原材料的获取、加工及运输等阶段，到产品生产阶段，再到产品使用阶段，最终到产品的废弃和处理阶段，因此该方法对产品全周期减少二氧化碳排放具有重要的指导意义。

目前常用的钢铁工业碳排放核算方法大多是基于以上三种方法提出的。例如，2008 年和 2016 年世界钢铁协会先后基于全生命周期碳排放核算方法提出了从“摇篮”到“大门”的碳排放核算方法，与全生命周期碳排放核算方法不同的是该方法仅考虑了全生命周期的前三个阶段，即原材料的获取、加工及运输等阶段、产品生产阶段和产品使用阶段。我国针对钢铁工业二氧化碳排放核算方法也提出了一系列规范性文件，如国家发展和改革委员会发布的《中国钢铁生产企业温室气体排放核算方法与报告指南（试行）》，考虑了燃料燃烧排放的二氧化碳、原料释放出的二氧化碳、外购电力和热力在生产过程中释放的二氧化碳以及进入到产品中的二氧化碳。此外，还发布了发电企业、电网企业、化工生产企业等的温室气体排放核算方法，中国国家标准化管理委员会发布的《温室气体排放核算与报告要求　第 5 部分：钢铁生产企业》在此基础上将热力和电力的回收作为抵扣考虑在内。

总之，目前针对钢铁工业碳排放的研究集中在碳排放的量化研究和减排潜力分析上。其中，碳排放量化研究集中在核算方法和研究层面上，针对排放因子法、投入产出法、实测法和全生命周期等碳排放核算方法，不同核算边界又形成了不同的碳排放核算方法。碳排放量核算研究层面大多集中在行业层面、省级层面甚至是国家层面上，对企业内部的碳排放研究多数是基于物质代谢分析得出的。碳减排潜力研究大多以政策实施和技术进步为主导，或是预测未来碳排放量趋势，或是评估具体的减排潜力。总而言之，通过能效提升来实现碳减排的研究是需要进一步加强的。

1.3.3 钢铁工业能源系统优化研究现状

钢铁生产作为能源密集型产业，各环节中发生的能源消耗、放散损失、能源比例组成以及能源的优化调度平衡愈加重视，通过对能源系统的优化，以实现能源利用效率最大化、削减能源投入、降低能源损失和节约成本的目的。目前，针对单体设备能源利用的研究已逐步成熟，形成了基于热力学第一定律和第二定律的能源系统优化方法。基于热力学第一定律的研究始于20世纪60—70年代，Rist等人建立了高炉物料平衡模型和能量平衡模型，探究不同物料配比情况对高炉系统的影响。而后Rasul等人对其方法进行了改进，进一步拓展了高炉系统优化研究，对热风温度和铁水成分等要素进行了探讨。Liu等人将模型拓展到高炉煤气余压发电系统和高炉渣余热回收系统，通过优化热风富氧率等要素分析其对铁水产率和能源利用效率的影响。Li等人分析了矿石品位、热风风温和燃料比等因素对高炉能耗及二氧化碳排放的影响。此外，Mitterlehner等人分别基于热力学第一定律对焦炉、烧结环冷机等的配料、工艺参数等问题进行优化研究，以实现节能降耗或节约成本的目的。

基于热力学第二定律对钢铁生产设备的能源系统优化研究也由来已久。Liu等人建立了基于物料平衡和能量平衡的焦化过程优化模型，得出㶲损最小时最佳设计参数，研究发现当高炉煤气与焦炉煤气的混合比接近7：1时㶲损最小，此时㶲损较优化前降低6.99%。He等人以烧结㶲损最小为优化目标，研究了烧结燃料配比、燃料预热温度和烧结矿碱度对㶲损的影响，重点探究了焦炭和焦炭/煤粉两种配料方式对烧结过程㶲损的影响，研究结果表明：煤比、燃料预热温度与㶲损呈负相关，和焦比、烧结矿碱度呈正相关。Liu等人基于热力学分析方法对烧结环冷机的余热梯级利用进行了分析，提出了一种烧结冷却床经济性与能量分析相结合的模型，优化结果表明：采用最优参数后，基于热力学第一定律和第二定律的成本效益比分别降低18.4%和29.8%。Feng等人以㶲效率最大为目标对烧结环冷机进行了优化，通过调整烧结料层高度（一般为1.40 m）和采用低孔隙率、高初始温度和较小当量直径烧结颗粒的烧结料等措施可有效提高系统的㶲效率。Ünal对电弧炉炼钢工艺进行了㶲分析，确定了电弧炉炼钢工艺最佳设计参数和操作条件，分析发现系统中44.5%的㶲损是由化学反应和传热等因素造成的。Liu等人以㶲损最小为优化目标对高炉炼铁过程进行优化，探究了鼓风参数、煤比、炉顶煤气温度和炉渣碱度等参数对优化结果的影响，优化后㶲损降低5.77%，结果表明：㶲损随煤比和风温的增加而减小，随热风湿度、富氧度、顶气温度和炉渣碱度的增加而增大。

随着系统节能概念的提出，钢铁生产流程能源系统优化逐步走入人们视野。例如，Zhang等人建立了包含焦化、烧结、炼铁、炼钢和热轧等工序的钢铁生产流程能源系统优化模型，分析了最小能耗下的碳排放情况，优化后吨钢能耗和二氧化碳排放量分别降低了14.07%和6.65%，研究还表明钢铁生产流程能源使用情况与CO_2排放具有协同关系。Wang等人分别以能源强度、二氧化碳减排量和成本最小为目标对钢铁生产流程进行探究，研究结果表明：最优的能量强度为524.0 kg标煤/t钢，最优的CO_2减排量为125.03 kg/t钢，较生产数据分别降低了6.3%和7.6%，研究也确定了8～9项先进技术作为节能减排的关键技术。Zhang等人综合考虑了剩余副产煤气波动情况、蒸汽和电力的动态需求关系以及电价等约束条件，以降低经济运行成本为目的，对钢铁生产中的煤气-蒸汽-电力系统进行了优化，结果表明：设置合理的煤气热值约束可以有效提高煤气利用率，降低电耗和运行成本。Zhang 等人开发了一种新型技术经济模型对钢铁生产过程产生的余热余能进行了评价分析，该模型将节能理论、技术和经济效益与废热资源量和废热回收技术联系起来，研究结果表明：通过采用选定的35 项节能技术吨钢可节约能量 3.08 GJ。Wei 等人对煤气-蒸汽-电力系统进行了优化分析，以实现运行成本的最小化和能源效率最大化。该研究中提出的副产煤气优化分配方案能有效减少煤气柜容积和降低锅炉负荷的波动，使副产煤气系统稳定运行；分析还发现，煤气柜和锅炉的稳定性对电价变化较为敏感。Jiang 等人基于热力学分析方法建立炼铁工序、炼钢工序和热轧工序的能源系统优化模型，优化结果显示：炼铁系统单位吨铁水的能源投入量可减少 2.21 GJ，热轧工序的能源投入可减少 10% 。Zhang 等人分析了钢铁生产过程中能耗、水资源消耗与碳排放之间存在协同效应，讨论了影响协同关系的主要因素，包括能耗结构、废品投入率和节能技术等参数。

总之，目前针对钢铁企业能源系统优化研究大体分为三类。第一类是针对单体设备的优化，这类研究大多以热力学第一、二定律为基础构建优化模型，以能源效率最大或能源损失量最小为目标来实现节能增效的目的，这些研究结合炉体结构、能源结构、物料成分等方面探究节能降耗的措施。第二类是针对某一特定能源介质（如煤气、蒸汽和电力等）通过优化其供需关系、能源匹配关系和管网输配路径等来实现能源损失或者能源利用效率最大的目的，这类研究往往涉及复杂的能源网络建模和优化算法，旨在实现能源流的高效、稳定、经济地运行。第三类是针对钢铁企业或钢铁生产主流程，通过优化生产结构、物料配比和能源结构等实现降低能耗的目的。然而，目前以钢铁生产流程为研究对象，以钢铁生产流程能源利用效率最大化为目标来实现能源利用效率最优的目标研究是十分匮乏的。这主要是因为钢铁生产流程具有高度的复杂性和动态性，涉及多个工序、多种能源介质和复杂的物料流转，使得整体优化变得异常困难。此外，现有研究往往侧重于某一方面的优化，而缺乏对整个生产流程能源利用效率的系统性考虑和综合性评估。因此，未来的研究需要更加注重钢铁生产流程的整体性和系统性，探索出能够全面反映生产流程能源利用效率的评价指标和优化方法。同时，还需要结合先进的信息技术和智能化手段，实现对生产流程的实时监测、动态调整和优化控制，从而真正实现钢铁生产流程的能源利用效率最大化。

1.4 钢铁工业高能效低碳发展面临的机遇与挑战

1.4.1 能耗“双控”挑战

能耗“双控”政策是在中国面临能源资源环境约束日益严峻、经济发展进入新常态的背景下提出的，该政策的目标是通过控制能源消耗总量和强度，促进能源节约和高效利用，推动经济结构调整和产业转型升级，能耗“双控”政策的前身可追溯到“十一五”

期间的“节能减排”政策。2006年3月，《中华人民共和国国民经济和社会发展第十一个五年规划纲要》通过，首次提出单位GDP能耗降低20%的约束性目标。2011年3月，《中华人民共和国国民经济和社会发展第十二个五年规划纲要》通过，明确提出了能源消费总量和单位GDP能耗降低的具体目标。2013年1月，国务院印发《能源发展“十二五”规划》，明确提出“实施能源消费强度和消费总量双控制”的原则和目标。2015年10月，能耗“双控”概念在党的十八届五中全会上正式提出。2016年3月，《中华人民共和国国民经济和社会发展第十三个五年规划纲要》通过，进一步明确了能源消费总量和单位GDP能耗降低的约束性目标。2017年1月，国家能源局发布《能源发展“十三五”规划》，将能耗“双控”作为经济社会发展的重要约束性指标，并建立了指标分解落实机制。进入“十四五”期间，随着国家“双碳”目标的提出，经济和社会发展对节能减排提出了更严格更全面综合的要求，能耗“双控”制度得到进一步完善。2021年3月，要求“十四五”期间单位GDP能耗降低13.5%，二氧化碳排放降低18%，非化石能源占能源消费总量比重提高到20%左右。2021年9月，国家发展和改革委员会发布《完善能源消费强度和总量双控制度方案》，提出严格制定各省能耗“双控”指标，坚决遏制“两高”项目盲目发展。2021年12月，国务院印发《“十四五”节能减排综合工作方案》，要求以能源产出率为重要依据，综合考虑发展阶段等因素，合理确定各地区能耗强度降低目标。2022年3月，提出能耗强度目标在“十四五”规划期内统筹考核。整体上，我国能耗“双控”政策经过长时间的发展改进，目前仍处于持续完善的动态优化过程中。

经过多年的努力，中国钢铁行业的能耗“双控”工作取得了显著成效。一方面，在能耗总量控制上，能耗“双控”政策通过严格执行产能置换、严禁新增钢铁产能等措施，有效控制了钢铁行业的产能扩张。这促进了钢铁行业去产能和转型升级，加速了低效、无效产能的出清，推动行业向高质量发展转型。例如，近年来我国钢铁行业已经提前完成了1.5亿吨钢铁去产能目标上限。通过政策鼓励钢铁企业优化产品结构，提高了高附加值产品的比重，减少了低附加值产品的产量，降低资源消耗和环境污染。另一方面，在降低能耗强度上，能耗“双控”政策促使钢铁企业加大节能技术的推广应用力度，有效提高了钢铁企业的能源利用效率，降低了生产过程中的能耗。例如，能源管控技术、蓄热式及富氧燃烧技术、高温余热高效回收技术、低温废气和烟气余热余压发电技术等先进节能技术的应用，钢铁企业的能源利用效率不断提高，单位产出的能源消耗强度逐渐下降。2023年，我国重点钢铁企业吨钢综合能耗是558 kg标煤，比2012年下降了7.4%，处于国际领先水平。

然而，钢铁工业虽然在节能降耗方面取得了一定进展，但仍面临诸多挑战。例如，钢铁企业的技术创新能力不足、能源结构调整难度大等，技术创新需要时间和资源的积累，短期内难以迅速提升企业的技术创新能力。能源结构仍然以煤炭为主，受限于煤炭资源的丰富性、价格优势以及现有生产设备的适应性，能源结构调整的难度仍然很大。另外，也面临诸多技术瓶颈，例如，高炉炼铁、转炉炼钢等环节的能效提升空间有限，需要突破性的技术创新来降低能耗强度。

未来，钢铁工业能耗双控政策将继续深化和完善，应进一步加大政策支持力度，推动钢铁企业加强技术创新和能源管理、加大资金投入和人才培养力度、完善政策执行力度和监管机制等方面的工作。同时，鼓励钢铁企业积极参与碳排放权交易等市场机制，通过市场化手段促进节能降耗。此外，加强国际合作与交流，学习借鉴国际先进经验和技术，也是推动钢铁工业绿色低碳发展的重要途径。节能降碳、绿色转型任务艰巨，如何进一步降低能耗、减少排放，实现高效、经济、绿色可持续发展，是钢铁行业需要持续探索和解决的问题。

1.4.2 碳达峰、碳中和及碳排放“双控”挑战

钢铁行业作为国民经济的重要基础，是碳中和的重要责任主体。在中国，钢铁行业的碳排放占全国碳排放的15%左右，仅次于电力行业，是制造业31个门类中碳排放量最大的行业，且碳排放量占全球钢铁碳排放总量的60%以上。尽管中国钢铁行业在吨钢耗能与碳排放量上已经处于国际先进水平，但由于粗钢产量巨大，因此全行业碳排放总量仍然较大。根据国务院发布的相关文件，钢铁行业已初步设定了碳达峰目标：2025年前实现碳排放达峰，到2030年碳排放量较峰值降低30%，预计将实现碳减排量4.2亿吨。这一目标体现了我国钢铁工业对绿色低碳发展的坚定承诺，也意味着对钢铁行业的环保要求将更加严格，不仅关注能源消耗总量和强度，还关注碳排放量。钢铁行业需要适应这一转型要求，在推进碳达峰、碳中和及碳排放“双控”过程中面临诸多挑战，这些挑战主要体现在以下几个方面。

（1）能源结构高碳化。钢铁工业是典型的能源密集型产业，其能源结构以化石能源为主，特别是煤炭和焦炭的消耗占比高达90%左右，这种高碳化的能源结构使得钢铁工业在减碳过程中面临巨大挑战。尽管一些企业正在探索使用清洁能源，如绿氢、绿电等，但这些清洁能源的供应稳定性和成本问题仍需进一步解决。

（2）生产工艺复杂。钢铁工业的生产工艺复杂，从原料准备、炼铁、炼钢到轧钢等各个环节都可能产生碳排放，特别是高炉-转炉长流程工艺，其碳排放量相对较高。尽管电炉短流程炼钢在能耗和“三废”排放方面具有优势，但受限于废钢资源的供应量和质量，其推广应用仍面临一定困难。

（3）企业数量多且技术差异大。我国钢铁企业数量众多，且工艺结构、生产水平差异大，发展水平参差不齐，这使得在推进碳达峰、碳中和及碳排放“双控”过程中，难以制定统一的标准和政策。同时，一些中小企业可能缺乏足够的资金和技术支持，难以实现有效的减碳措施。

（4）碳排放机理复杂。钢铁工业的碳排放机理复杂，涉及能源燃烧排放、工业生产过程排放、电力和热力消耗所对应的间接排放等多种碳排放机理，这使得在准确核算碳排放量、制定有效的减碳措施方面存在一定难度。

（5）低碳技术成本高。尽管一些低碳技术已经取得了一定进展，但其应用成本仍然较高。例如，碳捕获和封存技术、氢冶金技术等，这些技术的大规模应用需要巨大的资金

投入。同时，由于这些技术尚处于发展阶段，其可靠性和稳定性也有待进一步验证。

(6) 政策与市场机制不完善。目前，我国在钢铁工业碳达峰、碳中和及碳排放“双控”方面的政策与市场机制尚不完善。例如，碳排放权交易市场的建设仍处于起步阶段，其交易规则、监管机制等仍需进一步完善。此外，一些激励和约束机制也尚未形成，难以有效推动钢铁企业积极采取减碳措施。

(7) 国际竞争压力。随着全球气候变化的日益严峻，各国都在积极采取减碳措施。钢铁工业作为碳排放量较大的行业之一，面临着来自国际社会的巨大压力。一些发达国家已经制定了严格的碳排放标准，并对进口钢铁产品征收碳关税，这使得我国钢铁工业在出口方面可能面临更大的挑战。

这些挑战既涉及技术路径与结构转型的深层次问题，也涵盖制度转型与管理要求、经济成本与市场压力等多个方面。为了解决这些问题，需要政府、企业和社会各界的共同努力。首先，随着管理制度的革新，钢铁行业需从能耗“双控”逐步过渡到碳排放“双控”的新模式。这一转变意味着行业不仅要关注能源消费总量与强度的控制，更要聚焦于化石能源消费的严格管理。碳排放“双控”为可再生能源的利用提供了更广阔的空间，同时也对钢铁行业的能源结构调整、生产工艺优化提出了更为严格的要求。其次，需要不断推动技术创新和产业升级，这包括开发和应用绿色低碳新技术、优化用能及流程结构、构建循环经济产业链等多个方面，推动钢铁能源结构向清洁化、低碳化方向转变。在这个过程中，还需要投入大量的资金和技术力量，用于设备升级、技术改造和流程优化等。最后，随着环保政策的日益严格和碳排放权交易市场的不断完善，钢铁行业将面临更为严峻的环保责任和碳排放成本压力。为此，钢铁行业需加强“双碳”人才的培育，提升企业的环保管理水平和碳排放控制能力。同时，钢铁行业还应积极响应国家绿色低碳发展战略，推动行业向绿色低碳、高效可持续的方向发展，为构建生态文明和美丽中国贡献力量。

1.4.3 碳关税及碳税挑战

1.4.3.1 欧盟碳关税

欧盟的碳边境调节机制（Carbon Border Adjustment Mechanism，简称“CBAM”）是在2021年7月14日由欧盟委员会正式提出的。这一机制是欧盟《Fit for 55》一揽子立法改革计划的其中一部分，旨在到2030年将温室气体排放量减少至少55%。该机制的提出是为了防止碳排放，通过对进口商品征收碳排放税，从而提升欧盟内部企业的竞争力，同时也能鼓励全球范围内的减排。欧盟“碳关税”的设计是基于对进口商品征收碳排放税，该税的征收基于商品的碳排放水平，征收的税款将根据商品的碳排放量和碳价计算。税收收入将用于支持欧盟的减排目标和发展可持续经济，CBAM是世界上第一个以碳排放为核心的贸易措施。欧盟碳关税的主要内容见表1-4。该提案规定，进口到欧盟的商品需支付与其产生的碳排放相应的关税，是欧盟对进口商品的重要制约手段，以保证欧盟内部产业的公平竞争。同时，CBAM的税收收入将用于支持欧盟内部的绿色转型，推动欧盟实现碳中和的目标。

表 1-4 欧盟碳关税的主要内容

类别	详细信息
实施步骤	立法通过（2023 年 5 月 17 日）：欧盟 CBAM 法案通过立法程序，正式生效。 第一阶段过渡期（2023 年 10 月 1 日—2025 年）：该阶段从欧盟外部进口 CBAM 覆盖高碳产品，进口商需了解 CBAM 要求，准备排放报告。只有申报义务，需要申报进口商品的数量以及相应的总直接排放量，进口商提交排放报告，无需购买 CBAM 证书，无需缴纳任何费用。 第二阶段全面实施 CBAM（2026—2035 年）：进口商必须于每年 5 月 31 日申报上一年进口到欧盟的货物数量以及总碳排放量（在原产国已经支付碳价可以扣除）并购买对应数量的 CBAM 证书用于清缴碳差价，该阶段计算碳排放量可以扣除欧盟同类产品的免费排放额度，以抵扣碳排放量。从 2026 年开始逐步取消免费碳排放配额，逐年减少，直至 2034 年完全取消。 第三阶段（2035 年后）：欧盟将完全取消 CBAM 覆盖的高碳产品的免费配额，进口企业无法使用免费的配额抵扣碳排放量，调整征收范围和标准
征收范围	直接碳排放 + 间接碳排放（外购电力）
核算规则	碳关税应税碳排放核算边界、免费配额分配规则与欧盟碳市场保持一致
计算方法	碳关税费用 = 碳关税证书数量（产品总碳排放量）× 碳关税证书价格 − 出口国已经支付的产品的碳成本
覆盖行业	初始阶段：钢铁、水泥、化肥、铝、电力和氢六大类碳密集型产品。 后期可能扩展：包括有机化学品和塑料等行业商品。 拓展征收：更多商品和行业纳入 CBAM 的征收范围

1.4.3.2 欧盟碳关税对中国钢铁工业的影响

欧盟碳关税是全球首个对进口产品征收的碳排放费用政策，该机制的实施将对全球多个行业，尤其是高碳排放的钢铁行业产生深远影响。根据中国钢铁工业协会发布的数据，2023 年中国对欧盟出口钢材 366 万吨，占中国出口总量的 4.0%。中国对欧盟的钢铁出口量虽然近年来呈下降趋势，尽管比例不高，但这一出口量对于部分中国钢铁企业而言仍然具有重要意义。

（1）欧盟碳关税的实施将直接增加中国钢铁产品出口到欧盟的成本。根据 CBAM 的规定，从 2026 年 1 月 1 日起，正式对进口到欧盟的相关产品开始征收碳关税。这意味着中国钢铁企业在向欧盟出口产品时，除了需要支付正常的关税和运输费用外，还需要支付额外的碳排放费用，这将直接提高中国钢铁产品的出口价格，增加中国钢铁企业的经济成本，降低其在欧盟市场的竞争力。

（2）促进中国钢铁产业全链条低碳转型。从碳排放的角度来看，中国钢铁行业的碳排放强度较高。钢铁生产是一个高能耗、高排放的过程，尤其是在长流程生产工艺中，碳排放强度更为显著。中国钢铁企业在短时间内难以更改为短流程生产，通过流程重构实现大幅降碳的可能性较小。因此，长期来看，碳关税将刺激中国钢铁行业优化产业结构，使用更多减排技术和清洁能源，加速低碳转型步伐，降低产品碳排放强度，提高产品的环保性能。中国钢铁行业的低碳转型不仅会影响其自身，还将对整个产业链上下游产生影响。上游原材料供应商需要提供更环保的原材料，下游制品企业需要采购低碳的钢铁产品以满足市场需求，这将促使整个产业链向低碳、环保方向发展。

（3）加速完善和拓展中国碳交易市场。此外，欧盟碳关税的实施还将对中国钢铁企业的国际竞争力产生间接影响，随着全球对环保和可持续发展的重视，越来越多的国家和地区开始实施碳排放限制和绿色贸易壁垒。中国企业如果无法有效控制碳排放，将面临更多的国际贸易障碍和限制。为了应对欧盟碳关税等绿色贸易壁垒，中国企业将更加注重碳排放的管理和交易，迫使中国碳市场构建和拓展的加速，从而推动中国碳市场的进一步完善和发展，激励中国钢铁企业加大环保投入，提升技术水平，以适应全球绿色发展的趋势。

1.4.3.3 中国碳交易市场带来的挑战

中国碳交易市场的发展历程是一个逐步建立和完善的过程。早在 2005 年，中国作为发展中国家，通过清洁发展机制（CDM）项目参与到全球碳交易市场中，但当时主要是作为需求的提供方，并非真正意义上的独立市场。随着国际社会对气候变化问题的日益关注，中国开始积极探索建立自己的碳交易市场。

（1）试点阶段（2011—2017 年）。2011 年，国家发展和改革委员会发布了《关于开展碳排放权交易试点工作的通知》，在北京、天津、上海、重庆、湖北、广东及深圳 7 个省市启动了碳排放权交易试点工作，这一阶段主要是为了探索全国碳排放权交易市场的运行机制和管理模式。

2013 年起，地方试点碳市场陆续开始上线交易，有效促进了试点省市企业温室气体减排，也为全国碳市场建设摸索了制度，锻炼了人才，积累了经验，奠定了基础。

2016 年 12 月，福建省启动碳交易市场，成为国内第 8 个碳交易试点。

（2）全国碳市场建设阶段（2017—2020 年）。2017 年 12 月，经国务院同意，国家发展和改革委员会印发了《全国碳排放权交易市场建设方案（电力行业）》，这标志着中国碳排放交易体系完成了总体设计，并正式启动。这一方案明确了全国碳交易市场的覆盖范围、参与主体、配额分配方式等关键要素，为后续碳交易市场的建设和发展奠定了坚实基础。

2020 年底，生态环境部出台了《碳排放权交易管理办法（试行）》，并印发《2019—2020 年全国碳排放权交易配额总量设定与分配实施方案（发电行业）》，这标志着全国碳市场第一个履约周期正式启动。

（3）全国碳市场启动阶段（2021—2024 年）。2021 年 7 月 16 日，全国碳排放权交易市场在上海环境能源交易所正式启动上线交易，首批纳入全国碳市场的 2162 家发电企业上线交易。自全国碳交易市场启动以来，其交易量和交易额均呈现增长趋势。截至 2024 年 11 月 5 日，全国碳市场已累计完成 800 个交易日的清结算，累计成交数量共计 5 亿吨，累计成交金额突破 300 亿元。

2024 年 9 月，随着市场的逐步成熟和完善，全国碳市场正在逐步扩大行业覆盖范围。将水泥、钢铁、电解铝行业纳入全国碳排放权交易市场覆盖范围，2024 年作为水泥、钢铁、电解铝行业首个管控年度，2025 年底前完成首次履约工作。

中国的钢铁、水泥、铝冶炼这三个行业在全球范围内都有举足轻重的地位，它们是基础建设不可缺少的材料。2023年我国的钢铁、水泥、铝冶炼产量分别约占到世界总产量的54%、50%、59%。同时，产量大也就意味着碳排放量也大，这些行业也是我国碳减排工作的重点对象。其中，钢铁行业碳排放量约占全国碳排放总量的15%，水泥行业约占9%，铝冶炼约占5%，共占到了全国排放量的29%。把这些行业纳入全国碳排放权交易市场后，将新增重点排放单位约1500家。根据国际能源署（IEA）在《CO_2 Emissions in 2023》报告中的数据，2023年中国的温室气体排放量为126亿吨二氧化碳当量。目前，发电行业年覆盖温室气体排放量约51亿吨二氧化碳，建材（水泥）、钢铁、有色金属（电解铝）覆盖排放量将新增加约30亿吨，意味着我国强制性碳市场将覆盖80多亿吨的规模，届时全国碳排放权交易市场覆盖排放量将占全国总量64.29%。

随着钢铁行业被纳入碳交易市场，中国碳交易市场的建立和完善对钢铁行业带来了诸多挑战，同时也标志着钢铁行业进入了一个新的发展阶段。进入中国碳交易市场对钢铁工业带来的挑战主要体现在以下几个方面。

（1）碳排放数据管理的挑战。钢铁行业工序环节多，排放源和中间产品繁多，导致碳排放数据量大且复杂。相比发电行业，钢铁行业在数据质量管理方面面临更大的挑战。为确保碳排放的准确性和透明度，企业需要定期向生态环境部门报告其碳排放情况，并接受相关部门的严格监管和核查，这需要企业具备完善的数据监测、报告、核查和管理体系。

（2）生产工艺与能源结构的挑战。目前，中国钢铁生产高炉-转炉长流程生产方法仍占据主导地位，这种传统工艺高度依赖于焦炭作为还原剂和热源，导致了大量的二氧化碳排放，技术路径依赖性强。钢铁行业亟须对其能源结构进行优化升级，积极探寻并实施低碳乃至无碳的能源利用新途径。增加非化石能源消费比例，如太阳能、风能、生物质能等可再生能源的利用。同时，可再生能源的供应具有间歇性和不确定性，如何与钢铁生产的连续性和稳定性需求相协调，也是企业必须面对的挑战。然而，这一转型并非易事，它需要钢铁企业投入巨额资金进行技术改造和设备升级，这包括但不限于：引进或开发低碳冶炼技术，如氢还原炼铁、电炉炼钢等；建设或改造能源供应系统，以接纳和高效利用可再生能源；提升能源管理系统，实现能源使用的智能化和精细化控制。

（3）碳交易与碳资产管理的挑战。企业需要密切关注国际国内的碳市场动态，制定出合理的碳价风险管理策略。企业需要迅速洞悉并融入新兴的碳市场规则体系，包括碳排放核算、精准报告与严格核查流程、碳配额的高效分配与管理体系构建等，企业需建立完善的碳排放监测、报告和核查（MRV）机制，确保数据的真实性和可靠性。同时，企业还需关注碳配额的分配方式，积极参与碳配额的申购、交易和履约过程，构建高效的碳配额管理体系；其中包括制定合理的碳排放目标、优化生产流程以降低碳排放、合理安排碳配额的购买与出售时机等，以实现碳资产的最优化配置。提高碳交易规则适应性，把碳交易挑战逐渐转变为企业机遇。

（4）市场竞争与成本压力的挑战。长期以来，中国钢铁产品以低成本优势在国内外市场上占据了一席之地，随着碳交易市场的建立，钢铁企业需要承担额外的碳排放成本，这可能导致产品成本上升，进而影响市场竞争力，在当前经济形势下，加剧市场竞争力的压力。钢铁企业不得不投入大量资金进行技术改造和设备升级，以实现节能减排的目标，其中包括但不限于采用更高效的能源利用技术、引入低碳生产工艺、提升废弃物循环利用率等。这些措施虽然长期来看有助于提升企业的可持续发展能力和环境形象，但在短期内无疑会给企业带来巨大的资金压力，尤其是在当前全球经济形势复杂多变，钢铁行业利润空间被不断压缩的背景下。

（5）政策引导与市场驱动的不足，很多政策尚未形成足够的驱动力。例如，现有的碳交易机制尚不完善，碳价格偏低，低碳价的现实意味着企业排放碳的成本相对较低，从而削弱了其主动减排的经济激励。市场驱动力的不足也是制约钢铁行业低碳转型的重要挑战。一方面，市场对低碳钢材的认知度和需求度尚待提升。尽管环保意识的提高促使部分消费者和企业开始关注产品的碳足迹，但整体上市场对低碳、绿色钢材的偏好并不强烈，这主要归因于缺乏明确的产品标识体系、透明的信息披露机制以及消费者对低碳价值的认知局限。因此，绿色钢材在市场上的溢价空间有限，难以形成有效的市场激励机制。另一方面，钢铁行业作为典型的上游产业，其低碳转型还受到下游产业链的影响。如果下游行业（如建筑、汽车等）对低碳钢材的需求不旺盛，或者缺乏相应的政策支持来引导其采购绿色产品，那么钢铁企业低碳转型的市场驱动力将进一步减弱。此外，绿色金融、绿色供应链等配套机制的不完善，也限制了钢铁企业通过市场化手段获取转型资金和资源的能力。

钢铁工业碳关税及碳税方面涉及的内容较为广泛且复杂。为了应对这些挑战和机遇，钢铁行业需要密切关注政策动态和市场变化，加强技术研发与创新，优化产业结构，积极参与碳交易，加强国际合作与交流，并采取相应的措施推动行业的低碳转型和可持续发展。

思考题

1-1 如何理解节能增效与温室气体减排的关系？主要从哪些方面实现节能增效与温室气体减排的协同发展？

1-2 我国钢铁工业节能和减碳工作之间的关系是什么？如何通过节能实现钢铁工业减碳的目标？

1-3 碳排放“双控”、碳交易市场和碳关税对钢铁工业发展的意义是什么？

1-4 能耗“双控”向碳排放“双控”转变意味着什么？

参考文献

[1] 殷瑞钰. 冶金流程工程学［M］. 2版. 北京：冶金工业出版社，2009：1-13.

[2] World Steel Association. Steel statistical yearbook 2023 [R]. Beijing: World Steel Association,

2023：1-25.

[3] HARVEY L. Iron and steel recycling：Review，conceptual model，irreducible mining requirements，and energy implications [J]. Renewable and Sustainable Energy Reviews，2021，138：110553.

[4] BIRAT J. Society，materials，and the environment：The case of steel [J]. Metals，2020，10（3）：331.

[5] SUN W，WANG Q，ZHOU Y，et al. Material and energy flows of the iron and steel industry：Status quo，challenges and perspectives [J]. Applied Energy，2020，268：114946.

[6] 中国钢铁工业年鉴编委会. 中国钢铁工业年鉴2021 [R]. 北京：中国钢铁工业年鉴编委会，2021：187-267.

[7] 中国钢铁工业年鉴编委会. 中国钢铁工业年鉴2022 [R]. 北京：中国钢铁工业年鉴编委会，2022：312-377.

[8] SUN J，DU T，SUN W，et al. An evaluation of greenhouse gas emission efficiency in China's industry based on SFA [J]. Science of the Total Environment，2019，690：1190-1202.

[9] 陆钟武，蔡九菊. 系统节能基础 [M]. 沈阳：东北大学出版社，2010：1-99.

[10] LI M，TAO W. Review of methodologies and polices for evaluation of energy efficiency in high energy-consuming industry [J]. Applied Energy，2017，187：203-215.

[11] NA H，DU T，SUN W，et al. Review of evaluation methodologies and influencing factors for energy efficiency of the iron and steel industry [J]. International Journal of Energy Research，2019，43（11）：5659-5677.

[12] 李建朝，齐素慈. 转炉炼钢生产 [M]. 北京：化学工业出版社，2011：77-95.

[13] QIN S，CHANG S. Modeling，thermodynamic and techno-economic analysis of coke production process with waste heat recovery [J]. Energy，2017，141：435-450.

[14] SUN W，WANG Q，ZHENG Z，et al. Material-energy-emission nexus in the integrated iron and steel industry [J]. Energy Conversion and Management，2020，213：112828.

[15] RATZEK U. Optimization of technologies and equipment for efficiency rise of steel production [J]. Applied Thermal Engineering，2019，13：15-27.

[16] SZARGUT J，MORRIS D R，STEWARD F R. Exergy analysis of thermal，chemical，and metallurgical processes [M]. New York：Hemisphere Publishing，1987：1-22.

[17] BRAUER H，JESCHAR R. The significance of exergy for the thermodynamic study of the blast-furnace process [J]. Arch Fuer Das Eisenhuettenwesen，1963，34：9-16.

[18] COSTA M，SCHAEFFER R，WORRELL E. Exergy accounting of energy and materials flows in steel production systems [J]. Energy，2001，26（4）：363-384.

[19] ZHANG Y，FENG J，XU J，et al. Energy and exergy analyses of a mixed fuel-fired grate-kiln for iron ore pellet induration [J]. Energy Conversion and Management，2011，52（5）：2064-2071.

[20] WU J，WANG R，PU G，et al. Integrated assessment of exergy，energy and carbon dioxide emissions in an iron and steel industrial network [J]. Applied Energy，2016，183：430-444.

[21] LIU Y，YANG J，WANG J，et al. Energy and exergy analysis for waste heat cascade utilization in sinter cooling bed [J]. Energy，2014，67：370-380.

[22] BISIO G. Exergy method for efficient energy resource use in the steel industry [J]. Energy，1993，18（9）：971-985.

[23] LIOR N, ZHANG N. Energy, exergy and second law performance criteria [J]. Energy, 2007, 32 (4): 281-296.

[24] 冶金工业信息标准研究院. 钢铁企业能效评估准则: YB/T 4662—2018 [S]. 北京: 中国标准出版社, 2015: 23.

[25] SUN J W. Changes in energy consumption and energy intensity: A complete decomposition model [J]. Energy Economics, 1998, 20 (1): 85-100.

[26] CHARNES A, COOPER W, LEWIN A Y, et al. Data envelopment analysis theory, methodology and applications [J]. Journal of the Operational Research Society, 1997, 48 (3): 332-333.

[27] WANG Y, WEN Z, CAO X, et al. Environmental efficiency evaluation of China's iron and steel industry: A process-level data envelopment analysis [J]. Science of the Total Environment, 2020, 707: 135903.

[28] LI F, ZHU Q, LIANG L. A new data envelopment analysis-based approach for fixed cost allocation [J]. Annals of Operations Research, 2019, 274 (1): 347-372.

[29] RAY S C, KIM H J. Cost efficiency in the US steel industry: A nonparametric analysis using data envelopment analysis [J]. European Journal of Operational Research, 1995, 80 (3): 654-671.

[30] MA J, EVANS D G, FULLER R J, et al. Technical efficiency and productivity change of China's iron and steel industry [J]. International Journal of Production Economics, 2002, 76 (3): 293-312.

[31] BRAGLIA M, ZANONI S, ZAVANELLA L. Measuring and benchmarking productive systems performances using DEA: An industrial case [J]. Production Planning & Control, 2003, 14 (6): 542-554.

[32] DEBNATH R M, SEBASTIAN V J. Efficiency in the Indian iron and steel industry-an application of data envelopment analysis [J]. Journal of Advances in Management Research, 2014, 11 (1): 4-19.

[33] KUMAR S. Environmentally sensitive productivity growth: A global analysis using Malmquist-Luenberger index [J]. Ecological Economics, 2006, 56 (2): 280-293.

[34] CHOI Y, YU Y, LEE H S. A study on the sustainable performance of the steel industry in Korea based on SBM-DEA [J]. Sustainability, 2018, 10 (1): 173.

[35] CHEN L, HE F, ZHANG Q, et al. Two-stage efficiency evaluation of production and pollution control in Chinese iron and steel enterprises [J]. Journal of Cleaner Production, 2017, 165: 611-620.

[36] WU H, LV K, LIANG L, et al. Measuring performance of sustainable manufacturing with recyclable wastes: A case from China's iron and steel industry [J]. Omega, 2017, 66: 38-47.

[37] YANG W, SHI J, QIAO H, et al. Regional technical efficiency of Chinese iron and steel industry based on bootstrap network data envelopment analysis [J]. Socio-Economic Planning Sciences, 2017, 57: 14-24.

[38] FENG C, WANG M, ZHANG Y, et al. Decomposition of energy efficiency and energy-saving potential in China: A three-hierarchy meta-frontier approach [J]. Journal of Cleaner Production, 2018, 176: 1054-1064.

[39] KRAFT E, TIRTIROĞLU D. Bank efficiency in Croatia: A stochastic-frontier analysis [J]. Journal of Comparative Economics, 1998, 26 (2): 282-300.

[40] WANG X, BERT C W. A new approach in applying differential quadrature to static and free vibrational analyses of beams and plates [J]. Journal of Sound and Vibration, 1993, 162 (3): 566-572.

[41] TSIONAS M G. Bounded rationality and thick frontiers in stochastic frontier analysis [J]. European Journal of Operational Research, 2020, 284 (2): 762-768.

[42] KIM J W, LEE J, KIM J, et al. Technical efficiency in the iron and steel industry: A stochastic frontier approach [J]. Economics Study Area Working Papers, 2005, 75: 12-25.

[43] LIU W, HUANG B. A decomposition of total factor productivity growth in China's steel industry: A stochastic frontier approach [C]//Beijing: International Conference on Business Intelligence and Financial Engineering, 2009: 24-26.

[44] LIN B, WANG X. Carbon emissions from energy intensive industry in China: Evidence from the iron & steel industry [J]. Renewable and Sustainable Energy Reviews, 2015, 47: 746-754.

[45] ZHANG J, LIU Y, CHANG Y, et al. Industrial eco-efficiency in China: A provincial quantification using three-stage data envelopment analysis [J]. Journal of Cleaner Production, 2017, 143: 238-249.

[46] KAO C, HWANG S N. Efficiency decomposition in two-stage data envelopment analysis: An application to non-life insurance companies in Taiwan [J]. European Journal of Operational Research, 2008, 185 (1): 418-429.

[47] LEE J W. The contribution of foreign direct investment to clean energy use, carbon emissions and economic growth [J]. Energy Policy, 2013, 55: 483-489.

[48] HIDAYATNO A, DESTYANTO A R, NOOR S T. Conceptualizing carbon emissions from energy utilization in Indonesia's industrial sector [J]. Energy Procedia, 2019, 156: 139-143.

[49] WANG K, WEI Y M. China's regional industrial energy efficiency and carbon emissions abatement costs [J]. Applied Energy, 2014, 130: 617-631.

[50] LI L, ZHAO N, WEI W, et al. A review of research progress on CO_2 capture, storage, and utilization in Chinese academy of sciences [J]. Fuel, 2013, 108: 112-130.

[51] PAUSTIAN K, RAVINDRANATH N H, VAN AMSTEL A. 2006 IPCC guidelines for national greenhouse gas inventories [M]. London: International Panel on Climate Change, 2006: 3.

[52] MAKSYUTOV S, EGGLESTON S, WOO J H, et al. 2019 Refinement to the 2006 IPCC guidelines for national greenhouse gas inventories-IPCC [M]. London: International Panel on Climate Change, 2019: 15.

[53] KIM Y, WORRELL E. International comparison of CO_2 emission trends in the iron and steel industry [J]. Energy Policy, 2002, 30 (10): 827-838.

[54] ZHANG Q, XU J, WANG Y, et al. Comprehensive assessment of energy conservation and CO_2 emissions mitigation in China's iron and steel industry based on dynamic material flows [J]. Applied Energy, 2018, 209: 251-265.

[55] PRASAD M, MISHRA T. Low-carbon growth for Indian iron and steel sector: Exploring the role of voluntary environmental compliance [J]. Energy Policy, 2017, 100: 41-50.

[56] CHEN Q, GU Y, TANG Z, et al. Assessment of low-carbon iron and steel production with CO_2 recycling and utilization technologies: A case study in China [J]. Applied Energy, 2018, 220: 192-207.

[57] MA D, CHEN W, YIN X, et al. Quantifying the co-benefits of decarbonization in China's steel sector: An integrated assessment approach [J]. Applied Energy, 2016, 162: 1225-1237.

[58] LI Y, ZHU L. Cost of energy saving and CO_2 emissions reduction in China's iron and steel sector [J]. Applied Energy, 2014, 130: 603-616.

[59] JUNTUENG S, TOWPRAYOON S, CHIARAKORN S. Energy and carbon dioxide intensity of Thailand's

steel industry and greenhouse gas emission projection toward the year 2050 [J]. Resources, Conservation and Recycling, 2014, 87: 46-56.

[60] 国家发展和改革委员会. 中国钢铁生产企业温室气体排放核算方法与报告指南（试行）[R]. 北京: 国家发展和改革委员会, 2013: 314.

[61] 中国国家标准化管理委员会. 温室气体排放核算与报告要求　第5部分: 钢铁生产企业: GB/T 32151.5—2015 [S]. 北京: 中国标准出版社, 2015: 23.

[62] ZHANG Q, XU J, WANG Y, et al. Comprehensive assessment of energy conservation and CO_2 emissions mitigation in China's iron and steel industry based on dynamic material flows [J]. Applied Energy, 2018, 209: 251-265.

[63] ZIBIK A, STANEK W. Influence of blast-furnace process thermal parameters on energy and exergy characteristics and exergy losses [J]. International Journal of Energy Research, 2010, 30 (4): 203-219.

[64] RASUL M G, TANTY B S, MOHANTY B. Modelling and analysis of blast furnace performance for efficient utilization of energy [J]. Applied Thermal Engineering, 2007, 27 (1): 78-88.

[65] LIU X, CHEN L, FENG H, et al. Constructal design of a blast furnace iron-making process based on multi-objective optimization [J]. Energy, 2016, 109: 137-151.

[66] LIU C, XIE Z, SUN F, et al. Exergy analysis and optimization of coking process [J]. Energy, 2017, 139: 694-705.

[67] HE C, FENG Y, FENG D, et al. Exergy analysis and optimization of sintering process [J]. Steel Research International, 2018, 89 (12): 1800065.

[68] LIU Y, YANG J, CHENG Z, et al. Cost benefits analysis for waste heat utilization in sinter cooling bed [J]. Chemical Engineering Transactions, 2014, 39: 841-846.

[69] FENG H, CHEN L, LIU X, et al. Constructal optimization of a sinter cooling process based on exergy output maximization [J]. Applied Thermal Engineering, 2016, 96: 161-166.

[70] LIU X, CHEN L, QIN X, et al. Exergy loss minimization for a blast furnace with comparative analyses for energy flows and exergy flows [J]. Energy, 2015, 93: 10-19.

[71] WANG Y, WEN Z, YAO J, et al. Multi-objective optimization of synergic energy conservation and CO_2 emission reduction in China's iron and steel industry under uncertainty [J]. Renewable and Sustainable Energy Reviews, 2020, 134: 110128.

[72] WEI Z, ZHAI X, ZHANG Q, et al. A MINLP model for multi-period optimization considering couple of gas-steam-electricity and time of use electricity price in steel plant [J]. Applied Thermal Engineering, 2020, 168: 114834.

[73] JIANG Z, ZHANG X, PENG J, et al. Energy-saving potential and process optimization of iron and steel manufacturing system [J]. International Journal of Energy Research, 2013, 37 (15): 2009-2018.

[74] International Energy Agency. CO_2 Emissions in 2023 [M]. Paris: IEA, 2024.

2 钢铁工业多尺度能效评估理论与方法

2.1 基本概念

按照物理学的观点，能效是指在能源利用中，发挥作用的与实际消耗的能源量之比。也就是说，能效衡量的是能源的有效利用程度，即投入的能源中有多少是真正发挥了作用的。从消费角度来看，能效则是指为终端用户提供的服务与所消耗的总能源量之比。这里的服务可以是任何形式的能源利用，比如电力、热力、机械力等。能效越高，表示在提供相同服务的情况下，所消耗的能源越少，即能源的利用效率越高。

能源效率是由节能概念演变而来。根据世界能源委员会的定义，节能是“采取技术上可行、经济上合理、环境和社会可接受的一切措施来提高能源资源的利用效率”。换句话说，节能旨在从开采、加工、转换、运输、分配到终端利用等能源系统的所有环节入手来降低能源强度，消除能源浪费。能源效率的定义则是“减少提供同等服务的能源投入”。从节能到能源效率表现出人们从“节约能源的使用”到“改进技术进步、调整能源结构”等方面的观念转变。各国专家学者围绕“能源效率”这一概念进行了深入研究。Patterson 将能源效率定义为“用较少的能源生产出同等数量的产品、服务或有用的产出”。Bosseboeuf 等人将能源效率拓展到经济和技术经济上，经济上的能源效率是指“在消耗相同或者更少能源的同时获得更大的产出”，技术经济上的能源效率是指“技术进步和改善管理等方面因素导致能耗降低”。同样，我国的专家学者也对“能源效率”概念进行了深入的探讨。王庆一等人将能源效率分为经济能源效率和物理能源效率两类。经济能源效率是指“把能源作为燃料和动力时，能源投入与最终成果之比”，物理能源效率是指“把能源作为原材料，经过加工转换生产出另一种形式的能源，这种能源投入与产出之比”。吴琦等人从源头、过程和最终三个角度对能源效率进行阐述。史丹等人将能源效率分为能源技术效率和能源经济效率进行阐述。

总之，能效是一个衡量能源利用效率的指标，其高低直接反映了能源利用的有效性和经济性。在现代社会中，提高能效已经成为推动可持续发展、应对气候变化的重要手段之一。

2.2 设备层面能效评价指标及方法

2.2.1 设备分类

在钢铁生产的复杂流程中，设备的作用举足轻重，其运转效率和能耗水平直接决定了企业的整体生产效益和环境影响。作为流程工业的重要组成部分，钢铁行业涉及多种能源密集型工艺环节，包括炼铁、炼钢和轧钢等环节。设备的有效管理与优化不仅能降低生产成本，还对实现钢铁行业的节能减排目标起到至关重要的作用。因此，从设备的功能角度出发，对其进行分类和系统研究，对于提升工序能效、减少资源消耗和碳排放具有重要意义。

设备在流程工业中承担多种不同的功能，可大致分为以下四大类别。

（1）物质转换功能。这类设备通过物理或化学变化，改变物料的成分、性质或形态。例如，高炉和转炉通过化学反应将铁矿石和废钢转化为生铁和钢水。

（2）能源供给、储存和转换功能。这类设备负责提供、储存或将不同形式的能源（如煤炭、天然气、电力）转化为工艺流程所需的热能或机械能。

（3）辅助物料供给、储运和回收功能。它们主要用于为生产流程提供必要的辅助物料，如冷却水、润滑剂以及废料的回收和再利用。

（4）信息采集、处理及调控功能。这类设备涉及自动化控制系统、传感器和数据处理装置，确保生产过程的稳定性和能效优化。

通过对钢铁生产流程中的设备功能进行分类，可以更清晰地界定各类设备在能量转换和物质转换中的作用，为后续的能效评价提供理论支持。结合钢铁生产工艺的特点，下面重点探究以下几类设备。

（1）加热装置。加热装置是钢铁生产过程中为工艺流程提供热能的重要设备，例如：高炉热风炉，通过燃烧燃料加热空气，使之进入高炉提升还原反应的效率。加热炉用于钢坯加热，使其达到可塑状态，以便后续轧制成型。

（2）能源转换装置。能源转换装置通过能量形态的转化来为生产提供所需的动力，例如：燃气轮机利用高温高压废气进行发电，提升能源的利用效率。余热回收装置将钢铁生产中产生的余热进行回收，用于预热原料或发电，实现能源再利用。

（3）物质转换装置。物质转换装置通过物理和化学反应将原料转化为最终产品，例如：烧结机将燃料通过加热铁矿石形成烧结矿，石灰窑将石灰石经加热分解形成石灰。

（4）能源-物质转换装置。这类设备在物质转换的同时，还需消耗大量能量，实现物质与能源的协同转换。例如：炼铁高炉将铁矿石通过焦炭还原为生铁，同时生产出高炉煤气。炼钢转炉通过氧气吹炼去除生铁中的碳和杂质，生产钢水的同时产生转炉煤气。

对于以上装置，特别是涉及热能与能量转换的关键设备，热效率和㶲效率的分析成为评估其性能与优化潜力的核心手段。热效率作为衡量能量转换过程中有效利用热能比例的关键指标，可量化生产设备中输入热能被有效转化为所需的工艺热能或产品热能，识别并量化能量损失。㶲效率分析能够揭示能量转换过程中的品质损失，为优化能量利用提供指导。实际应用中，热效率和㶲效率的分析可根据需要结合使用，以全面评估和优化能量转换与利用过程。通过热效率分析，可以量化热能的有效利用程度；㶲效率分析则能够揭示能量品质的变化与损失。两者相辅相成，为钢铁生产的节能减排、提高能效提供科学依据。

2.2.2 加热装置能效评价方法

对于加热装置，其投入的能源只作为燃料，物料只是单纯被加热。能源与物料之间通过换热或传热方式而不发生任何的化学反应（或者说只发生很小的可被忽略的化学反应）来实现生产产品的目的，这类装置如加热炉、高炉热风炉等，加热装置 t 的评价模型如图 2-1 所示。

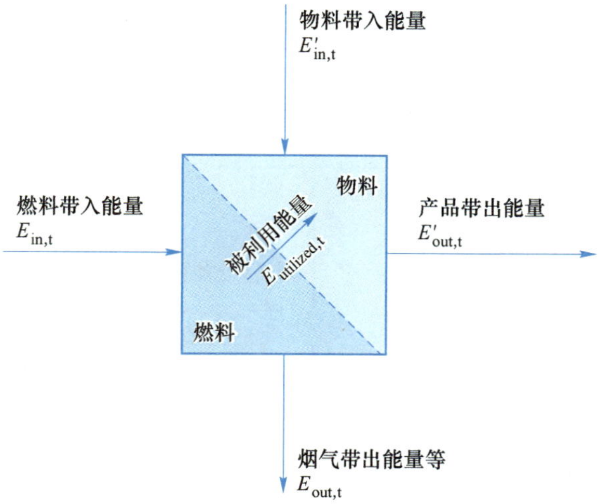

图 2-1 加热装置 t 的评价模型

根据图 2-1，可得出以下关系：

$$E_{in,t}=E_{utilized,t}+E_{out,t} \tag{2-1}$$

$$E'_{in,t}+E_{utilized,t}=E'_{out,t} \tag{2-2}$$

式中，$E_{in,t}$为加热装置燃料带入能量，包含燃料带入显热和潜热，kJ；$E_{utilized,t}$为该装置被利用的能量，kJ；$E_{out,t}$为该装置的能源损失，包含炉体损失、烟气携带能量损失等，kJ；$E'_{in,t}$为物料带入能量，对于加热装置只包含物料带入显热，kJ；$E'_{out,t}$为产品带出能量，对于加热装置只包含产品带出的显热，kJ。

结合能源效率概念，加热装置 t 的能效为：

$$EE_t=\frac{E_{utilized,t}}{E_{in,t}}\times100\% \tag{2-3}$$

式中，EE_t 为加热装置 t 的能源效率，%。

进一步分解得：

$$EE_t=\frac{E'_{out,t}-E'_{in,t}}{E_{in,t}}\times100\%=\frac{E_{in,t}-E_{out,t}}{E_{in,t}}\times100\% \tag{2-4}$$

2.2.3 能源转换装置能效评价方法

对于能源转换装置，其投入的能源被转化成另一种能源，如焦炉将原料煤转化为焦炭；此外，燃气轮机、余热回收装置也是典型的能源转换装置。对于能源转换装置 e 的能效评价模型如图 2-2 所示。

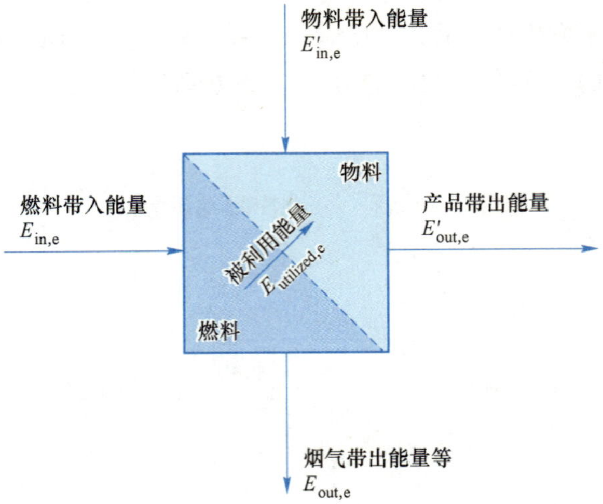

图 2-2 能源转换装置 e 的能效评价模型

根据图 2-2，可得出以下关系：

$$E_{in,e} = E_{utilized,e} + E_{out,e} \tag{2-5}$$

$$E'_{in,e} + E_{utilized,e} = E'_{out,e} \tag{2-6}$$

式中，$E_{in,e}$为能源转换装置燃料带入能量，包含燃料带入显热和潜热，kJ；$E_{utilized,e}$为该系统被利用的能量，kJ；$E_{out,e}$为系统的能源损失，包含炉体损失和烟气携带能量损失等，kJ；$E'_{in,e}$为物料带入能量，对于能源转换设备包含物料带入的显热和潜热，kJ；$E'_{out,e}$为产品等带出能量，对于能源转换装置包含产品或副产品带出的显热和潜热，kJ。

结合能源效率概念，能源转换装置的能效为：

$$EE_e = \frac{E_{utilized,e}}{E_{in,e}} \times 100\% \tag{2-7}$$

式中，EE_e 为能源转换装置 e 的能源效率，%。

进一步分解得：

$$EE_e = \frac{E'_{out,e} - E'_{in,e}}{E_{in,e}} \times 100\% = \frac{E_{in,e} - E_{out,e}}{E_{in,e}} \times 100\% \tag{2-8}$$

2.2.4 物质转换装置能效评价方法

对于物质转换装置，其投入的能源一部分用于物料加热，一部分用于产品形成过程中发生的化学反应，这类设备如带式焙烧机、烧结机和石灰窑等，其模型如图 2-3 所示。

根据图 2-3，可得出以下关系：

$$E_{in,m} = E_{utilized,m} + E_{out,m} \tag{2-9}$$

$$E'_{in,m} + E_{utilized,m} = E_{internal,m} + E'_{out,m} \tag{2-10}$$

式中，$E_{in,m}$为物质转换装置燃料带入能量，包含燃料带入显热和潜热，kJ；$E_{utilized,m}$为该系统被利用的能量，kJ；$E_{out,m}$为系统的能源损失，包含炉体损失和烟气携带能量损失等，kJ；$E'_{in,m}$为物料带入能量，kJ；$E'_{out,m}$为产品或副产品带出能量，kJ；$E_{internal,m}$为生产产品过程发生化学反应所消耗的能量，kJ。

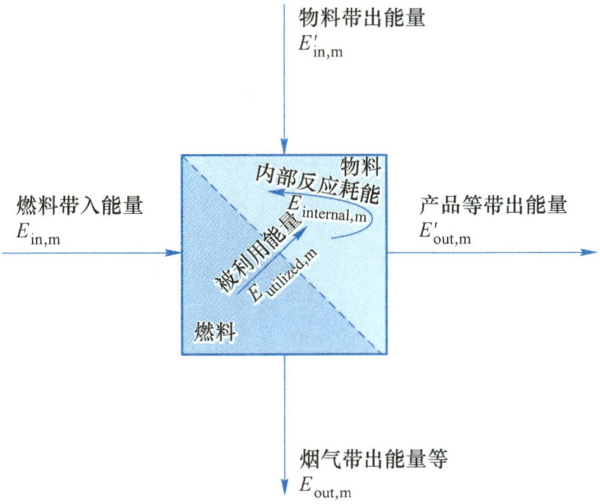

图 2-3　物质转换装置 m 的评价模型

结合能源效率概念可知，物质转换装置 m 的能效为：

$$EE_m = \frac{E_{utilized,m}}{E_{in,m}} \times 100\% \tag{2-11}$$

式中，EE_m 为物质转换装置 m 的能源效率，%。

进一步分解得：

$$EE_m = \frac{E'_{out,m} - E'_{in,m} + E_{internal,m}}{E_{in,m}} \times 100\% = \frac{E_{in,m} - E_{out,m}}{E_{in,m}} \times 100\% \tag{2-12}$$

2.2.5 能源-物质转换装置能效评价方法

对于能源-物质转换装置，其投入的能源既作燃料又作原料。作为燃料，其中一部分用于物料/产品加热，一部分用于产品形成过程中发生的化学反应。作为原料，其转化为其他形式的能源，这类设备如高炉、转炉等。其模型如图 2-4 所示。

根据图 2-4，可得出以下关系：

$$E_{in,me} = E_{utilized,me} + E_{out,me} \tag{2-13}$$

$$E'_{in,me} + E_{utilized,me} = E_{internal,me} + E'_{out,me} \tag{2-14}$$

式中，$E_{in,me}$为能源-物质转换装置燃料带入能量，包含燃料带入显热和潜热，kJ；$E_{utilized,me}$为该装置被利用的能量，kJ；$E'_{in,me}$为物料带入能量，kJ；$E'_{out,me}$为产品或副产品带出能量，kJ；$E_{internal,me}$为生产产品过程发生化学反应所消耗的能量，kJ；$E_{out,me}$包含副产品带出的显热和潜热、炉体损失和烟气携带能量等，kJ。

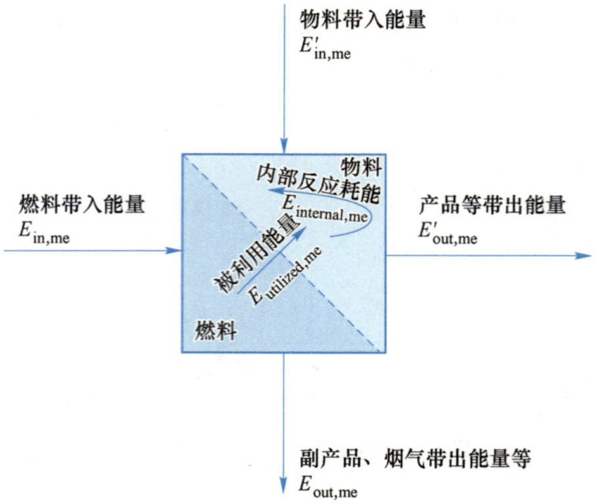

图 2-4　能源-物质转换装置 me 的评价模型

因此，$E_{out,me}$可进一步分解为：

$$E_{out,me} = E_{loss,me} + E_{byproducts,me} \tag{2-15}$$

式中，$E_{loss,me}$为该装置的能源损失，包含炉体损失、烟气携带能量等，kJ；$E_{byproducts,me}$为投入的能源经转换而成的二次能源，包含副产品带出的显热和潜热，kJ。

结合能源效率概念可知，能源-物质转换装置的能源效率为：

$$\begin{aligned} EE_{me} &= \frac{E_{utilized,me} + E_{byproducts,me}}{E_{in,me}} \times 100\% = \frac{E'_{out,me} - E'_{in,me} + E_{internal,me}}{E_{in,me}} \times 100\% \\ &= \frac{E_{in,me} - E_{out,me}}{E_{in,me}} \times 100\% = \frac{E_{in,me} - E_{loss,me} - E_{byproducts,me}}{E_{in,me}} \times 100\% \end{aligned} \tag{2-16}$$

式中，EE_{me}为能源-物质转换装置 me 的能源效率，%。

进一步分解得：

$$EE_{me} = \frac{E'_{out,me} - E'_{in,me} + E_{internal,me}}{E_{in,me}} \times 100\% = \frac{E_{in,me} - E_{out,me}}{E_{in,me}} \times 100\% \tag{2-17}$$

2.3　工序层面能效评价指标及方法

2.3.1　工序构成

工序是由多种设备或装置连结而成的，而流程又是由多个工序构成的。但无论是工序还是流程，其连结的方式均主要由串联连结、并联连结、绕行（旁路、旁通）连结和反馈连结组成。

2.3.1.1　串联连结

串联连结是指上一个组元（设备或工序）的输出为下一个组元的输入。通常，串联连结是因单一组元无法生产出所期望物质，需分步才能完成，它包含一般串联连结、串联并流连结、串联逆流连结和串联跨越连结四种连结方式，如图 2-5 所示。

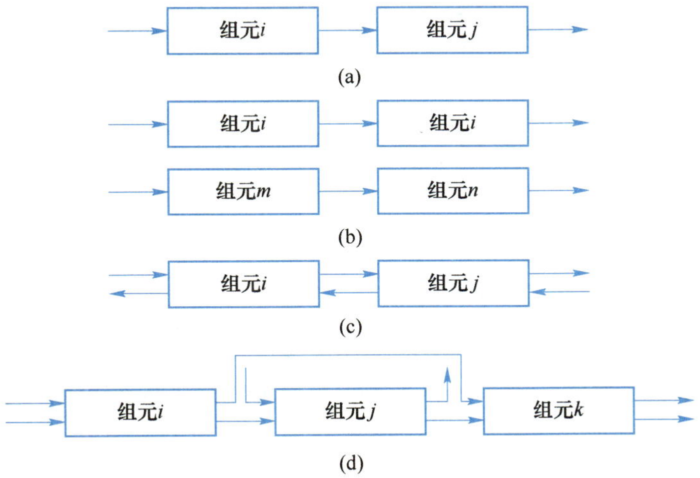

图 2-5 串联连结方式

(a) 串联连结；(b) 串联并流连结；(c) 串联逆流连结；(d) 串联跨越连结

2.3.1.2 并联连结

并联连结是通常与串联连结联合使用，并联连结分为同类功能的并联连结和非同类功能的并联连结。同类功能的并联连结往往为了扩大生产规模或能力，而非同类功能的并联连结为了分加工成不同功能的物质。按连结方式，并联连结分为输入侧并联连结、输出侧并联连结以及输入侧和输出侧并联连结，如图 2-6 所示。

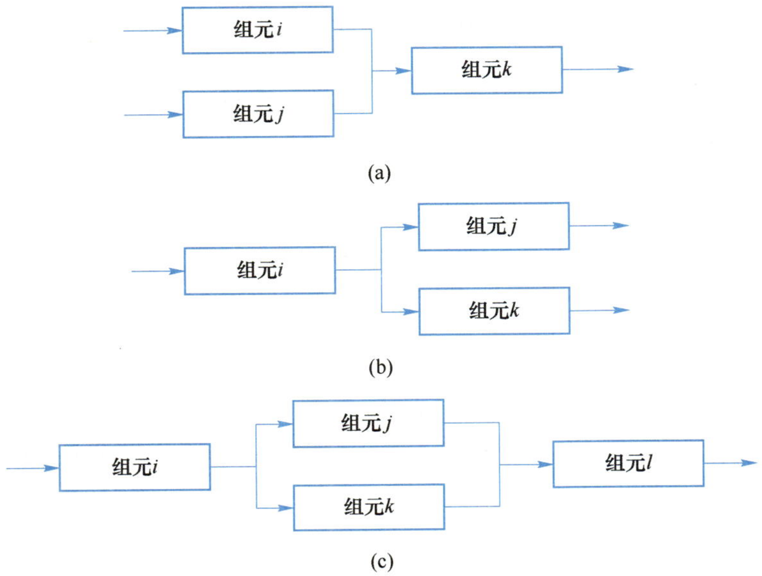

图 2-6 并联连结

(a) 输入侧并联连结；(b) 输出侧并联连结；(c) 输入侧和输出侧并联连结

2.3.1.3 绕行连结（旁路连结）

绕行连结（旁路连结）是与并联连结方式相接近，差别在于设备/工序的输出绕过与之相近的下一设备/工序而是进入接下来的某一设备/工序，如图 2-7 所示。

图 2-7　绕行连结

2.3.1.4 反馈连结

反馈连结是物料的再循环和能量的再利用，物料的再循环是为了提高其收得率或品质，降低物料损失等。能量的再利用是为了将生产中的余热余能再送入过程中去，提高能源使用率，降低能源投入与放散等，如图 2-8 所示。

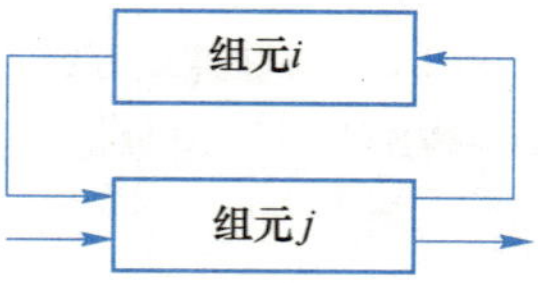

图 2-8　反馈连结

2.3.2 能效评价指标及方法

通过一个生产工序的各股物质流如图 2-9 所示。假设第 i 道钢铁生产工序由 k_i 个生产单元构成，以生产 1 t 钢材为基准，则工序的各股物质流为各生产单元物质流之和。

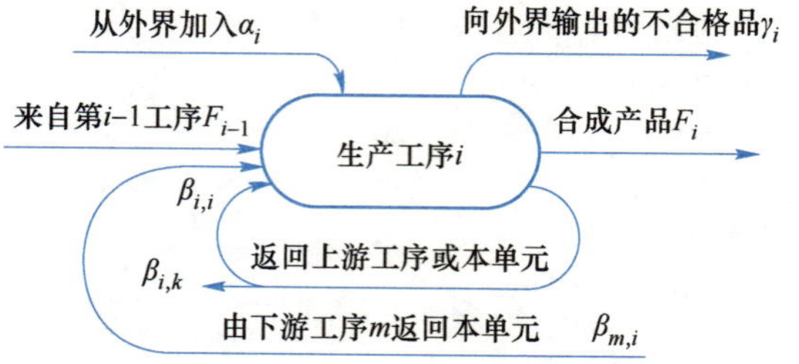

图 2-9　工序层面物质流图

（1）来自上道工序的物质流，第 $i-1$ 道工序的产品作为原料输入给第 i 道工序，其铁素流量为 F_{i-1}，t/t 材，即：

$$F_{i-1} = \sum_{j=1}^{k_i} F_{i-1}^{j} \tag{2-18}$$

（2）来自外界的物质流，作为原料从流程外加入第 i 道工序的原料（如废钢），其铁素流量为 α_i，t/t 材，即：

$$\alpha_i = \sum_{j=1}^{k_i} \alpha_i^j \tag{2-19}$$

（3）外排及外销的物质流，第 i 道工序向环境排放的各种废弃物（γ_i'）及外销合格产品（γ_i''），其铁素流量为 $\gamma_i(\gamma_i = \gamma_i' + \gamma_i'')$，t/t 材，即：

$$\gamma_i = \sum_{j=1}^{k_i} \gamma_i^j \tag{2-20}$$

（4）循环利用物质流，第 i 道及其下游各工序生产的不合格产品或废品，作为原料重新返回到本道工序或其他上游工序循环使用，其铁素流量分别为 $\beta_{i,i}$、$\beta_{m,i}$ 及 $\beta_{i,k}$，t/t 材，即：

$$\beta_{i,i} = \sum_{j=1}^{k_i} \beta_{i,i}^j \tag{2-21}$$

$$\beta_{m,i} = \sum_{j=1}^{k_i} \beta_{m,i}^j \tag{2-22}$$

$$\beta_{i,k} = \sum_{j=1}^{k_i} \beta_{i,k}^j \tag{2-23}$$

（5）进入下道工序的物质流，第 i 道工序生产的合格产品量 F_i，t/t 材，即：

$$F_i = \sum_{j=1}^{k_i} F_i^j \tag{2-24}$$

根据质量守恒定律，建立第 i 道生产工序的物质流输入-输出关系模型如下：

$$F_{i-1} + \alpha_{i-1} + \beta_{i,i} + \beta_{m,i} = F_i + \gamma_i + \beta_{i,k} \tag{2-25}$$

通过一个生产工序的各股物质流如图 2-10 所示。假设第 k 道钢铁生产工序由 k_m 个转换单元构成，以生产单位吨产品为基准，则工序的各股能量流为各单元能量流的加权平均值。

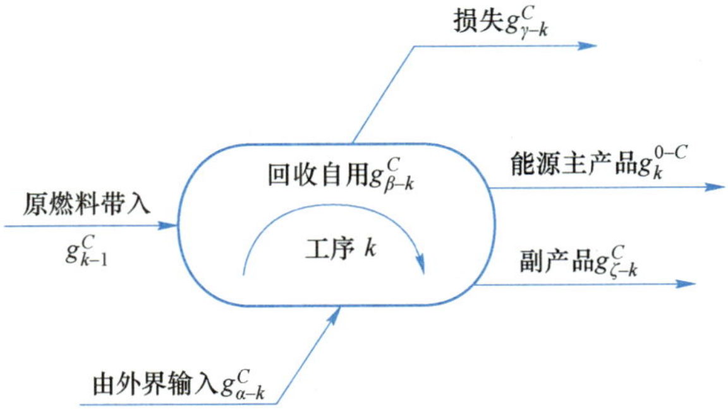

图 2-10　工序层面能量流图

（1）原燃料带入工序的能量，包括燃料（如煤炭、天然气、煤气等）、动力介质（如电力、蒸汽、氧、氮、氩）等，g_{k-1}^C，kg 标煤/t 钢，即：

$$g_{k-1}^C = \sum_{j=1}^{m_k} (\omega_{k,j} \cdot g_{k-1}^{C-j}) \tag{2-26}$$

式中，$\omega_{k,j}$为各类能源及耗能工质平均低位发热量及折标煤系数。

各类能源及耗能工质平均低位发热量及折标煤系数见表 2-1。

表 2-1 各类能源及耗能工质平均低位发热量及折标煤系数

能源种类	平均低位发热量/动力介质耗能量	折标煤系数
原煤	20934 kJ/kg	0.7143 kg 标煤/kg
干洗精煤（10% 灰分）	29727 kJ/kg	1.0143 kg 标煤/kg
动力煤	20934 kJ/kg	0.7143 kg 标煤/kg
喷吹煤	37601 kJ/kg	1.2830 kg 标煤/kg
无烟煤	25120 kJ/kg	0.8571 kg 标煤/kg
焦炭（13.5% 灰分）	28469 kJ/kg	0.9714 kg 标煤/kg
高炉煤气	3139 kJ/m^3	0.2500 kg 标煤/m^3
转炉煤气	7327 kJ/m^3	0.1071 kg 标煤/m^3
焦炉煤气	16746 kJ/m^3	0.5714 kg 标煤/m^3
天然气	35588 kJ/m^3	1.2143 kg 标煤/m^3
电力	3602 kJ/(kW · h)	0.1229 kg 标煤/(kW · h)
新水	1213 kJ/m^3	0.0414 kg 标煤/m^3
工业水	1392 kJ/m^3	0.0475 kg 标煤/m^3
软水	5539 kJ/m^3	0.1890 kg 标煤/m^3
压缩空气	445 kJ/m^3	0.0152 kg 标煤/m^3
氧气	2350 kJ/m^3	0.0802 kg 标煤/m^3
氮气	495 kJ/m^3	0.0169 kg 标煤/m^3
氩气	17994 kJ/m^3	0.9140 kg 标煤/m^3

（2）离开本工序能源主产品带走能量 g_{k-1}^{0-C}，kg 标煤/t 钢，即：

$$g_{k-1}^{0-C} = \sum_{j=1}^{m_k} (\omega_{k,j} \cdot g_{k-1}^{0-C-j}) \tag{2-27}$$

（3）外部供给工序的能量，包括燃料（如煤炭、天然气、煤气等）、动力介质（如电力、蒸汽、氧、氮、氩）等，$g_{\alpha-k}^{C}$，kg 标煤/t 钢，即：

$$g_{\alpha-k}^{C} = \sum_{j=1}^{m_k} (\omega_{k,j} \cdot g_{k-1}^{0-C-j}) \tag{2-28}$$

（4）工序损失的能量，包括燃料（如煤炭、天然气、煤气等）、动力介质（如电力、蒸汽、氧、氮、氩）等，$g_{\gamma-k}^{C}$，kg 标煤/t 钢，即：

$$g_{\gamma-k}^{C} = \sum_{j=1}^{m_k} (\omega_{k,j} \cdot g_{\gamma-k}^{C-j}) \tag{2-29}$$

（5）工序回收自用的能量，包括燃料（如煤炭、天然气、煤气等）、动力介质（如电力、蒸汽）等，$g_{\beta-k}^{C}$，kg 标煤/t 钢，即：

$$g_{\beta-k}^{C} = \sum_{j=1}^{m_k} (\omega_{k,j} \cdot g_{\beta-k}^{C-j}) \tag{2-30}$$

（6）工序回收并用于其他工序的能量，包括燃料（如煤炭、天然气、煤气等）、动力介质（如电力、蒸汽）等，$g_{\zeta-k}^{C}$，kg 标煤/t 钢，即：

$$g_{\zeta-k}^{C} = \sum_{j=1}^{m_k} (\omega_{k,j} \cdot g_{\zeta-k}^{C-j}) \tag{2-31}$$

根据能量守恒定理，建立第 k 道生产工序的能量流输入-输出关系模型如下：

$$g_{k-1}^{C} + g_{\alpha-k}^{C} + g_{\beta-k}^{C} = g_{k-1}^{0-C} + g_{\beta-k}^{C} + g_{\gamma-k}^{C} + g_{\zeta-k}^{C} \tag{2-32}$$

由此，可得工序 k 的能耗（e_k）计算公式为：

$$e_k = g_{k-1}^{C} + g_{\alpha-k}^{C} - g_{\beta-k}^{C} - g_{k-1}^{0-C} - g_{\zeta-k}^{C} \tag{2-33}$$

换句话说，工序能效即为工序能耗，为工序耗能总量与外供能源量之差。企业指定工序在统计期内生产 1 t 工序合格产品的能源消耗量。其中，能源消耗量指的是在统计期间内，该工序直接消耗的能源总量，包括企业购入的能源和自产能源。若该工序产生的副产能源可供其他工序使用，应予以扣除。工序能耗是企业综合耗能的基础，可以反映各生产工序的运行状况，对分析企业综合能耗有着重要的作用。然而，在实际使用中，工序能耗指标在统计计算时还存在着工序边界划分不清等问题。

2.4 界面层面能效评价指标及方法

2.4.1 界面的概念及构成

界面是相邻的两个工序之间衔接部分或过渡过程。当前较为关注的是位于高炉与转炉工序之间衔接部分的铁-钢界面、连铸和热轧工序之间衔接部分的铸-轧界面。亚界面是工序内相邻两个设备之间的衔接部分或过渡过程。当前较为关注的是位于转炉与连铸之间衔接部分的钢-铸亚界面。亚界面和界面均起到衔接、匹配、协调、缓冲的作用。亚界面和界面的连结方式与工序或设备的匹配方式息息相关，如图 2-11 给出了不同连结方式亚界面/界面的结构组成。单一串联亚界面/界面结构针对单一上游设备/工序和单一下游设备/工序完全对应［见图 2-11(a)］，并行串联亚界面/界面结构是上游工序一一对应下游特定工序［见图2-11(b)］，输出侧并联亚界面/界面结构是上游某一设备/工序对应下游若干并列设备/工序［见图2-11(c)］，与输入侧并联亚界面/界面结构相反［见图2-11(d)］，混合连结亚界面/界面结构是上游工序与下游工序之间交错运行［见图2-11(e)］。

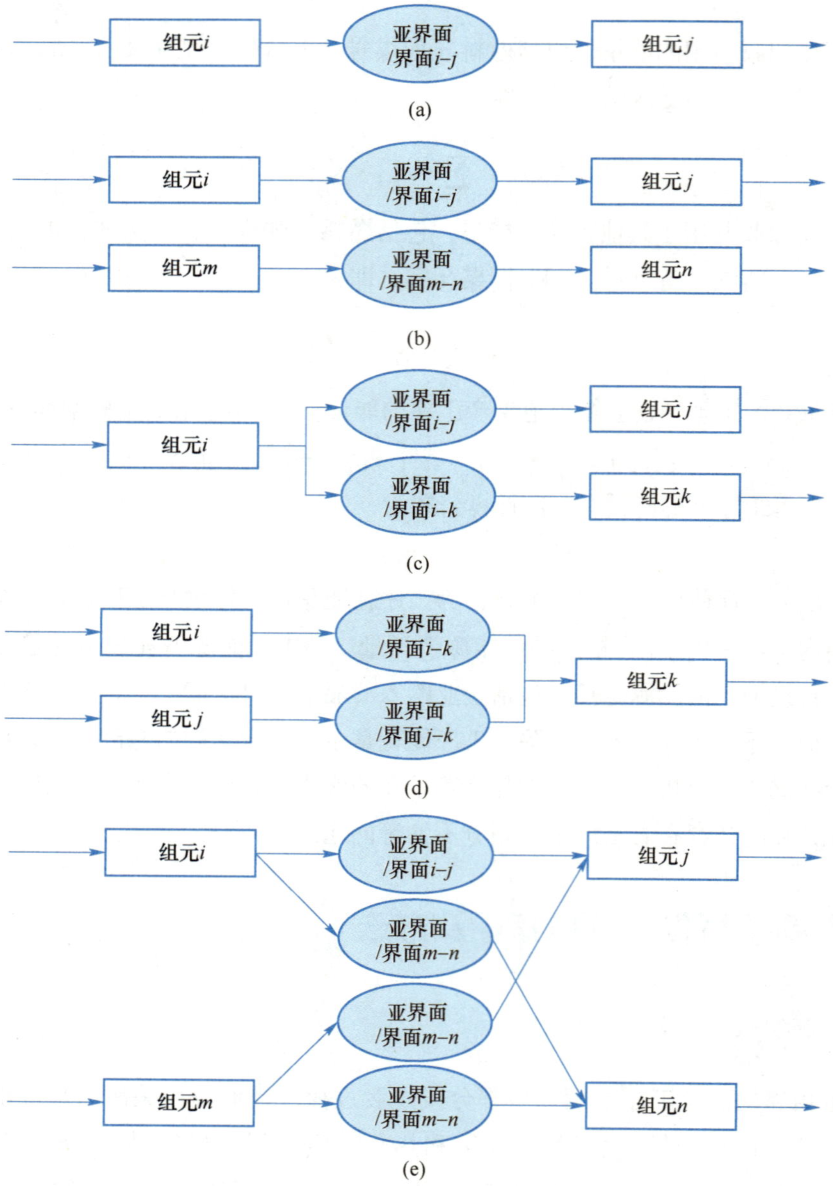

图2-11 界面结构图

(a) 单一串联界面结构；(b) 并行串联界面结构；(c) 输出侧并联界面结构；(d) 输入侧并联界面结构；(e) 混合连结界面结构

2.4.2 能效评价指标及方法

钢铁生产界面实质上是一种典型的能源耗散过程，主要涉及物质显热散失。因此，在对该界面的能效进行评估时，必须深入剖析其内在的能源耗散机制与特性，而不能仅仅依赖于传统的热效率和能耗评估手段。尽管热效率评估方法在一定程度上能够反映能量转换过程中的有效利用程度，但它往往侧重于单一环节或整体系统的能量输入输出比，难以精准捕捉钢铁生产界面复杂多变的能源耗散过程。同样，能耗评估方法也主要关注于能源消耗总量及其变化趋势，对于能源耗散的具体路径、原因及改善潜力等方面则缺乏深入的探讨。鉴于钢铁生产界面的这一特性，需要采用有针对性地建立界面能效评估方法，揭示其能源耗散规律，识别并定位能源耗散的关键环节与潜在问题，提出针对性的节能降耗策略与改进措施。此外，还应注重从系统整体的角度出发，通过构建完善的能效评估指标体系与评估模型，实现对钢铁生产界面能效水平的全面、客观、准确评估，为企业的节能减排、绿色发展提供有力支撑。据此，建立钢铁生产界面能效评价方法如下：

$$EEI_i = \frac{e_i}{e_0} \tag{2-34}$$

式中，e_i 为界面 i 实际能源损失量，kg 标煤；e_0 为界面 i 基准能源损失量，kg 标煤。

以铁-钢界面为例，当界面不加废钢时，实际能量损失量计算方法如下：

$$e_i = \frac{c_{Fe}(T_0 - T_1)}{29307.6} \tag{2-35}$$

式中，c_{Fe}为铁水平均比热容，kJ/(t · ℃)；T_0 为高炉出铁水温度，℃；T_1 为转炉受铁水温度，℃。

当界面加废钢时，实际能量损失量计算方法如下：

$$e_i = \frac{m_{Fe}c_{Fe}(T_0 - T_1) + m_{scrap}(c_{scrap}T_{scrap} - c_{Fe}T_1)}{29307.6(m_{Fe} + m_{scrap})} \tag{2-36}$$

式中，m_{Fe}为高炉出铁水质量，t；m_{scrap}为加入的废钢质量，t；c_{scrap}为废钢平均比热容，kJ/(t · ℃)；T_{scrap}为废钢温度，℃。

对于基准能源损失量，当选取高炉-转炉界面铁水温降为 120 ℃时，其基准能量损失为 2.866 kg 标煤，其可根据企业实际情况进行修正。

2.5 企业层面能效评价指标及方法

2.5.1 钢铁企业物质流及能量流网络系统

基于钢铁生产工序的物质流图，假设钢铁生产流程由 n 道钢铁生产工序组成，则钢铁生产流程的物质流如图 2-12 所示。图中 P_i 为各生产工序统计期内的工序产品产量，流程物质流输入、输出平衡，即：

$$P_0 + \left(\sum_{i=1}^{n} \alpha_i\right) P_n = P_n + \left(\sum_{i=1}^{n} \gamma_i\right) P_n$$

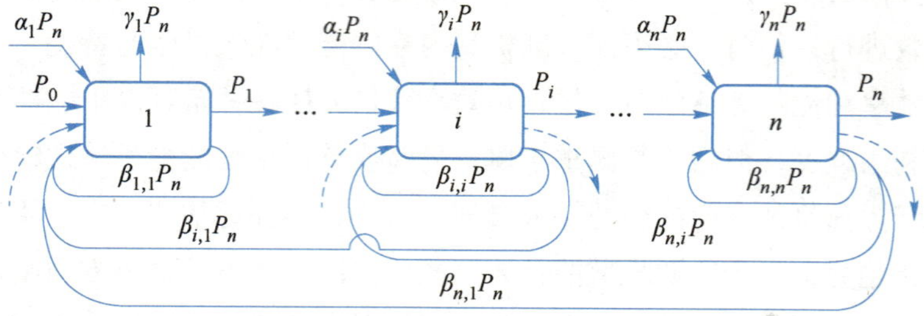

图 2-12 钢铁生产过程物质流图

第 i 道工序的材比系数（或钢比系数）为统计期内第 i 道工序的实物产量与钢材产量（或钢坯产量）之比，其值由下式确定：

$$P_i = \frac{P_i}{P_n} \tag{2-37}$$

基于钢铁生产工序的能量流图，假设钢铁生产流程由 i 道钢铁生产工序或装置组成，则钢铁生产流程的能量流如图 2-13 所示。流程能量流输入、输出平衡，即：

$$g_{k,j}^{0} + \sum_{i=1}^{m_j} g_{k,j}^{\alpha-i} = g_{k,j}^{m_j} + \sum_{i=1}^{m_j} g_{k,j}^{\zeta-i} + \sum_{i=1}^{m_j} g_{k,j}^{i+1\to i} + \sum_{i=1}^{m_j} g_{k,j}^{\gamma-i} \tag{2-38}$$

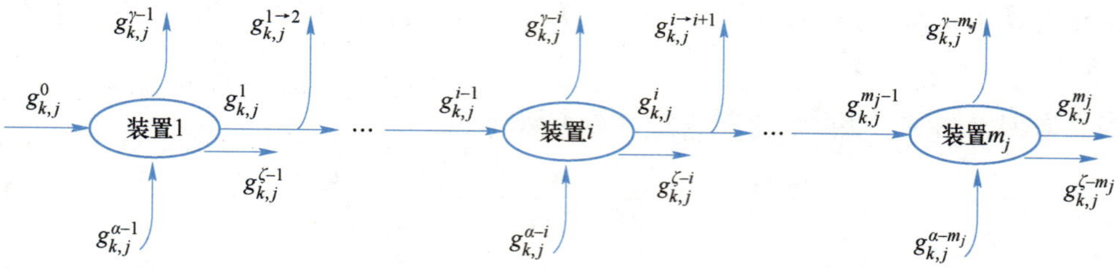

图 2-13 钢铁生产过程能量流图

2.5.2 能效评价指标及方法

2.5.2.1 吨钢综合能耗

吨钢综合能耗是目前最常用的钢铁企业能效评价指标。目前，现行吨钢综合能耗的定义指的是企业生产每吨钢所综合消耗的各种能源自耗总量，即每生产 1 t 合格钢，企业消耗的净能源量。其计算公式为：

$$吨钢综合能耗 = \frac{企业自耗能源量折标准煤量(t\ 标煤)}{企业合格钢产量(t)} \tag{2-39}$$

式中，企业自耗能源量为该企业在报告期间内自身消耗的全部能源量，其计算公式为：

企业自耗能源量＝企业各工序耗能量之和＋企业能源加工转换耗能量之和＋
辅助生产部门耗能量之和＋企业能源亏损量之和

吨钢综合能耗将企业的所有耗能折算到每1 t钢坯上，大致反映了钢铁企业的生产技术水平以及管理水平，是企业重要的技术经济指标，对分析企业的能耗状况有着重要的作用。然而，在吨钢综合能耗指标的实际使用过程中，由于不同企业的产品结构、加工深度、原料条件不同，严重影响了不同企业间吨钢综合能耗的可比性。即使在同一企业的不同统计期内，吨钢综合能耗也可能出现不可比的现象。另外，不同企业对于合格钢材的界定还存在一定区别，故吨钢综合能耗指标目前还存在一定的局限性，只能粗略衡量一个国家钢铁行业能耗水平的历史变迁，或者在生产结构基本不变的情况下，在企业内部做历年能耗水平的纵向对比。

2.5.2.2 吨钢可比能耗

吨钢可比能耗的计算仍然以1 t合格钢材为基准，但在计算时只包含生产1 t钢材所必需消耗的能源量，部分工序的能耗不包含在内，尽可能消除了不可比因素。目前，吨钢可比能耗的定义为：企业每生产1 t钢从炼焦、烧结、炼铁、炼钢直到成品钢材配套生产所必需消耗的能量及企业燃料加工与运输，机车运输能耗及企业能源亏损所分摊到每吨钢的能耗量之和，它不包括联合企业的矿山、选矿、铁合金、耐火材料、碳素制品、焦化回收产品的精制及其他产品生产、辅助生产及非生产的能耗。

吨钢可比能耗的制定是为了在不同的企业之间，以及国内外钢铁工业之间进行能耗对比，在吨钢综合能耗的基础上作了改进，弥补了其不足。然而，在实际计算过程中，不同企业使用的原料载能不同，产品链长短不同，计算范围不同，导致不同企业间的差异仍然不能合理消除。例如，电炉炼钢比例较大的企业，由于其废钢消耗量大，导致其吨钢可比能耗偏低。吨钢可比能耗计算的随意性大，严重影响了指标的对比性，必须通过必要的调整，解决能源耗散的可比性。同时，吨钢可比能耗计算的复杂性，也阻碍了其推广应用。目前，吨钢可比能耗已很少使用。

目前，国内外常见的能耗评价方法为能耗对标方法。该方法根据不同的评价目的，选用不同的评价基准，通过对比挖掘现有生产条件下的节能潜力，给出合理的改进措施，常见的能耗评价基准包括理论最小值、实际最小值、优化后最佳值、行业平均实践值等。其中，理论最小值、实际最小值、优化后最佳值的确定过程复杂，对企业的能耗平均缺乏指导意义。

此外，吨钢能耗因素分析法，即吨钢能耗的 *e-p* 分析法，也是常见的能耗分析方法，该方法将钢铁工业能耗的因素归纳为各生产工序的折合比和工序能耗，从全面的产品结构上分析企业的能耗。*e-p* 分析法具有一定的层次性和递进性，既能静态地反映各生产环节能耗的大小，找到耗能的主要生产环节与设备，又能进一步分析当生产条件变化时，各生产环节能耗变化的大小，找到节能研究的主要生产环节与设备，适应于对流程工艺生产系统的能耗进行分析。

思考题

2-1 如何理解不同尺度能效评估方法差异性及统一性?

2-2 影响不同尺度能效评估方法的要素涉及哪些方面内容?

参考文献

[1] 陆钟武，蔡九菊. 系统节能基础 [M]. 沈阳：东北大学出版社，2010.

[2] 殷瑞钰. 冶金流程工程学 [M]. 2 版. 北京：冶金工业出版社，2009.

[3] 殷瑞钰. 冶金工程学 [M]. 北京：冶金工业出版社，2009.

[4] 那洪明. 典型钢铁生产流程能效及碳排放研究 [D]. 沈阳：东北大学，2022.

[5] 张永杰，黄军. 钢铁低碳高能效共性难题技术研发与应用 [M]. 北京：冶金工业出版社，2019：57-91.

[6] 王庆一. 中国的能源效率及国际比较（下）[J]. 节能与环保，2003，9：11-14.

[7] 吴琦，武春友. 我国能源效率关键影响因素的实证研究 [J]. 科研管理，2010，31（5）：164-171.

[8] 冶金工业信息标准研究院. 钢铁企业能效评估准则：YB/T 4662—2018 [S]. 北京：中国标准出版社，2015：23.

[9] NA H，DU T，SUN W，et al. Review of evaluation methodologies and influencing factors for energy efficiency of the iron and steel industry [J]. International Journal of Energy Research，2019，43（11）：5659-5677.

[10] WU J，WANG R，PU G，et al. Integrated assessment of exergy，energy and carbon dioxide emissions in an iron and steel industrial network [J]. Applied Energy，2016，183：430-444.

[11] NA H，SUN J，QIU Z，et al. A novel evaluation method for energy efficiency of process industry-A case study of typical iron and steel manufacturing process [J]. Energy，2021，233：121081.

[12] NA H，DU T，SUN W，et al. Evaluation and improvement of energy utilization efficiency in typical iron and steel smelting route based on Input-Use-End model [J]. Energy Technology，2020，8（3）：1901230.

[13] NA H，SUN J，QIU Z，et al. Optimization of energy efficiency，energy consumption and carbon emission in typical iron and steel manufacturing process [J]. Energy，2022，257：124822.

[14] SUN J，NA H，YAN T，et al. A comprehensive assessment on material，exergy and emission networks for the integrated iron and steel industry [J]. Energy，2021：121429.

[15] LIU Y，YANG J，WANG J，et al. Energy and exergy analysis for waste heat cascade utilization in sinter cooling bed [J]. Energy，2014，67：370-380.

[16] BISIO G. Exergy method for efficient energy resource use in the steel industry [J]. Energy，1993，18（9）：971-985.

[17] LIOR N，ZHANG N. Energy，exergy，and second law performance criteria [J]. Energy，2007，32（4）：281-296.

［18］蔡九菊. 关于冶金流程的能效与能耗问题及其计算方法［J］. 河北冶金，2023，6：1-8.

［19］张琦，蔡九菊. 钢铁制造流程系统节能与能效提升［J］. 钢铁，2021，56（8）：32-42.

［20］蔡九菊，孙文强. 中国钢铁工业的系统节能和科学用能［J］. 钢铁，2012，47（5）：1-8.

［21］蔡九菊. 关于钢铁制造流程能量流及其网络问题的研究［C］//中国金属学会. 第七届（2009）中国钢铁年会论文集（报告与分会场特邀报告）. 东北大学，2009：7.

［22］蔡九菊，王建军，张琦，等. 钢铁企业物质流、能量流及其 CO_2 排放的影响［J］. 环境科学研究，2008，1：196-200.

［23］蔡九菊，王建军，陆钟武，等. 钢铁企业物质流与能量流及其相互关系［J］. 东北大学学报，2006，9：979-982.

3 能效评价及分析案例研究

3.1 典型设备能效评价及分析

在钢铁生产流程中，设备是极为重要的部分，设备的类型也是极为复杂，包括焦炉、热风炉、高炉、转炉以及加热炉等大型设备。而在众多设备中，高炉不仅是钢铁生产的关键设备，也是提高生产效率、降低成本、确保产品质量的重要环节，同时作为能源-物质转换装置，其热效率是衡量能量转换过程中有效利用热能比例的关键指标。因此本节以高炉为例，探究设备层面的热效率。

3.1.1 案例简介

高炉设备是现代冶金工业中不可或缺的关键装置，其主要功能是将铁矿石还原为生铁。在这个过程中，高炉内发生了一系列复杂的物质代谢过程，涉及固态、液态和气态的多种物质转化。如图 3-1 所示，焦炭与矿石在高炉中呈现有规律分层分布，自上而下分为块状带、软熔带、滴落带、风口带和渣铁带。

（1）块状带。块状带温度处于 1100～1200 ℃，占高炉总容积近 60%，焦炭与矿石呈规律分层分布，主要发生物理水蒸发、化合水分解、除碳酸钙的其他碳酸盐的分解、间接还原和碳素沉积等反应。

（2）软熔带。软熔带温度处于 1100～1400 ℃，矿石在这一区域开始熔化，主要发生铁的直接还原、铁的渗碳、碳酸钙分解反应等。

（3）滴落带。滴落带由液态渣铁和起支撑作用的焦炭组成，主要发生铁的渗碳以及锰、硅、磷和铬的直接还原等反应，该区域又可分为活性焦炭区和呆滞区。

（4）风口带。风口带主要热风炉鼓动 1100～1300 ℃的热风驱动焦炭发生氧化反应，使得炉料发生松动。

（5）渣铁带。渣铁在该区域分层，这一区域主要发生渣铁间的脱硫反应。

详细反应过程如下。

（1）物理水蒸发及结晶水分解。高炉炉料中含有大量的物理水吸附在炉料表面，在温度达到 100 ℃，吸附在物料表面的物理水就会蒸发。高炉炉料中的褐铁矿和高岭土存在一定量的结晶水，当温度达到 200 ℃时，这部分水开始分解；当温度达到 400～500 ℃时反应较为激烈。

（2）碳酸盐的分解。高炉冶炼需要消耗一定量的熔剂，这部分熔剂将引入一定量的碳酸钙和碳酸镁。此外，铁矿石中还含有小部分碳酸亚铁和碳酸锰。碳酸钙的分解温度较

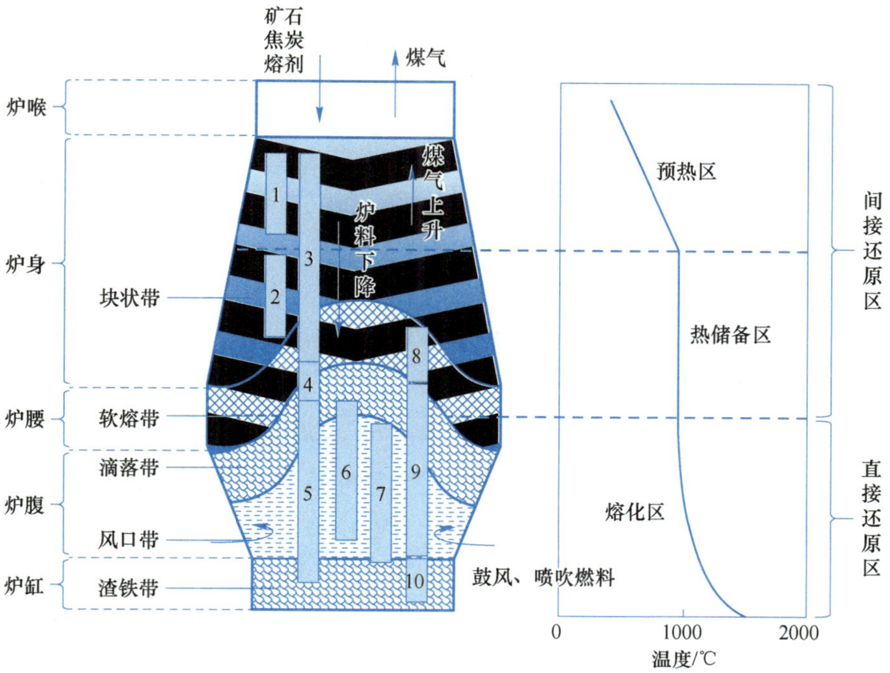

图 3-1　高炉炼铁过程的料层分布、温度分布和反应过程

1—物理水蒸发；2—结晶水分解；3—矿石间接还原；4—矿石间接还原和直接还原；5—矿石直接还原；6—含铁元素还原及渗碳；7—脱硫反应；8—石灰石分解；9—炉渣生成；10—碳的燃烧

图 3-1 彩图

高，对整体影响较大。

（3）矿石直接还原及间接还原。直接还原是碳作为还原剂直接还原氧化铁生成一氧化碳的过程，其温度高于 570 ℃时，矿石的还原按 $Fe_2O_3 \rightarrow Fe_3O_4 \rightarrow FeO \rightarrow Fe$ 顺序进行；当温度低于 570 ℃时，还原按 $Fe_2O_3 \rightarrow Fe_3O_4 \rightarrow Fe$ 顺序进行。间接还原是以氢气或一氧化碳作为还原剂还原氧化铁的过程，其还原顺序与碳作还原剂时一致。

（4）非铁元素还原。高炉用矿石一般还含锰氧化物，锰氧化物的还原规律为：$MnO_2 \rightarrow Mn_2O_3 \rightarrow Mn_3O_4 \rightarrow MnO \rightarrow Mn$。二氧化硅通过气相还原和渣铁反应随煤气和渣铁排出。磷酸铁在 900～1000 ℃时生成磷酸铁和磷酸亚铁而溶于铁水。

3.1.2 高炉设备能效评价及分析

通过对某钢厂实际数据进行现场调研，对该设备热平衡进行计算。

3.1.2.1 热量收入 $Q_{入}$

A 碳的氧化热 Q_1

（1）碳素氧化为 CO_2 放出的热量 $Q_{1\text{-}1}$，碳素氧化产生 CO_2 的体积 $V_{CO_2氧化}$：

$$V_{CO_2氧化} = V_{CO_2煤气} - V_{CO_2挥发} \tag{3-1}$$

$$Q_{1\text{-}1} = V_{CO_2氧化} \times \frac{12}{22.4} \times 33410.66 \tag{3-2}$$

式中，33410.66 为 C 氧化为 CO_2 放热，kJ/kg。

（2）碳素氧化为 CO 放出的热量 $Q_{1\text{-}2}$，碳素氧化产生 CO 的体积 $V_{CO氧化}$：

$$V_{CO氧化} = V_{CO煤气} - V_{CO挥发} \tag{3-3}$$

$$Q_{1\text{-}2} = V_{CO氧化} \times \frac{12}{22.4} \times 9797.11 \tag{3-4}$$

式中，9797.11 为 C 氧化为 CO 放热，kJ/kg。

因此，有：

$$Q_1 = Q_{1\text{-}1} + Q_{1\text{-}2} \tag{3-5}$$

B　鼓风带入热 Q_2

$$Q_2 = (V_{风} - V_{风}\varphi) Q_{空气} + V_{风}\varphi Q_{水汽} \tag{3-6}$$

式中，$Q_{空气}$为在 1250 ℃下空气的热容量，其值为 1755.82 kJ/kg；$Q_{水汽}$为在 1250 ℃下水汽的热容量，其值为 2161.6 kJ/kg。

C　H_2 氧化放热 Q_3

$$Q_3 = G_{H_2O还} \times 13454.09 \tag{3-7}$$

式中，13454.09 为 H_2 氧化为 H_2O 放热，kJ/kg。

D　CH_4 生成热 Q_4

$$Q_4 = V_{CH_4碳} \times \frac{12}{22.4} \times 4709.56 \tag{3-8}$$

式中，4709.56 为甲烷生成热，kJ/kg。

E　炉料物理热 Q_5

$$Q_5 = G_{矿} \times 1.0 \times 80 \tag{3-9}$$

式中，1.0 为 80 ℃时混合矿的比热容，kJ/(kg · ℃)。

F　热量总收入 $Q_入$

$$Q_入 = Q_1 + Q_2 + Q_3 + Q_4 + Q_5 \tag{3-10}$$

3.1.2.2　热量支出 $q_支$

A　氧化物分解吸热 q_1

（1）铁氧化物分解吸热 $q_{1\text{-}1}$。由于原料中含有熔剂型烧结矿，可以考虑其中有 20% FeO 以硅酸盐形式存在，其余以 Fe_3O_4 形式存在。因此，有：

$$G_{FeO硅} = G_{矿} \times 85\% w(FeO_{烧}) \times 20\% \tag{3-11}$$

$$G_{FeO磁} = G_{矿} w(FeO_{矿}) - G_{FeO硅} \tag{3-12}$$

$$G_{Fe_2O_3磁} = G_{FeO磁} \times \frac{160}{72} \tag{3-13}$$

$$G_{Fe_2O_3游} = G_{矿} w(Fe_2O_{3矿}) - G_{Fe_2O_3磁} \tag{3-14}$$

$$G_{Fe_3O_4} = G_{FeO磁} + G_{Fe_2O_3磁} \tag{3-15}$$

故：

$$q_{FeO硅} = G_{FeO硅} \times 4087.52 \tag{3-16}$$

$$q_{Fe_2O_3游} = G_{Fe_2O_3游} \times 5156.69 \tag{3-17}$$

$$q_{Fe_3O_4} = G_{Fe_3O_4} \times 4803.33 \tag{3-18}$$

式中，4087.52、5156.69、4803.33 分别为 $FeSiO_4$、Fe_3O_4、Fe_2O_3 分解热，kJ/kg。

故：

$$q_{1\text{-}1} = q_{FeO硅} + q_{Fe_3O_4} + q_{Fe_2O_3游} \tag{3-19}$$

（2）锰氧化物分解吸热 $q_{1\text{-}2}$。

$$q_{1\text{-}2} = 1000w[\mathrm{Mn}] \times 7366.02 \tag{3-20}$$

式中，7366.02 为由 MnO 分解产生 1 kg 锰吸收的热量，kJ。

（3）硅氧化物分解吸热 $q_{1\text{-}3}$。

$$q_{1\text{-}3} = 1000w[\mathrm{Si}] \times 31102.37 \tag{3-21}$$

式中，31102.37 为由 SiO_2 分解产生 1 kg 硅吸收的热量，kJ。

（4）磷酸盐分解吸热 $q_{1\text{-}4}$。

$$q_{1\text{-}4} = 1000w[\mathrm{P}] \times 35782.6 \tag{3-22}$$

式中，35782.6 为由 $Ca_3(PO_4)_2$ 分解产生 1 kg 磷吸收的热量，kJ。

故：

$$q_1 = q_{1\text{-}1} + q_{1\text{-}2} + q_{1\text{-}3} + q_{1\text{-}4} \tag{3-23}$$

B 脱硫吸热 q_2

脱硫吸热 q_2 为：

$$q_2 = G_{S渣} \times 8359.05 \tag{3-24}$$

式中，8359.05 为假定烧结矿中硫以 FeS 形式存在，1 kg 硫吸收的值，kJ。

C 水分分解热 q_3

水分分解热 q_3 为：

$$q_3 = \left[V_{风}\, \varphi \frac{18}{22.4} + G_{煤}\, w(H_2O_{煤}) \right] \times 13454.1 \tag{3-25}$$

式中，13454.1 为水分解吸热，kJ/kg。

D 游离水蒸发吸热 q_4

游离水蒸发吸热 q_4 为：

$$q_4 = G_{焦}\, w(H_2O_{焦}) \times 2682 \tag{3-26}$$

式中，2682 为 1 kg 水由 0 ℃变为 100 ℃水汽吸热，kJ/kg。

E 生铁带走热 q_5

生铁带走热 q_5 为：

$$q_5 = 1000 \times 1173 = 1173000 \tag{3-27}$$

式中，1173 为铁水热容量，kJ/kg。

F 喷吹物分解热 q_6

喷吹物分解热 q_6 为：

$$q_6 = G_{煤} \times 1256.1 \tag{3-28}$$

式中，1256.1 为煤粉分解热，kJ/kg。

G 炉渣带走热 q_7

炉渣带走热 q_7 为：

$$q_7 = G_{渣} \times 1760 \tag{3-29}$$

式中，1760 为炉渣热容量，kJ/kg。

H 煤气带走热 q_8

从常温到 200 ℃之间，各种气体的平均比热容 c_p 见表 3-1。

表 3-1 平均比热容 c_p

成分	CO_2	CO	N_2	H_2	CH_4	H_2O
c_p/kJ·(m³·℃)⁻¹	1.787	1.313	1.313	1.302	1.82	1.519

（1）干煤气带走热量：

$$q_{8\text{-}1} = G_{气} \times (1.278V_{H_2} + 1.777V_{CO_2} + 1.284V_{CO} + 1.284V_{N_2} + 1.610V_{CH_4}) \times 200 \tag{3-30}$$

（2）煤气中水分带走热：

$$q_{8\text{-}2} = 1.605G_{H_2O} \times \frac{22.4}{18}(200 - 100) \tag{3-31}$$

故：

$$q_8 = q_{8\text{-}1} + q_{8\text{-}2} \tag{3-32}$$

$$q = q_1 + q_2 + q_3 + q_4 + q_5 + q_6 + q_7 + q_8 \tag{3-33}$$

I 冷水带走及炉壳散发热损失 $q_{损失}$

冷水带走及炉壳散发热损失 $q_{损失}$ 为：

$$q_{损失} = Q_{入} - q \tag{3-34}$$

J 热效率 K_T

热效率 K_T 为：

$$K_T = \frac{总热量收入 - (煤气带走的热 + 热损失)}{总热量收入} \tag{3-35}$$

3.1.2.3 热平衡表

表 3-2 为热平衡表。

表 3-2 热平衡表

能量投入项	投入能量 /TJ·t⁻¹	占比 /%	能量支出项	支出能量 /TJ·t⁻¹	占比 /%
碳素氧化 CO_2 放热	7504.85	63.24	铁氧化物分解热	7075.78	63.43
碳素氧化 CO 放热	2360.84	19.89	锰氧化物分解热	8.56	0.08

续表 3-2

能量投入项	投入能量 /TJ · t^{-1}	占比 /%	能量支出项	支出能量 /TJ · t^{-1}	占比 /%
鼓风带入热	1852.32	15.61	硅氧化物分解热	138.52	1.24
氢氧化为水放热	0.27	0.00	磷酸盐分解吸热	21.16	0.19
甲烷生成热	0	0.00	脱硫吸热	4.69	0.04
成渣热	121.08	1.02	碳酸盐分解吸热	0	0.00
炉料物理热	27.58	0.23	水分分解热	1713.73	15.36
热总投入	11866.93	100	炉料游离水蒸发吸热	0.03	0.00
外部热损失	712.49	6.00	铁水带走热	1169.34	10.48
			炉渣带走热	402.11	3.60
			喷吹物分解吸热	189.88	1.70
			炉顶煤气带走的热量	346.52	3.11
			炉顶煤气中水带走的热	82.31	0.74
			冷却水带走热	0.19	0.00
			炉尘带走热	1.63	0.01
			热总产出	11154.45	100

3.2 典型工序能效评价及分析

钢铁生产流程包括焦化工序、烧结工序、炼铁工序、炼钢工序以及热轧工序等主要工序。在所有工序中，高炉炼铁是钢铁生产中的主要能耗环节，其能耗占钢铁生产总能耗的比重非常大（约为70%），提高炼铁工序的能效是降低钢铁生产总能耗的关键。因此本节以高炉炼铁工序为例探究典型工序能效。

3.2.1 案例简介

高炉炼铁工序是以铁矿石或含铁原料作为原料，以焦炭作为燃料和还原剂，在高温条件下将铁氧化物还原成液态生铁的过程。高炉冶炼系统如图 3-2 所示，除高炉本体外，高炉炼铁工艺还须配备：(1) 原料运输系统；(2) 炉顶装料系统；(3) 煤气除尘系统；（4）热风炉送风系统；（5）燃料喷吹系统；（6）出铁场及渣铁处理系统。

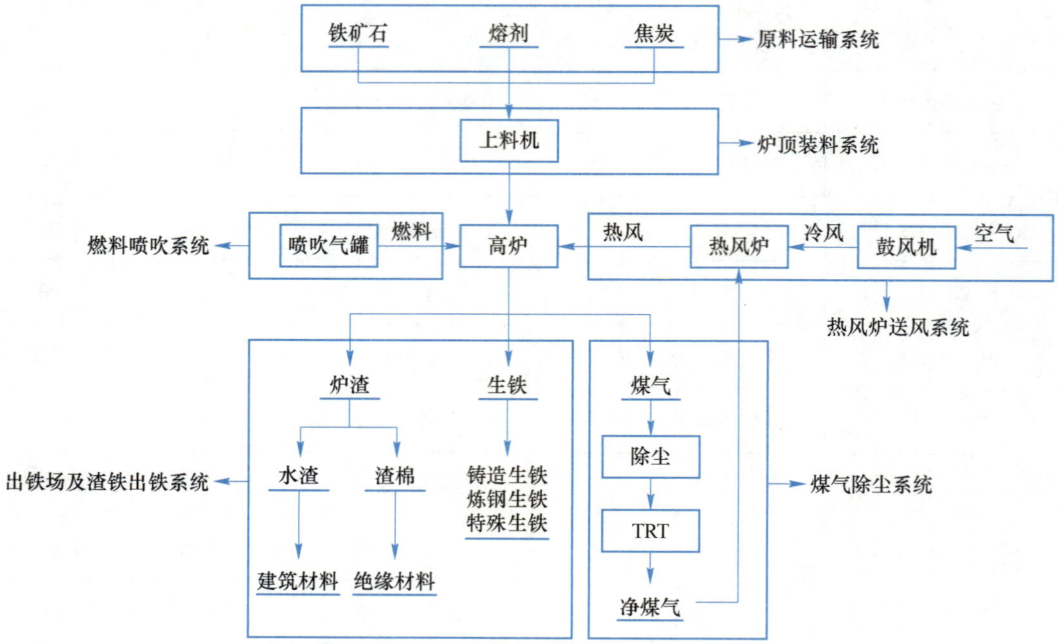

图 3-2　高炉炼铁工艺流程

原料处理系统通过传送带运输烧结矿、球团矿和焦炭等原/燃料进入上料系统。炉顶装料系统兼具装料和煤气回收作用，分为有料钟和无料钟两类。煤气除尘系统是处理经高炉冶炼产生的煤气，分为湿法除尘和干法除尘两类。干法除尘一般包括电除尘、布袋除尘、重力除尘和旋风除尘等。湿法除尘一般为洗涤塔—文氏管—脱水器系统。热风炉送风系统是利用煤气加热空气至 1100 ℃左右送至高炉内，起到减少燃耗的作用。一般采用蓄热式热风炉，分为内燃式、外燃式和顶燃式三类，国内外大型高炉普遍采用外燃式热风炉送风。燃料喷吹系统是采用喷煤枪将空气和煤粉送至高炉，出铁场及渣铁处理系统是处理经高炉冶炼形成的铁水和铁渣。

3.2.2 高炉炼铁工序能效评价及分析

3.2.2.1 高炉炼铁工序研究边界

图 3-3 所示为高炉工序研究边界，包含上料、鼓风、喷吹、高炉、出铁场及渣的处理、煤气净化、TRT 以及除尘等。高炉的能源投入项包含焦炭、喷吹煤、煤气以及耗能工质（包含电力、压缩空气、氧气、氮气、蒸汽和水等），物料的投入项包含烧结矿、球团矿、块矿等；输出项为铁水、铁渣、高炉煤气和电力等。

3.2.2.2 高炉炼铁工序能耗

通过调研某钢厂中钢铁生产流程实际数据，得出该钢厂的能源平衡表，其中高炉炼铁工序的能耗见表 3-3。

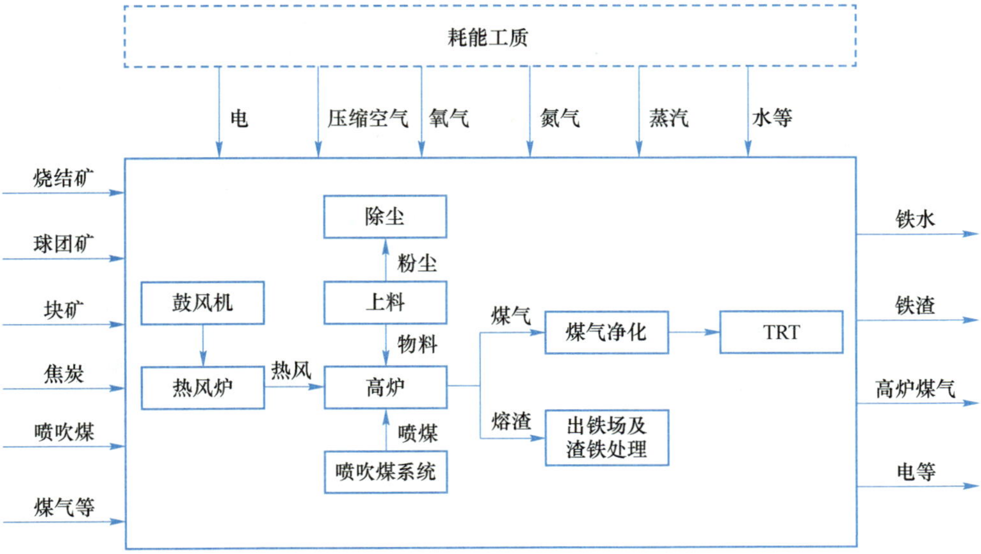

图 3-3 高炉工序研究边界

表 3-3 某钢厂高炉炼铁工序能耗表（总产量为 38.812 万吨）

耗能项目	实物/t	单耗/kg · t^{-1}	标煤/t
喷吹煤	8.214	211.64	70402.194
冶金焦	11.148	287.227	109260.924
小焦	1.2188	31.404	11945.917
焦炉煤气	174.439	4.494	1121.641
高炉煤气	15790.233	406.836	18000.866
燃料回收	-56474.421	-1455.0763	-64380.84
燃料合计/t 标煤	146350.702		
电力	1087.758	28.026	1336.855
工业水	12.672	0.326	13.305
除盐水	0.227	0.006	1.104
生活水	0.378	0.010	0.396
压缩空气	723.843	18.650	113.643
氧气	3111.266	80.162	2146.774
低压氮气	1206.329	31.081	168.886
高压氮气	806.406	20.777	112.897

续表 3-3

耗能项目	实物/t	单耗/kg · t^{-1}	标煤/t
鼓风	32278.608	831.659	3163.304
蒸汽	0.3243	8.356	342.785
动力回收/t 标煤	-2593.436		
动力合计/t 标煤	4806.513		
总能耗/t 标煤	151157.215		
工序能耗/kg 标煤 · t^{-1}	389.46		

3.2.2.3 高炉炼铁工序能耗影响因素分析

炼铁工序是整个钢铁生产过程中工序能耗最高的部分，炼铁工序的能量投入主要分成三部分，焦炭提供的化学能、喷吹煤粉提供的化学能和热风提供的显热。在这三种热源中，由于焦炭是工序产物，使用焦炭需要承受焦化工序带来的经济负担、能耗负担与环境负担，所以炼铁工序中的减排方向主要是降低焦炭使用量，理想的情况下焦炭使用量应削减到仅能满足高炉炉内物料骨架支撑作用，而余下的热量缺口由经济性更高的一次能源提供。目前钢铁工业推行的做法是加大喷煤比以降低焦比。

表 3-4 中，通过提高喷煤比，改变高炉热量的供给比例，能降低炼铁工序的能耗。这来自两方面的贡献：一是降低焦炭的使用量，而采用相较更为节能的煤粉，从消耗层面上降低了投入；二是提升喷吹煤粉量，提高高炉煤气产量和高炉煤气热值，导致炼铁工序会回收能源量增大。这两方面的共同作用导致了炼铁工序能耗的降低。

表 3-4 喷吹煤粉变化对炼铁工序内部参数影响

喷吹煤粉 /kg · t 铁水$^{-1}$	工序能耗 /kg 标煤 · t 铁水$^{-1}$	焦比 /kg · t 铁水$^{-1}$	BFG 产量 /m^3 · t 铁水$^{-1}$	BFG 热值 /kJ · m^{-3}
85.00	401.94	379.35	1489.30	3135.38
116.66	397.94	357.42	1495.37	3200.62
148.32	394.95	335.48	1501.60	3245.16
179.98	392.17	313.54	1507.98	3285.04
211.64	389.46	291.40	1516.38	3318.65
259.13	386.45	269.14	1525.82	3348.77

图 3-4 所示为喷吹煤粉量变化对炼铁工序能耗、吨钢综合能耗的影响。在热风温度为 1200 ℃时，案例企业的最低喷吹煤粉量为 85 kg/t 铁水，通过炼铁模型计算得到的最大理论喷煤量为 259.13 kg/t 铁水。当喷吹煤粉量从 85 kg/t 铁水提升至 259.13 kg/t 铁水，吨钢综合能耗从 618.84 kg 标煤/t 粗钢下降至 593.27 kg 标煤/t 粗钢。喷煤量每提高 14.5 kg/t

铁水，吨钢综合能耗下降 2.13 kg 标煤/t 粗钢。在炼铁工序方面，工序能耗从 401.94 kg 标煤/t 铁水下降至 386.45 kg 标煤/t 铁水，焦比从 379.35 kg/t 铁水下降至 269.14 kg/t 铁水，高炉煤气产量从 1489.30 m^3/t 铁水提升至 1525.82 m^3/t 铁水，高炉煤气热值从 3348.77 kJ/m^3 提升至 3348.77 kJ/m^3。因此，通过提高喷吹煤比，改变高炉热量的供给比例，能有效降低炼铁工序的能耗。

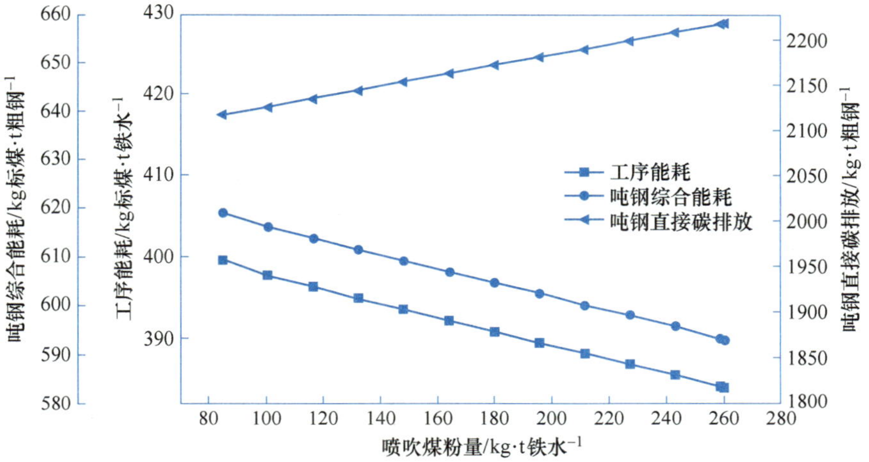

图 3-4 喷吹煤变化对吨钢综合能耗、吨钢直接碳排放和工序能耗的影响

3.3 典型界面能效评价及分析

钢铁生产流程中，存在铁钢界面、钢铸界面、铸轧界面等多个界面。但是，相较于其他界面，铁钢界面在铁水的调度、运输以及温度保持等环节上蕴含着巨大的能效提升潜力。通过优化铁钢界面的物流路径、减少铁水温降、提高运输效率以及应用先进的调度管理系统，可以显著降低能耗，提升整体生产线的能效水平。铁钢界面不仅是一个关键的生产流程节点，更是实现钢铁生产能效优化的重要突破口和实践案例。因此，本节以铁钢界面为例研究界面能效评价。

3.3.1 案例简介

铁钢界面是指存在于炼铁、炼钢两个相对“刚性”工序之间的一段相对“柔性”的“界面”，它不仅包含炼铁、炼钢工序之间多维物质流的衔接、传递、匹配和缓冲等过程，还包含完成这些过程所耗费的时间、占有的空间，及其所属工序、装置、容量、运输设备、路线、调度管理和控制程序等多方面的内容。从物流组织及生产运输角度讲，铁水承接、运输和存储方式分为以下四种：受铁罐-混铁炉-兑铁包模式、受铁罐-兑铁包模式、鱼雷罐-兑铁包模式和受铁罐“一罐到底”模式。

3.3.1.1 受铁罐-混铁炉-兑铁包模式

受铁罐-混铁炉-兑铁包模式的铁水运转流程是铁水由受铁罐运输并兑入混铁炉，在炉内混合加热一段时间后，再由混铁炉出铁到兑铁包内，最后经兑铁包运输至转炉跨兑入转炉冶炼。这种模式下受铁罐承担铁水承接与运输功能，混铁炉完成铁水储存和缓冲任务，兑铁包完成铁水运输和承接任务，一般不设预处理装置。这种模式的显著特点是混铁炉装置的缓冲容量较大，可简称为混铁炉模式，如图 3-5 所示。

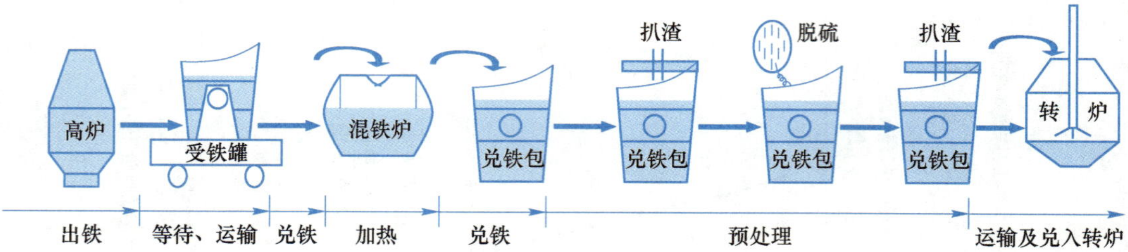

图 3-5 受铁罐-混铁炉-兑铁包模式流程图

3.3.1.2 受铁罐-兑铁包模式

当受铁罐的容量与转炉容量不匹配时，如一罐铁水兑多包，或是多罐铁水兑一包，需要增添或留存若干铁水的受铁罐内，等待再次由受铁罐倒入兑铁包，这种情况与受铁罐、转炉容量对应的情况相比，铁水多经一次倒包，而且增加了等待的时间。这种模式下，铁水的承接、运输、储存和缓冲等任务由受铁罐与兑铁包共同承担，故称其为受铁罐-兑铁包模式，如图 3-6 所示。

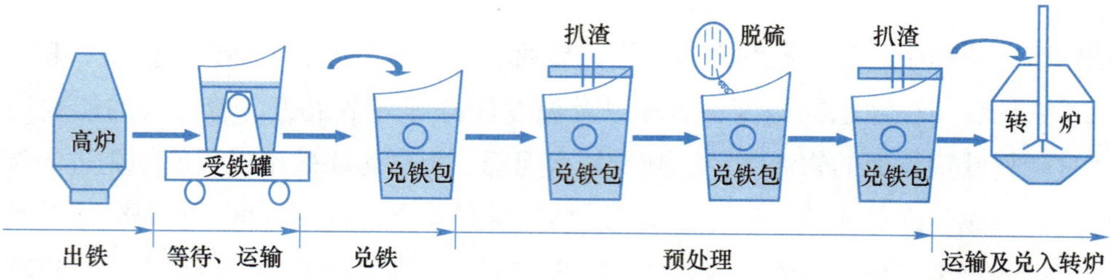

图 3-6 受铁罐-兑铁包模式流程图

该模式虽比混铁炉模式要少一次兑铁过程的温降和污染，但缺少缓冲调节，对于过程稳定性差的中小转炉流程不适宜采用，而新建大高炉-转炉流程又没必要采用，属于较为落后的模式，大部分属于老厂改造的产物。

3.3.1.3 鱼雷罐-兑铁包模式

当前，大高炉生产过程铁水转运装置一般多用鱼雷罐（或称为混铁车），鱼雷罐在高炉受铁后，将铁水运输至脱硫站脱硫并扒渣后，再将其运至铁水倒罐站，倒入兑铁包，最后由兑铁包将铁水兑入转炉冶炼，这种模式称为鱼雷罐-兑铁包模式，如图 3-7 所示。该模式是目前传统大中型高炉-转炉流程较为普遍采用的模式，如宝钢、首钢等。

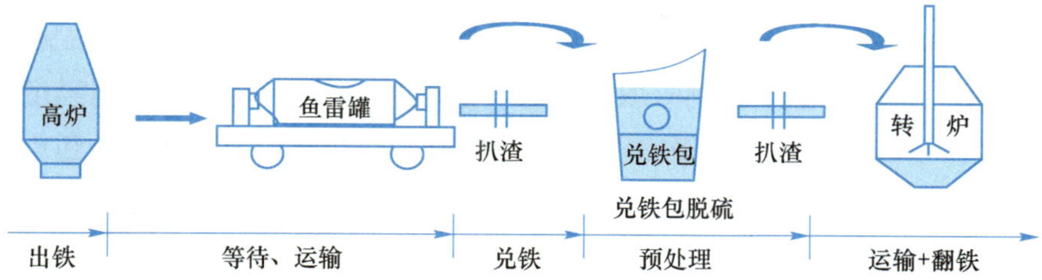

图 3-7 鱼雷罐-兑铁包模式流程图

鱼雷罐的特点是：容量大、罐口散热面积小；只有承接、转运功能，缺乏兑铁功能；设备相对复杂且只能用铁路运输，投资大。鱼雷罐容积一般比较大，所以鱼雷罐脱硫可能比铁水包脱硫一次性处理量大。但是，鱼雷罐容积很难和转炉公称容量一一对应，存在兑罐现象，增加了生产组织和调度的难度，同时铁钢对应也比较困难。

3.3.1.4 受铁罐“一罐到底”模式

铁水由受铁罐在高炉受铁后，不经过任何中间倒包过程直接运输到转炉跨，兑入转炉冶炼。高炉-转炉区段运行过程中只有一种装置：受铁罐，可形象地称其为“一罐到底”模式，如图 3-8 所示。该模式采用铁水罐作为高炉受铁容器、储运容器、预处理容器和兑入容器“四位一体”，铁水由受铁罐直接兑入转炉，如此则铁水只发生一次空气冷却降温过程，而没有倒包包体吸热降温，能大幅度减小温度损失。

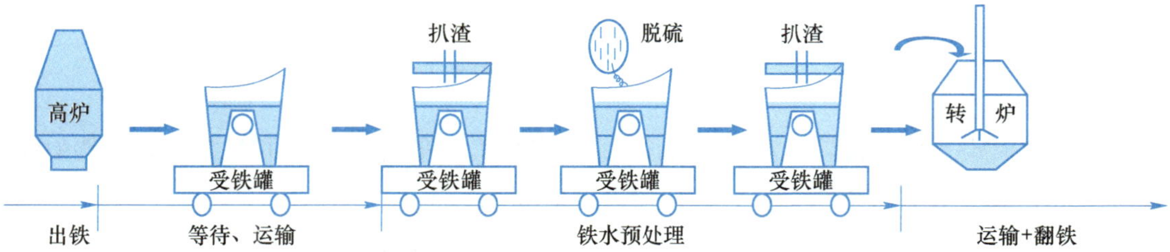

图 3-8 受铁罐“一罐到底”模式流程图

3.3.2 铁钢界面能效评价及分析

3.3.2.1 铁钢界面研究边界

铁钢界面的能效水平主要通过铁水温降体现，铁钢界面是指自高炉出铁水开始到铁水进入转炉的过程。因此，当该过程铁水温降减小、铁水进入转炉温度升高时，能够使得转炉加入的废钢量增加。

铁钢界面的研究对象是从高炉运输到转炉的铁水，此过程中能量及物料输入为铁水预处理过程中脱硫、脱磷及脱硅过程所加入的熔剂，能量输出是运输过程中铁水的温度损失以及扒渣出的铁水渣。

3.3.2.2 铁钢界面能效评价过程

以某钢厂为例，该钢厂中各个高炉与转炉之间的距离与分布如图 3-9 所示。其中 1 号、2 号、4 号和 9 号高炉为第一排高炉，3 号、5 号、6 号和 7 号高炉为第二排高炉，10 号和 11 号为第三排高炉。本案例采取鱼雷罐-兑铁包模式进行运输，环境温度为 25 ℃，高炉出铁温度为 1500 ℃，通过多次迭代计算，炉前空罐温度约为 260 ℃。鱼雷罐规格为 260 t，一车载一罐。

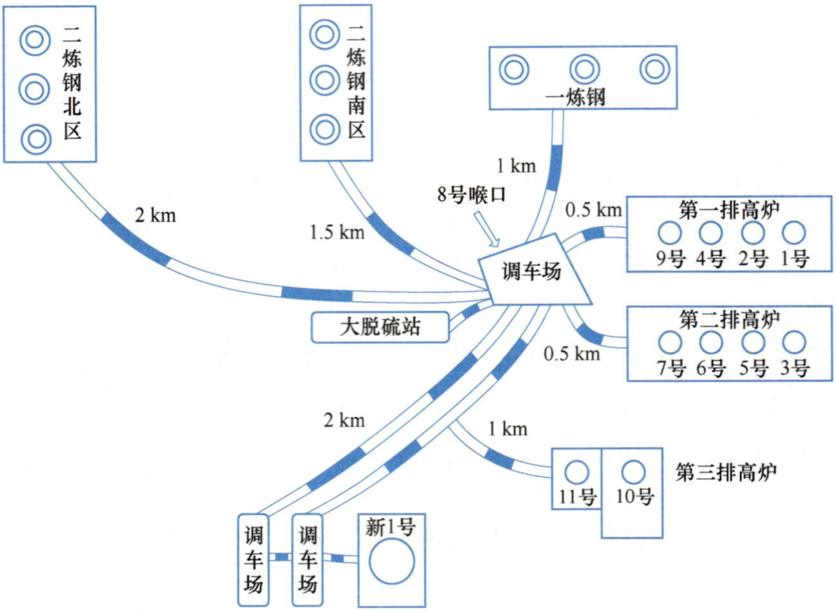

图 3-9 某钢铁厂平面图

原运输模式下兑入转炉铁水平均温度约为 1329 ℃，平均温降为 171 ℃，此时能效指数为 1.40，具有较大节能潜力。各区段温降及时间见表 3-5。

表 3-5 鱼雷罐-兑铁包模式下铁水运转时间及温降统计值

铁水作业环节	作业时间 $\Delta\tau_i^w$/min	铁水温降 ΔT_i^w/℃
TPC 受铁	30	60
铁水等待及运输	35	20
倒罐作业	2	45
铁水预处理	20	40
铁水兑入转炉	15	6
合计	102	171

3.3.2.3 铁钢界面能效影响因素分析

由于铁-钢界面的能效指数与铁水温降呈正相关关系，且能效变化通过铁水温降来体现，因此探究以下五个因素对于铁水能效指数的影响规律。

（1）环境温度。考虑到我国北方地区冬季和夏季的温差较大，当环境温度为 -20 ~ 30 ℃时，兑入转炉铁水温度及能效指数的变化，如图 3-10 所示。随着环境温度的升高，能效指数逐渐降低，能效水平逐渐提高。当环境温度为 -20 ℃时，兑入转炉铁水温度为 1334.96 ℃，能效指数为 1.380。当环境温度升高至 30 ℃，兑入转炉铁水温度升高为 1335.18 ℃，仅升高 1 ℃，能效指数降低至 1.365，能效水平提高不明显。

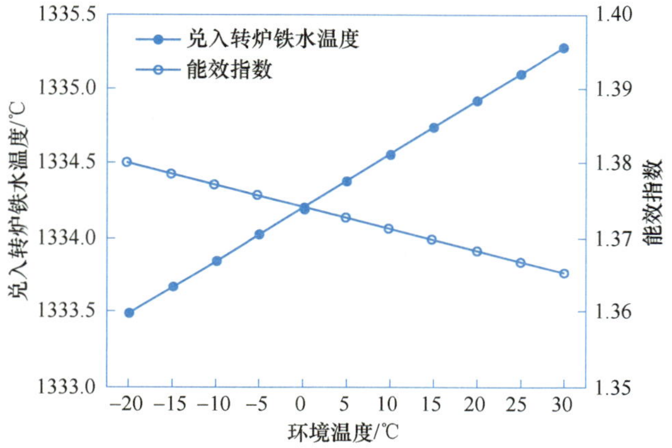

图 3-10 环境温度对能效指数的影响

（2）铁水初始温度。铁水初始温度决定了运输过程的起始热状态，影响着兑入转炉铁水温度，进而引起能效水平变化。当铁水初始温度为 1450 ~ 1550 ℃时，兑入转炉铁水温度及能效指数的变化，如图 3-11 所示。当铁水初始温度为 1450 ℃时，兑入转炉铁水温度为 1297.74 ℃，能效指数为 1.32，且随着铁水初始温度每升高 10 ℃，兑入转炉铁水温度升高 7 ℃左右，铁水能效指数增大 0.09。

（3）鱼雷罐空罐温度。鱼雷罐空罐温度决定高炉出铁过程中铁水与罐体内表面的温差，该温差变化会引起出铁过程散热量变化。当鱼雷罐空罐温度为 200 ~ 650 ℃时，兑入转炉铁水温度及能效指数的变化规律，如图 3-12 所示。当鱼雷罐空罐温度从 200 ℃升高至 650 ℃时，兑入转炉铁水温度仅升高 0.12 ℃，能效指数仅降低 0.001。

（4）鱼雷罐等待时间。鱼雷罐等待时间决定着铁水在运输过程中散热时间的长短，影响着散热量大小，进而引起能效水平变化。在原模型的基础上增加 0 ~ 20 min 等待时间对兑入转炉铁水温度及能效指数的影响，如图 3-13 所示。当鱼雷罐在原模型上不增加等待时间时，兑入转炉铁水温度为 1336.56 ℃，能效指数为 1.35，且随着鱼雷罐等待时间每增加 10 min，兑入转炉的铁水温降增大 5 ℃，能效指数提高 0.04。

（5）兑铁包中等待时间。铁水在兑铁包中的等待时间决定着铁水在兑铁包中散热量

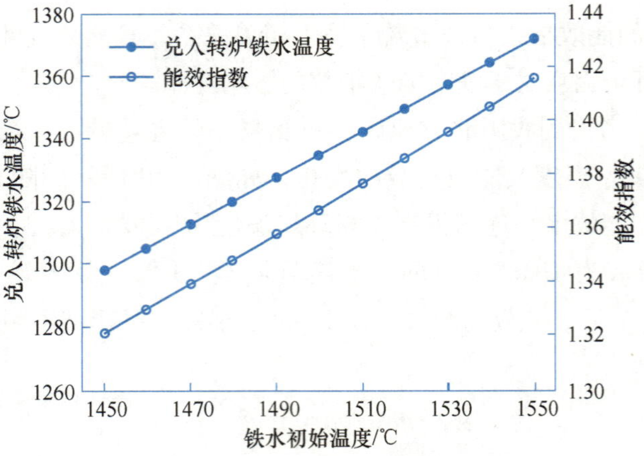

图 3-11 铁水初始温度对能效指数的影响

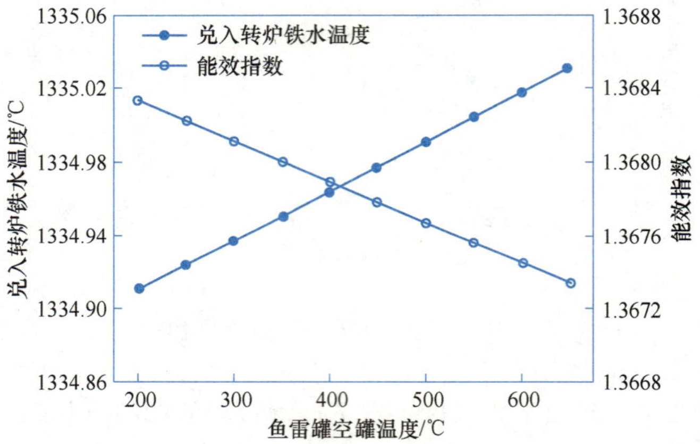

图 3-12 鱼雷罐空罐温度对能效指数的影响

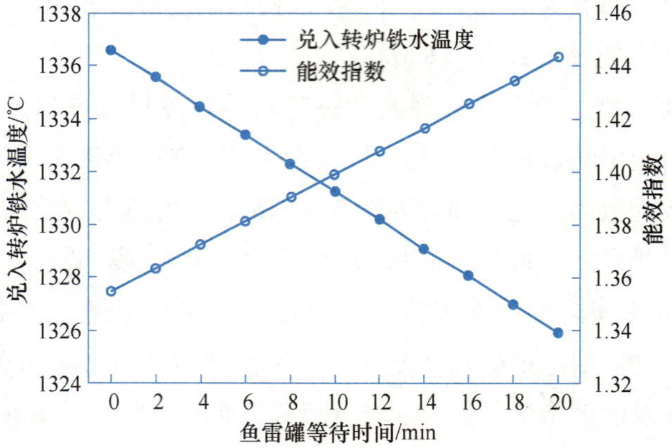

图 3-13 鱼雷罐等待时间对能效指数的影响

的大小，从而影响了能效。在鱼雷罐-兑铁包模式中，由于鱼雷罐不具备兑铁的功能，因此鱼雷罐运输到转炉前要兑入兑铁包中再将铁水兑入转炉。铁水在兑铁包中等待时间为2～12 min时，兑入转炉铁水温度及能效指数的变化规律，如图3-14所示。当铁水在兑铁包中等待时间为2 min时，兑入转炉铁水温度为1337.79 ℃，能效指数为1.34；当铁水在兑铁包中等待时间增加至12 min时，兑入转炉铁水温度降低为1328.37 ℃，能效指数增大为1.42。等待时间每增加10 min，铁水温降增加约11 ℃，能效指数增大约0.08。

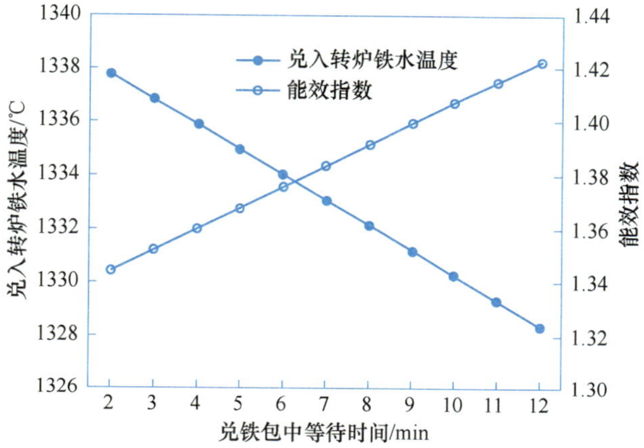

图3-14 铁水在兑铁包中等待时间对能效指数的影响

3.4 典型钢铁生产流程能效评价及分析

3.4.1 钢铁生产流程简介

典型的钢铁生产流程是一个复杂而系统的过程，涵盖多个主要环节，从原材料的准备到最终产品的制造。

（1）焦化工序。焦化是将煤在无氧环境中加热至高温（1000～1200 ℃），使其转化为焦炭。焦炭不仅作为还原剂，帮助将铁矿石中的铁氧化物还原为铁，还提供冶炼所需的热量，焦炭的质量直接影响后续高炉的效率以及钢铁的最终性能。

（2）烧结工序。烧结过程中，细铁矿石、焦炭和其他添加剂混合后通过加热形成块状物料，以提高铁矿石的密度和强度，使其在高炉冶炼中更为有效。烧结矿的颗粒较大，能够提高气流的通透性，增加冶炼效率，并减少高炉的能耗。

（3）球团工序。球团工序将细铁矿粉与水和黏结剂混合，制成直径为8～16 mm的球状颗粒。这一工艺的优点在于提高了铁矿的利用率，并改善了高炉的操作性能。相较于烧结矿，球团矿更为均匀，有助于气流的顺畅流动，从而进一步提高冶炼效率。

（4）高炉炼铁工序。高炉是钢铁生产的核心设备，操作过程中将焦炭、烧结矿或球团矿以及石灰石等投入高炉中进行冶炼。在高温（约1600 ℃）下，焦炭燃烧产生的热量使矿石中的铁氧化物还原为铁水，同时生成炉渣。这一阶段是铁水生产的关键，所生成的铁水将用于后续的炼钢过程。

(5) 转炉炼钢工序。炼钢通常在转炉中进行，将铁水转入转炉中并通入氧气。氧气与铁水中的杂质（如碳、硫、磷）反应，生成气体和炉渣，从而去除杂质，调整钢水的成分，以达到所需的钢水质量标准。同时，根据需要添加合金元素，以改善钢材的性能。

(6) 热轧工序。在加热炉中，钢坯被加热至适宜的轧制温度（约 1100 ℃），然后通过轧机进行轧制，形成不同规格的热轧产品，如热轧板、卷材等。热轧过程不仅提升了产品的强度和延展性，也改善了表面质量。

整个钢铁生产流程涉及多个环节（见图 3-15），每个环节对最终产品的质量和性能产生重要影响。通过优化这些环节，可以提高资源利用率，降低能耗，实现钢铁生产的可持续发展。

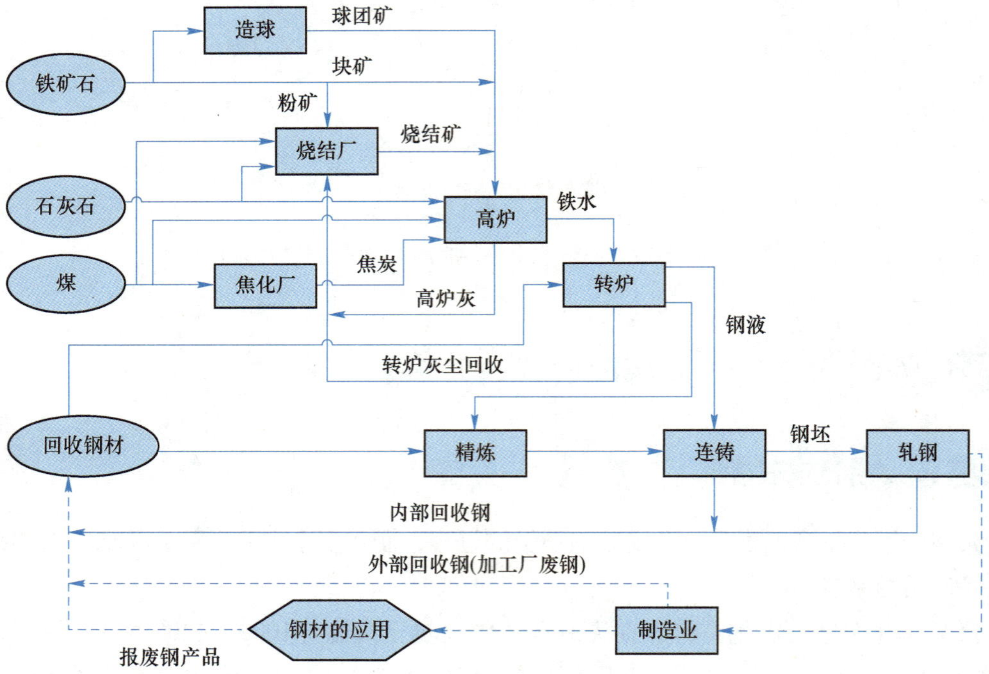

图 3-15 钢铁生产主工艺流程示意图

3.4.2 能效评价过程及敏感性分析

3.4.2.1 钢铁生产流程能效研究边界

图 3-16 所示为钢铁生产流程研究边界，包含焦化、烧结、球团、高炉、炼钢和热轧等工序。钢铁生产流程能源投入项包含天然气、煤以及耗能工质（包含电力、压缩空气、氧气、氮气、蒸汽、鼓风和水等），物料的投入项包含矿石、熔剂和废钢等；能源产出项包括焦炉煤气、高炉煤气、转炉煤气和蒸汽等；输出项为钢材、铁渣和钢渣等。

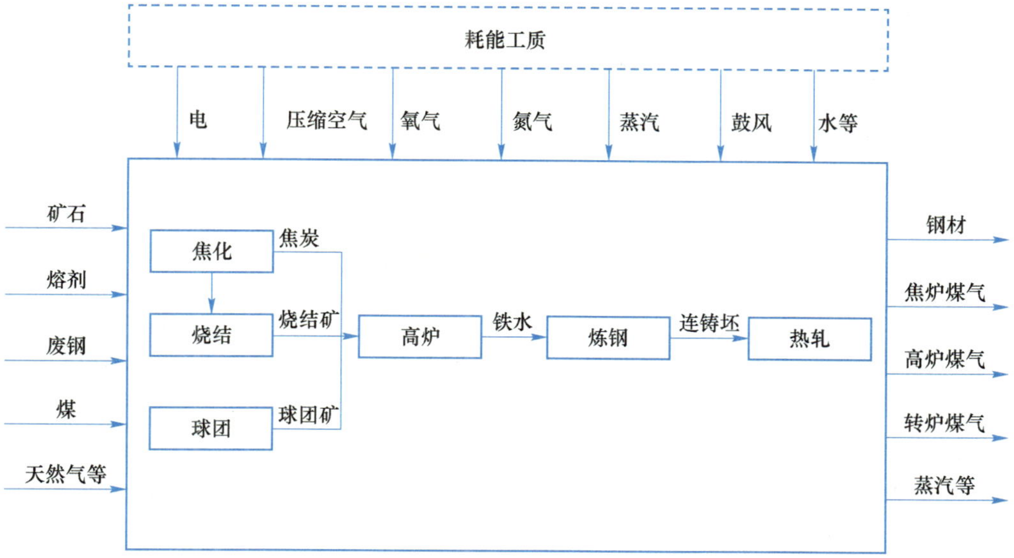

图 3-16 钢铁生产流程研究边界

3.4.2.2 案例能效评价过程

调研某案例企业现场数据，该案例钢铁流程现场各主要工序指标值见表 3-6。

表 3-6 案例企业流程中各主要工序指标值

工序	案例企业实际值		
	工序能耗 /kg 标煤·t 产品$^{-1}$	钢比系数 /t·t^{-1}	吨钢能耗 /kg 标煤·t 钢$^{-1}$
焦化	94.51	0.427	40.33
球团	26.34	0.435	11.46
烧结	47.65	1.193	56.84
炼铁	381.07	0.974	371.33
炼钢	-7.14	1.000	-7.14
热轧	50.10	0.975	48.84
自备电站	74.82	—	74.82
其他	25.39	—	25.39
吨钢综合	—	—	621.87

根据以上钢铁系统各主要工序能耗表格可以看出，在长流程钢铁生产系统中，吨钢综合能耗达到 621.87 kg 标煤/t 钢，各工序能耗量由高到低依次为高炉炼铁、自备电站、烧结、热轧、焦化、球团、转炉炼钢。在所有工序中，高炉炼铁吨钢能耗达到 371.33 kg 标

煤/t 钢，占到了综合能耗的60%左右，节能潜力巨大。而转炉炼钢工序由于对转炉煤气的回收利用，使得转炉炼钢工序能耗达到负值。因此后续对钢铁生产系统能效优化与节能过程中，应主要着眼于炼铁系统（焦化、烧结、球团和高炉）。对钢铁流程的物质与能量层面中的设备、工序和系统输入输出值如图 3-17 所示。

3.4.2.3 影响因素分析

在钢铁生产流程中，物质流与能量流是对其能耗以及能效评价的两个基本方面，共同构成了生产过程中的核心要素。因此，下面分别从物质流与能量流两个方面进行分析。

A 物质流参数的影响

物质流参数中，选取了烧结矿品位、烧结矿返矿率、转炉废钢比三个方面进行分析。

a 烧结矿品位

烧结矿决定着烧结机的配矿和高炉系统的配矿，而烧结矿的品位是介于两个配矿系统之间，起着承上启下作用的重要参数。烧结矿的品位定义为：烧结矿中铁元素含量。图 3-18 为烧结矿品位变化对烧结工序、系统吨钢综合能耗和炼铁烧结矿用量的影响。当烧结矿的品位从0. 53 提高至0. 58 时，烧结矿工序能耗从44. 14 kg 标煤/t 烧结矿小幅上升到45. 74 kg 标煤/t 烧结矿，炼铁烧结矿用量从 1057. 54 kg/t 铁水下降到 966. 37 kg/t 铁水，吨钢综合能耗从 617. 64 kg 标煤/t 粗钢下降到 614. 48 kg 标煤/t 粗钢。烧结矿的品位每提升 0. 01，烧结工序能耗上升 0. 32 kg 标煤/t 烧结矿，吨钢综合能耗能下降 0. 63 kg 标煤/t 粗钢。随着烧结矿品位提升，炼铁烧结矿用量降低，上游烧结工序对吨钢综合能耗的贡献同步地下降，最终使得吨钢综合能耗小幅下降；可以看出，烧结矿品位提升对于系统能耗是有益的，但是影响较小。值得指出的是，烧结矿品位对于高炉炉况稳定运行和生产系统经济性的影响巨大。

b 烧结矿返矿率

烧结工序中另一个影响系统的参数是烧结矿的返矿率。由于烧结矿成品经筛分动作后会分成大成品、小成品、铺底料和返矿，其中前三者会进入下一道工序参与铁水冶炼，而返矿则因不满足炼铁工序对于精矿的要求，需要重新返回烧结工序进行烧结。返矿率定义为：同一批次内烧结矿返矿与全部烧结完成的矿石质量之比。

图 3-19 为烧结矿返矿率变化对系统能耗及其他工序的影响。从图中可以看出提高烧结矿返矿率将会同时增加吨钢综合能耗和吨钢直接碳排放，返矿率从 0. 15 提升至 0. 25，烧结工序能耗从 38. 37 kg 标煤/t 烧结矿提升至 48. 20 kg 标煤/t 烧结矿，吨钢综合能耗从608. 97 kg 标煤/t 粗钢提升至 620. 03 kg 标煤/t 粗钢。由于返矿率的提升，烧结工序的合格产品量下降，导致烧结工序必须出产更多的烧结矿，因此加大了物料投入和能源投入，这是烧结矿返矿率影响系统的根本原因。烧结矿返矿率对于系统的影响为线性的。从反向视角看，当烧结矿返矿率降低 0. 01 时，吨钢综合能耗降低 1. 1 kg 标煤/t 粗钢。相比提升烧结矿品位来获得更低的能耗和排放，降低烧结矿返矿率可以在现有设备基础上通过提高生产管理水平来实现更大的节能减排效果，并且在经济性上同样具有竞争力，针对烧结工序节能减排时应优先考虑降低烧结矿返矿率。

图 3-17 彩图

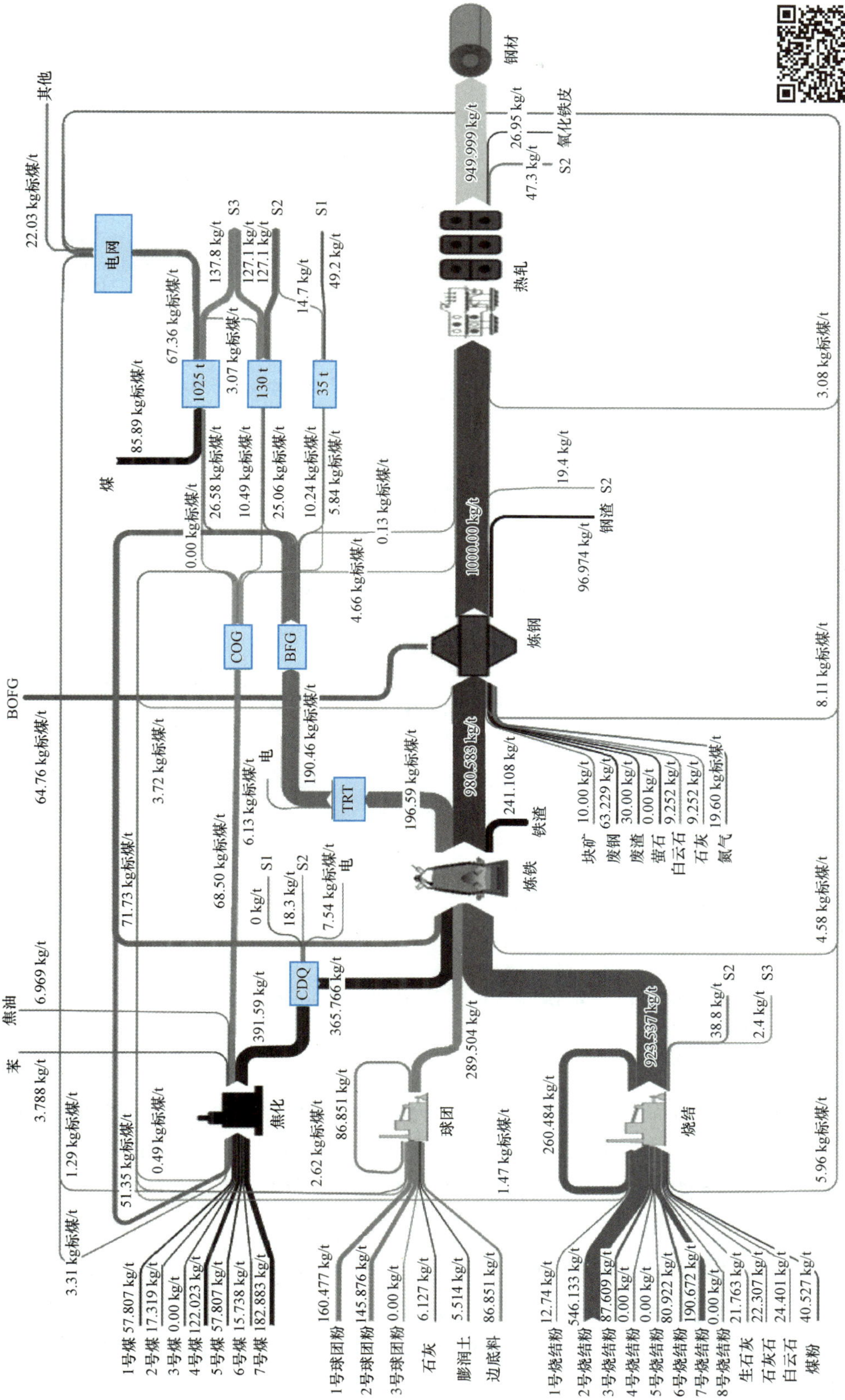

图 3-17 钢铁生产系统物质-能源输入输出桑基图

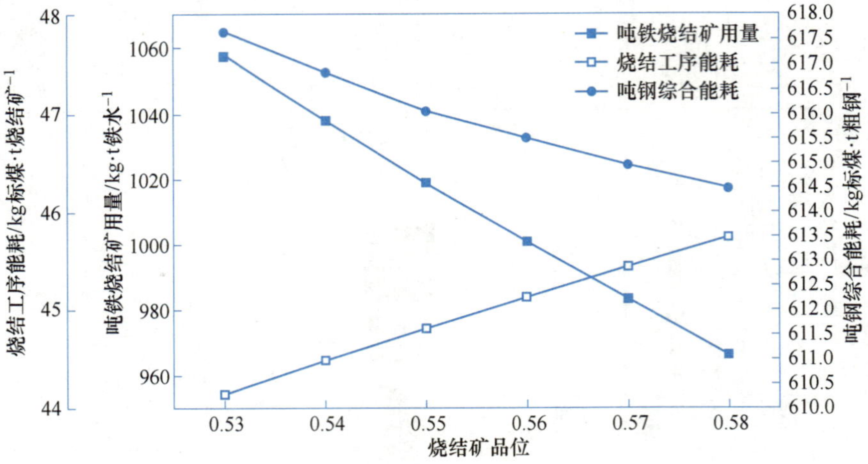

图 3-18 烧结矿品位对系统能耗及其他工序的影响

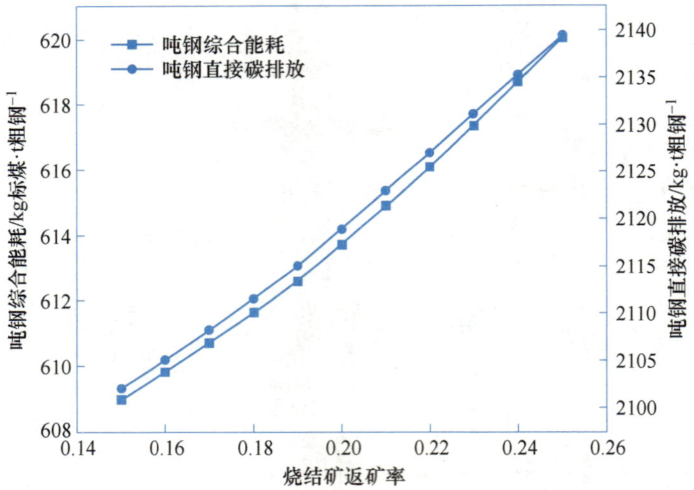

图 3-19 烧结矿返矿率对系统能耗及其他工序的影响

c 转炉废钢比

转炉投入的物料组成主要有高温铁水、废钢、冷却剂和转炉渣，其中高温铁水和废钢占主要投入物质量的97%以上。炼钢工序的吃废钢功能可以为下游工序的不合格产品提供内部消纳口，余下的消纳能力还可以用于从社会生产活动中报废淘汰的钢材，使得钢铁制品得以循环利用。

转炉工序中最主要的变量是废钢比和铁水入炉温度。图 3-20 展示了在铁水入炉温度为1250 ℃时，随着转炉废钢比变化，炼钢工序的能耗变化和全局能耗的变化情况。随着转炉废钢比从0提高至0.13，炼钢工序能耗逐渐从 –15.41 kg 标煤/t 粗钢升高至 –8.28 kg 标煤/t 粗钢，吨钢综合能耗从646.45 kg 标煤/t 粗钢下降到584.35 kg 标煤/t 粗钢。每提高0.01，吨钢综合能耗下降工序能耗升高的原因在于增加了废钢，使得入炉铁水量减少，随之产出的转炉煤气减少。随着废钢比从0增加到0.13，转炉煤气量从110 m^3/t 粗钢下降到97.53 m^3/t 粗钢，转炉煤气热值也从8314.65 kJ/m^3 下降到8148.08 kJ/m^3，因此回收的能源减少，工序能耗升高。随着废钢比提高，入炉铁水减少，整个钢铁的生产结构发生了改变，炼焦、烧结、炼铁工序产品在全局生产中的比重降低，使得吨钢综合能耗降低。

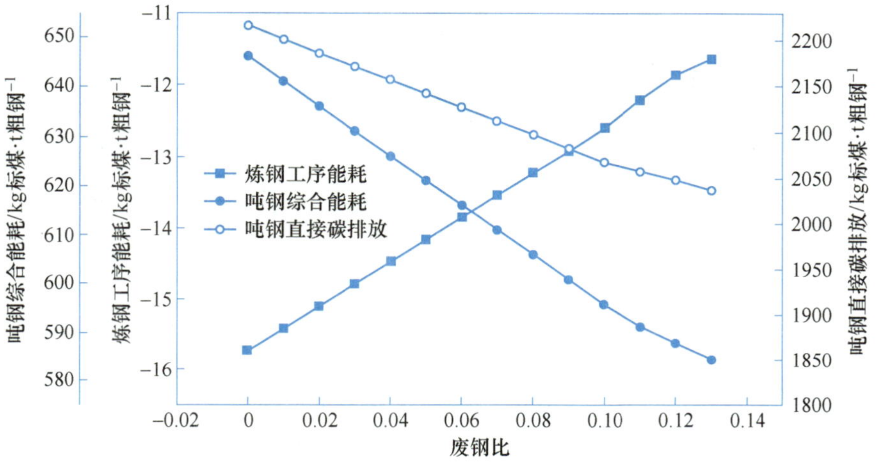

图3-20 转炉废钢比对系统能耗及其他工序的影响

B 能量流参数的影响

钢铁生产系统中部分参数会直接影响到能量网络，尤其是煤气网络的变化。下面分别选取焦化工序的成焦率、焦炭灰分，炼铁工序的热风风温以及热轧工序的钢坯入炉温度进行分析。

a 焦化配煤

焦炭是由多种煤粉配合干馏而成，配煤的主要影响来自不同煤粉的化学成分含量以及煤粉的干馏特性。焦化过程中，煤会干馏生成焦炉煤气和焦炭两种物质，这两种物质的生成量由成焦率决定。全焦率为统计期内焦炭产量与入炉煤炭数量的比值，决定了焦炭和焦炉煤气的产量。通过调整配合煤的成焦率，可以控制焦炉煤气的生成量。

以焦炭灰分为7.5%曲线为例，当成焦率从0.815提高至0.830时，吨钢综合能耗从618.36 kg标煤/t粗钢下降至611.67 kg标煤/t粗钢。此外，焦化工序能耗从108 kg标煤/t焦炭下降至89.06 kg标煤/t焦炭。成焦率每提高0.001，吨钢综合能耗下降0.45 kg标煤/t粗钢，焦化工序能耗下降1.26 kg标煤/t焦炭。

另外，焦炭的灰分同样也可以影响配煤，进而影响能耗与排放。当成焦率为0.820时，随着灰分从8%下降至7%，吨钢综合能耗从618.51 kg标煤/t粗钢下降至613.71 kg标煤/t粗钢。从焦化工序能耗的角度来看，提升煤粉的成焦率能大幅降低工序能耗。从全局的角度上，由于炼焦工序能耗在吨钢综合能耗中的占比较低，其影响力并不高。如

图 3-21 所示，配煤优化入选煤粉种类与用量并不随着灰分变化呈现明显的规律性。

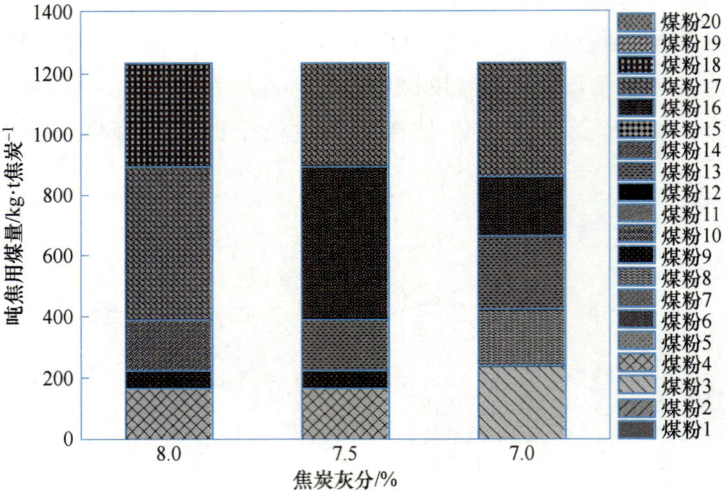

图 3-21 彩图

图 3-21 不同焦炭灰分下煤粉配比情况

b 热风风温

高炉热风通过热风炉在蓄热室里燃烧煤气与空气换热得到。案例企业中热风炉是顶燃式类型，提高热风风温的方式有两种，一种是提高燃烧技术，在不改变燃料量的情况下提高风温，需要调整热风炉内部参数，如改善燃烧环境，提高蓄热材料性能等；另一种是增加燃料投入量，采用高焦混合气进行燃烧供热。本模型中实现提高热风炉风温的方式是增加燃料投入量。由于高炉煤气的热值普遍偏低，在热风炉中的理论燃烧温度通常只能达到 1300 ℃，考虑到热风炉结构和 8% 的热损失，纯燃高炉煤气能达到的风温最高约为 1200 ℃，而掺烧一定量的焦炉煤气，可以使得理论燃烧温度提高。如图 3-22 所示，通过燃烧

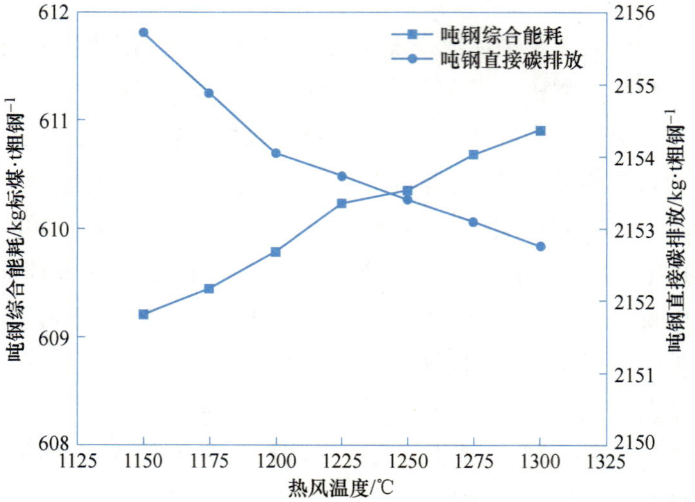

图 3-22 热风风温对高炉系统的影响

不同比例的高焦混合气，使得获得的高炉热风风温从 1150 ℃提高至 1300 ℃，吨钢综合能耗由 609. 20 kg 标煤/t 粗钢上升到 610. 91 kg 标煤/t 粗钢。可以看出，采用增加燃料投入量的方式提高热风炉的风温，会导致吨钢综合能耗略微增加，这是由于提高热风炉风温降低了焦比，但是无法弥补提高燃气量所带来的炼铁能耗的增加。因此，应采用技术改进的方式提高热风炉风温，做到同时节能与减排。

c 连铸坯温降

钢铁生产过程中，存在着不同的生产节奏，焦化、烧结、炼铁工序的生产是连续的，而炼铁-炼钢、炼钢-连铸、连铸-轧制工序之间，由于各个工序的生产时长不同，每个工序存在着不同的生产节奏，节奏的变化导致物质的流动出现不连续和等待的情况。上述界面中，物质流具有巨大显热，炼铁工序出厂铁水温度高达 1400 ℃，炼钢工序出厂钢水温度高达 1650 ℃。由于需要维持液相才能使生产顺利进行，这两个界面间的保温节能措施较好。在连铸-热轧工序界面，铁素流被分切成体量更小的钢坯，钢坯的表面积更大，散失的热量更多，加剧了温度的下降和显热的流失。

从连铸工序产出的钢坯，温度可高达 800 ℃；由于轧制过程生产节奏，钢坯在外等待时温降可达 400 ℃。设置钢坯入炉温度为 800 ℃、600 ℃和 400 ℃对系统进行优化，优化结果如表 3-7 所示，随着钢坯温度下降，热轧工序能耗从 52. 69 kg 标煤/t 粗钢提高至 64. 45 kg 标煤/t 粗钢，吨钢综合能耗从 603. 65 kg/t 粗钢提升至 615. 13 kg/t 粗钢。钢坯入炉温度每下降 100 ℃，吨钢综合能耗提升 2. 87 kg 标煤/t 粗钢。可以发现，钢坯温降对于工序能耗与系统能耗的影响相似，这是由于钢坯温度改变更多的影响工序能耗而不影响物质流动的稳定。

表 3-7 连铸坯入炉温度变化对工序与全局能耗的影响

入炉钢坯温度 /℃	热轧工序能耗 /kg 标煤 · t 粗钢$^{-1}$	吨钢综合能耗 /kg 标煤 · t 粗钢$^{-1}$
400	64. 45	615. 13
600	58. 57	609. 31
800	52. 69	603. 65

综上分析可以得出，通过提高废钢比与热轧成材率，降低烧结、焦化、炼铁工序的钢比系数，可对钢铁生产流程有效节能降耗。

思 考 题

3-1 设备层级热效率及㶲效率分析的内在联系及差别是什么？它们的优点和弊端分别是什么？

3-2 工序和界面层面能效提升对钢铁生产系统能效提升作用规律是什么？它们之间的内在联系是什么？

参考文献

[1] 马琼. 高炉炼铁生产［M］. 北京：北京理工大学出版社，2014：1-13.

[2] 魏子清. 钢铁生产流程能源利用与 CO_2 减排优化建模及其影响因素分析［D］. 沈阳：东北大学，2018.

[3] 郦秀萍，张春霞，张旭孝，等. 高炉-转炉区段工艺技术界面模式发展综论［J］. 过程工程学报，2006（z1）：118-122.

[4] 李子阳. 铁钢界面增效降耗分析与解决方案［J］. 冶金自动化，2024，48（S1）：367-370.

[5] 潘苗苗，韩伟刚，石焱，等. 铁钢界面铁水温降行为的研究现状［J］. 河北冶金，2023，11：1-6.

[6] 周继程，张春霞，丁毅，等. 马钢高炉炼铁工序能耗预测模型［J］. 钢铁研究学报，2011，23（2）：30-34.

[7] 王维兴，李忠. 高炉炼铁能耗与节能分析［J］. 中国钢铁业，2007（2）：16-18.

[8] 袁喻兴. 典型钢铁生产系统能耗与成本优化及分析［D］. 沈阳：东北大学，2021.

[9] NA H，SUN J，QIU Z，et al. Optimization of energy efficiency，energy consumption and CO_2 emission in typical iron and steel manufacturing process［J］. Energy，2022，257：124822.

[10] NA H，SUN J，QIU Z，et al. A novel evaluation method for energy efficiency of process industry—A case study of typical iron and steel manufacturing process［J］. Energy，2021，233：121081.

[11] YUAN Y，NA H，CHEN C，et al. Status，challenges，and prospects of energy efficiency improvement methods in steel production：A multi-perspective review［J］. Energy，2024：132047.

[12] NA H，SUN J，YUAN Y，et al. Theoretical energy consumption analysis for sustainable practices in iron and steel industry［J］. Metals，2024，14（5）：563.

[13] 蔡九菊. 关于冶金流程的能效与能耗问题及其计算方法［J］. 河北冶金，2023，6：1-8.

[14] 杜涛. 推进极致能效工程实现钢铁工业降本增效［J］. 冶金经济与管理，2023，5：1.

[15] 邢奕，耿孟达，叶凯航，等. 钢铁企业高能效低碳发展分析［J］. 能源环境保护，2023，37（1）：102-114.

[16] 那洪明. 典型钢铁生产流程能效及碳排放研究［D］. 沈阳：东北大学，2022.

[17] 袁喻兴，闫天一，那洪明，等. 炼铁系统能耗和成本的集成优化及分析［J］. 中国冶金，2022，32（1）：97-103.

[18] 刘征建，王家保，张建良，等. 高炉能耗现状及降耗技术展望［J］. 钢铁研究学报，2023，35（1）：1-10.

[19] 邢奕，耿孟达，叶凯航，等. 钢铁企业高能效低碳发展分析［J］. 能源环境保护，2023，37（1）：102-114.

[20] NA H，DU T，SUN W，et al. Review of evaluation methodologies and influencing factors for energy efficiency of the iron and steel industry［J］. International Journal of Energy Research，2019，43（11）：5659-5677.

[21] ZHANG L, NA H, YUAN Y, et al. Integrated optimization for utilizing iron and steel industry's waste heat with urban heating based on exergy analysis [J]. Energy Conversion and Management, 2023, 295: 117593.

[22] 杜涛, 蔡九菊, 李亚军, 等. 炼铁-炼钢界面温降与节能模式分析 [J]. 钢铁, 2008, 43 (12): 83-86.

4 钢铁工业碳排放核算方法及分析

4.1 钢铁工业碳的主要来源

碳源，是指向大气中释放碳的过程、活动或机制。根据来源不同，碳源可分为自然碳源和人为碳源两大类。在钢铁工业中，化石燃料的燃烧是碳排放的最大来源，包括煤、石油和天然气。根据国际能源署（IEA）的数据，化石燃料燃烧占全球二氧化碳排放的约75%。具体来说，电力和热力生产、交通运输和工业生产是主要的排放源，这部分碳排放就是人为碳源的主要构成部分。此外，钢铁工业的碳源不仅来源于化石燃料的燃烧，还涉及多种复杂的工业过程（如高炉炼铁中的 CO_2 排放）和能源使用。

钢铁生产过程碳源不仅包括生产过程中的直接碳排放，还包括与钢铁生产相关的上游活动（如原料开采、运输）和下游活动（如产品使用、废弃物处理）中的碳排放，具体涉及以下环节。

（1）原料采集。原料采集是钢铁生产的第一步，主要涉及铁矿石、焦炭和煤等原材料的开采和加工。在这个过程中，化石燃料的燃烧和设备的运行都会产生温室气体排放。此外，原料的开采还会破坏地表植被，导致土壤侵蚀和碳储存的丧失，进一步加剧温室气体的排放。

（2）炼铁过程。炼铁是钢铁生产的核心环节之一，在这个过程中，铁矿石在高温下被还原成铁水，同时产生大量的炉渣和废气。炉渣和废气中含有大量的二氧化碳、一氧化碳和甲烷等温室气体。此外，炼铁过程中还需要消耗大量的焦炭和煤作为还原剂和燃料，这些燃料的燃烧也会产生大量的温室气体排放。

（3）炼钢过程。炼钢是将铁水转化为钢材的过程，在这个过程中，铁水中的杂质被去除，同时加入合金元素以改善钢材的性能。炼钢过程中产生的废气同样含有大量的温室气体。此外，炼钢还需要消耗大量的电力和氧气等能源和原材料，这些也会产生间接的温室气体排放。

（4）轧钢过程。轧钢是将冶炼好的钢材加工成各种形状和尺寸的过程，虽然轧钢过程本身产生的温室气体排放相对较少，但轧钢过程中所需的电力和润滑剂等原材料的开采、运输和加工过程都会产生间接的温室气体排放。

（5）运输和使用。钢铁产品的运输和使用过程同样会产生温室气体排放，钢铁产品的运输通常涉及公路、铁路和海运等多种方式，这些运输方式都会产生化石燃料的燃烧排放。此外，钢铁产品在使用过程中，如建筑、汽车、机械等，也会因为能源的消耗和设备的运行而产生温室气体排放。

（6）废弃物处理。钢铁产品的废弃物处理同样是一个重要的排放源，废弃的钢铁产品需要进行拆解、回收和处理，这些过程中都会产生温室气体排放。如果废弃的钢铁产品没有得到有效的回收和利用，而是被填埋或焚烧处理，那么这些处理过程也会产生大量的温室气体排放。

4.2 钢铁工业碳排放核算方法

碳核算，也称为温室气体（GHG）核算，是指按照科学方法和标准，对组织或产品在整个生命周期中的碳排放进行量化、报告和验证的过程。它涉及收集活动数据、应用碳排放因子、计算碳排放量，并对结果进行验证和报告。

对于钢铁企业而言，碳核算是指按照相关标准，对企业范围内的碳排放相关参数进行收集、统计、记录，并将所有排放相关数据进行计算、累加，从而得到企业温室气体排放总量的一系列活动。在钢铁工业的碳排放核算中，又可以将其分为广义碳核算方法和狭义碳核算方法，它们在核算范围、优劣势及应用等方面存在差别，见表4-1。

表4-1 广义碳核算方法与狭义碳核算方法比较

核算方法	核算范围	优势	劣势	应用
广义碳核算方法	原料的开采、运输、生产加工、使用、废弃、回收利用等包括全生命周期或半生命周期的碳排放	（1）核算范围广； （2）可系统、全面地分析碳排放规律	（1）数据采集困难； （2）核算方法难度大； （3）不同过程能源利用过程需不同碳排放估算	核算过程及结果包括多个单位主体，用于产品碳足迹的核算，是国际上普遍认同的碳核算方法
狭义碳核算方法	生产加工阶段碳排放量，包括直接碳排放，也包括间接碳排放	（1）数据采集难度小； （2）核算方法简单； （3）适合企业内部核算及基准线比较	不能反映产品的全过程排放	适用于组织/企业碳排放核算

碳核算不仅可以直接量化碳排放的数据，还可以通过分析各环节碳排放，找出潜在的减排环节和方式，它对碳中和目标的实现、碳交易市场的运行至关重要。此外，碳核算还有助于企业了解自身的碳排放情况，制定科学合理的减排策略，增强企业的环保意识和责任感。

4.2.1 排放因子法

4.2.1.1 基本概念

（1）排放因子法是目前适用范围最广、应用最为普遍的一种碳核算办法，有成熟的核算公式、活动数据和排放因子数据库，且有大量的应用实例可供参考，但在排放系统自身较为复杂或多变的情况下处理能力相对较差。

该方法通过收集和分析国家及地区在能源使用、工业活动、土地利用等领域的详细数据，来估算总排放量。对于钢铁企业而言，IPCC（联合国政府间气候变化专门委员会）要求企业详细记录燃料消耗（如煤炭、焦炭、天然气等）、原材料投入（如铁矿石、废钢等）、生产过程（如烧结、炼铁、炼钢、轧钢等）中的能源使用情况和排放情况。企业需根据 IPCC 提供的排放因子（即单位活动产生的温室气体排放量）计算各环节的排放量，最终汇总得到企业的总排放量。IPCC 中部分碳排放因子数据见表 4-2。

表 4-2 IPCC 数据库中部分碳排放因子

排放源类别	燃料类别	碳排放因子/t CO_2 · t^{-1}
原煤	焦炭	3.14
	无烟煤	3.09
	褐煤	1.69
燃料油	原油	2.76
	柴油	2.73
燃料气	天然气	2.09
	高炉煤气	0.78
	焦炉煤气	0.93

（2）计算公式。根据 IPCC 提供的碳核算基本方程：

$$温室气体(GHG)排放 = 活动数据(AD) \times 排放因子(EF)$$

式中，AD 为导致温室气体排放的生产或消费活动的活动量，如每种化石燃料的消耗量、石灰石原料的消耗量、净购入的电量、净购入的蒸汽量等；EF 为与活动水平数据对应的系数，包括单位热值含碳量或元素碳含量、氧化率等，表征单位生产或消费活动量的温室气体排放系数。EF 既可以直接采用 IPCC、美国环境保护署、欧洲环境机构等提供的已知数据（即缺省值），也可以基于代表性的测量数据来推算。

（3）适用范围。IPCC 的碳核算方法优点在于其科学性和权威性，能够全面反映企业的碳排放情况。但该方法对数据要求较高，需要企业具备完善的能源计量和排放监测体系，且排放因子的选择和使用须具备一定的专业知识。该方法适用于国家、省份、城市等较为宏观的核算层面，可以粗略地对特定区域的整体情况进行宏观把控。但在实际工作中，由于地区能源品质差异、机组燃烧效率不同等原因，各类能源消费统计及碳排放因子测度容易出现较大偏差，成为碳排放核算结果误差的主要来源，主要适用于排放源较为稳定、简单的情况。排放因子法由于适用场景广泛、实施难度较小，因此是现在主流的估算温室气体排放量的方式。

4.2.1.2 碳排放因子

碳排放因子，也被称为碳排放系数，是一个衡量在特定活动或生产过程中每单位活动量所排放的二氧化碳量的指标。这一指标通常以单位活动量来表示，例如：每千克燃料、每千瓦时电力或每吨生产的产品等。通过这一指标，我们可以量化不同活动或过程的碳排放强度，从而更准确地评估其对环境的影响。

A 碳排放因子的分类

作为碳排放核算工作中不可或缺的重要概念，准确确定碳排放因子是进行有效碳核算的基础。当前研究中，碳排放因子作为量化产品和服务对环境影响的代表性值，可以分为直接排放因子和间接排放因子，两者在计算温室气体排放量时的作用和应用场景有所不同。

（1）直接排放因子。直接排放因子是指统计直接向大气中物理释放的排放物，直接排放因子可以用于计算某工厂燃烧煤炭产生的二氧化碳排放量，通常直接基于活动本身的数据，例如燃料的燃烧、化学反应过程等。

（2）间接排放因子。间接排放因子用于估算活动产生的排放，但这些排放实际上发生在与原始活动相关的中间活动中。例如，电网排放因子就是一种典型的间接排放因子，它估算电厂向客户供电所产生的排放。

B 碳排放因子在碳排放核算工作中的重要性

碳排放因子在碳排放核算工作中具有不可替代的重要性，具体体现在以下几个方面。

（1）准确性。碳排放因子的准确性直接关系到碳排放核算结果的准确性，如果排放因子不准确，那么计算出的碳排放量也将失去意义。因此，需要确保排放因子的数据来源可靠、计算方法科学。

（2）可比性。碳排放因子使得不同活动或过程的碳排放量具有可比性，通过比较不同活动或过程的碳排放因子，可以评估其环境影响的大小，从而制定更加科学的减排措施。

（3）政策制定。碳排放因子为政策制定者提供了重要的数据支持，通过了解不同活动或过程的碳排放特性，政策制定者可以制定更加精准的减排政策，以推动全球低碳经济的发展。

（4）市场机制。在碳交易市场中，碳排放因子是确定碳配额和碳价格的重要依据。通过了解不同活动或过程的碳排放因子，市场参与者可以更加准确地评估碳资产的价值，从而做出更加理性的投资决策。

4.2.2 质量平衡法

质量平衡法，又叫投入产出法，核心原理是根据化学反应原理和物料守恒定律，对进入和离开过程的所有物质流进行跟踪和计量。其计算公式为：

$$CO_2\text{ 排放量} = (\text{原料投入量} \times \text{原料碳含量} - \text{产品产出量} \times \text{产品碳含量} - \text{废物输出量} \times \text{废物碳含量}) \times \frac{44}{12}$$

在此基础上，可以计算出系统的总碳排放量。质量平衡法主要有两种应用：

（1）温室气体在经过一定时间或过程之后，前后质量发生了变化。这种情况下，可以通过质量差异来估算出温室气体的排放量，并应用相应的GWP（温室效应潜力）值计算出该过程所产生的二氧化碳当量。

（2）在农业、林业和其他土地利用的过程中，通过估算碳在一定时间内的变化（增加或者减少），进而计算出该过程所产生的二氧化碳当量。

二者相比，由于非现场实测时采样气体会发生吸附反应、解离等问题，现场测量的准确性要明显高于非现场测量。实测法应用历史较长，方法缺陷小，但数据获取最为困难，因此应用范围相较于前面两种方法更为狭窄，主要适用于小区域下简单生产的碳排放源或有能力获取第一手监测数据的自然排放源。

4.2.3 实测法

实测法基于排放源实测基础数据，通过汇总得到相关碳排放量。实测法依靠实际测算，暂无计算公式，主要包括两种具体方法，即现场测量和非现场测量。

（1）现场测量一般是在烟气排放连续监测系统（CEMS）中搭载碳排放监测模块，通过连续监测浓度和流速直接测量其排放量。

（2）非现场测量是通过采集样品送到有关检测部门，利用专门的检测设备和技术进行定量分析。

4.2.4 不同核算方法的比较

通过上述介绍，能够发现以上三种不同核算方法都拥有独特的理论基础和适用场景，同时也伴随着相应的实施挑战和局限性。如何根据具体需求和条件选择最合适的核算方法，对决策者、研究者和实践者都至关重要。表4-3对三种碳核算方法进行了比较分析。

表4-3 三种碳排放核算方法的比较

方 法	方法特点	化石燃料燃烧排放计算所需数据	工业过程排放计算所需数据
排放因子法	相对简单，易于操作，对数据要求不高，计算结果不确定性较高	（1）燃料量数据； （2）缺省排放因子	（1）不同类型炼钢过程的钢产量、未转换为钢的生铁量、直接还原铁数量； （2）缺省排放因子
质量平衡法	较为复杂，对数据和技术要求较高，计算结果更为准确	（1）燃料量数据； （2）特定国家排放因子和各种气体燃料	（1）钢铁生产、熔渣生产、锌块生产和直接还原铁生产过程的材料使用量； （2）其他过程投入和产出； （3）各材料的发热值和含碳量
实测法	工作量大，费用高，且很多数据难以测定，计算结果较为准确	（1）每种技术类型燃烧的燃料量； （2）按燃料和技术类型给出的温室气体（GHG）排放因子	（1）炼铁或炼钢设施中获得的实际测量的CO_2排放数据； （2）各过程材料及产品的特定工厂活动数据、特定工厂各材料的发热值和含碳量

在实际碳排放工作选择碳核算方法时，需综合考虑核算目的、数据可获得性、精度要求及成本预算。若需快速获取宏观层面的碳排放概况，且对数据精度要求不高，可采用排放因子法；若需精确评估特定设施或工艺流程的碳排放，且能获取详细数据，则质量平衡法更为合适；若追求高精度、实时性的碳排放数据，且预算充足，实测法将是最佳选择。

4.3 不同组织的碳排放核查

在全球气候变化和环境保护日益受到重视的背景下，钢铁企业的碳排放核算成为衡量其环境影响、制定减排策略及参与碳交易市场的关键环节。IPCC（政府间气候变化专门委员会）、IEA（国际能源署）、CDP（碳信息披露项目）和ICAP（国际碳行动伙伴）等世界主要组织开展了多种碳排放核查工作，本节将对主要组织的碳排放核查工作进行分析讨论。

4.3.1 IPCC

IPCC是联合国框架下负责评估气候变化科学的权威机构，其提出的温室气体清单（GHG Inventory）方法是全球公认的碳排放核算标准。IPCC在1997年和2000年分别发布了《1996年IPCC国家温室气体清单指南修订本》和《国家温室气体清单优良作法指南和不确定性管理》。在《1996年IPCC国家温室气体清单指南修订本》中，IPCC主要使用了排放因子法来进行温室气体估算。后续，在《2006年IPCC国家温室气体清单指南》中IPCC介绍了质量平衡法，还提到通过持续排放监测来测量、计算排放因子或者温室气体的排放量。

4.3.1.1 IPCC碳核算边界

IPCC的核算边界通常关注国家层面的碳排放，其核算范围广泛，涵盖了多个领域。具体来说，IPCC的核算边界包括：

（1）能源部门，包括燃料燃烧和燃料的逃逸排放等子类，是碳排放的主要来源之一。

（2）工业过程和产品使用，涵盖采矿业、化学工业、金属工业、电子工业等多个行业，以及碳卤化合物和六氟化硫的生产和消费等。

（3）农业、林业和其他土地利用，包括畜牧、土地、土地上累积源等，这些领域的碳排放和碳吸收对全球碳循环具有重要影响。

（4）废弃物，包括固体废弃物填埋处理、生物处理、焚烧和露天燃烧、废水处理等，这些活动也会产生温室气体排放。

IPCC的核算方法侧重于对这些领域的全面数据收集与分析，以估算总排放量，并强调科学性和权威性。

4.3.1.2 IPCC碳核算的特点

（1）科学性和准确性。IPCC的碳核算方法基于科学原理和实证研究，确保了核算结果的准确性和可靠性，其提供的排放因子、计算方法等均为全球公认的权威标准。

（2）全面性和系统性。IPCC 的碳核算方法涵盖了各种温室气体和排放源，确保了对碳排放的全面监测和报告。同时，其核算体系也具有系统性，能够清晰地反映碳排放的来源和去向。

（3）灵活性和可扩展性。IPCC 的碳核算方法具有一定的灵活性和可扩展性，能够适应不同国家和行业的特点和需求。各国和行业可以根据实际情况选择适用的核算方法和排放因子，确保核算结果的准确性和可比性。

（4）国际认可度高。IPCC 是全球气候变化领域的权威机构，其发布的指南和方法在国际上具有很高的认可度。采用 IPCC 的核算方法和报告标准，有助于各国在国际气候变化谈判和合作中取得共识和信任。

4.3.2 IEA

IEA 以能源消耗为基础，结合活动数据和排放因子进行核算，旨在准确评估全球和各国的温室气体排放量，特别是能源相关的排放。这种方法简单易行，适用于钢铁企业等能源消耗量大的行业，但可能忽略了一些细节因素。

4.3.2.1 IEA 碳核算边界

IEA 的碳核算边界主要涉及交通运输行业和能源领域的温室气体排放。

（1）交通运输行业。IEA 对于交通运输行业的温室气体排放核算边界与 IPCC 一致，具体来说，核算边界包括航空、道路、铁路、水路和其他运输过程中产生的排放。其中，国际航空和国际水运产生的温室气体排放会被单独进行核算。IEA 统计各国在本国领土境内运输货物或人员所使用的燃料和电力能耗，但温室气体仅核算 CO_2 的排放量。国际海运和国际航空的 CO_2 排放量仅在全球水平上呈现，排除在各国交通运输排放的核算中。

（2）能源领域。在能源领域，IEA 的核算边界包括电力热力、对外供给的电力热力生产、其他能源工业自用、制造业和建筑业、交通以及其他方面的排放，这涵盖了能源排放和逃逸性排放等多个方面。

此外，IEA 在其排放因子数据库中提供了详细的电力排放因子核算规则，这些规则涉及热电联产机组的碳排放分摊、电量上网情况的处理等多个方面。这些规则为各国和地区提供了统一的核算标准和方法，有助于更准确地评估能源领域的温室气体排放量。

4.3.2.2 IEA 碳核算的特点

（1）全面性。IEA 的碳核算方法涵盖了能源生产、转换、运输、使用和排放等各个环节，确保了对全球及各国温室气体排放量的全面评估，不仅关注化石燃料的燃烧排放，还关注工业生产过程、农业、林业等领域的排放，以及电力和热力等间接排放，从而提供了一个完整的碳排放核算框架。

（2）准确性。IEA 在碳核算过程中，注重数据的准确性和可靠性。通过采用科学的方法和先进的技术手段，能够确保核算结果的准确性和精度，还会定期对核算方法进行更新和改进，以适应不断变化的气候和能源形势。

（3）透明度。IEA 在碳核算过程中，注重数据的透明度和公开性，会定期发布全球及各国的温室气体排放数据报告，供国际社会参考和评估。同时，也会积极与其他国际组织和国家进行交流和合作，共同推动全球碳排放核算工作的进展。

4.3.3 CDP

CDP 基于企业披露的数据，致力于推动企业披露其温室气体排放和水资源利用情况，以评估气候变化和水资源带来的机遇与挑战，并建立减排目标、改善绩效。这有助于全面了解企业的碳排放情况，并促进企业的碳减排工作。

4.3.3.1 CDP 碳核算边界

CDP 的碳排放核算边界通常涵盖了企业运营过程中产生的所有直接和间接温室气体排放，这包括但不限于：

（1）直接排放，是指企业运营过程中直接产生的温室气体排放，如化石燃料的燃烧、工业过程的排放等。

（2）间接排放，是指企业使用的能源在生产过程中产生的温室气体排放，如外购电力或蒸汽的生产过程中产生的排放。

4.3.3.2 CDP 碳核算的特点

（1）可持续性。CDP 不仅关注企业的碳排放量，还关注企业采取的减碳措施和未来的可持续发展计划，有助于企业实现可持续发展目标。

（2）可比性。CDP 的碳核算结果可以在全球范围内进行比较，有助于企业了解其在碳排放方面的表现，并为其客户提供更加环保的产品和服务。

（3）可追溯性。CDP 的碳核算数据都有据可查，可以追溯到具体的排放源和时间节点，保证了数据的真实性和可信度。

（4）企业配合度影响很大。该方式依赖于企业的自觉披露和数据的准确性，对于那些缺乏环保意识和责任感的企业来说，不愿意充分披露其碳排放信息，这会影响 CDP 的整体效果和公信力。

4.3.4 WSA

WSA（世界钢铁协会）作为全球钢铁行业的重要组织，致力于推动钢铁行业的可持续发展和低碳转型，通过制定和推广碳排放核查方法，为会员单位提供了科学的指导和支持。WSA 采用的碳排放核查方法主要基于国际公认的核算标准和指南，如《IPCC 国家温室气体清单指南》和《中国钢铁生产企业温室气体排放核算方法与报告指南（试行）》等。

4.3.4.1 WSA 碳核算边界

WSA 聚焦于钢铁行业，主要关注钢铁企业或钢铁集团内部的独立核算。例如在核算时，关注以下集中系统的碳排放：

（1）直接生产系统，包括钢铁冶炼、轧制等直接生产过程中的碳排放。

（2）辅助生产系统，如能源供应、水处理等支持直接生产过程的系统所产生的碳排放。

（3）直接为生产服务的附属生产系统，如设备维护、原料储存等间接支持生产的系统所产生的碳排放。

4.3.4.2 WSA 碳核算的特点

（1）行业针对性强。WSA 的碳排放核查方法专门针对钢铁行业制定，充分考虑了钢铁生产的特点和碳排放源，具有高度的行业针对性和实用性。

（2）全面性和准确性。核算边界广泛，涵盖了钢铁生产全过程的碳排放源，确保了核算结果的全面性和准确性。同时，采用科学的核算方法和数据收集方式，提高了核算的精确性。

（3）推动低碳转型。通过碳排放核查，帮助企业了解自身的碳排放情况，识别减排潜力，制定减排措施，推动钢铁行业向低碳、环保、可持续的方向发展。

（4）促进国际合作与交流。WSA 通过推广其碳排放核查方法，促进了国际钢铁行业在碳排放管理方面的合作与交流，共同推动全球钢铁行业的低碳转型。

4.3.5 《中国钢铁生产企业温室气体排放核算方法与报告指南（试行）》

基于国家发展和改革委员会发布的《中国钢铁生产企业温室气体排放核算方法与报告指南（试行）》，碳排放核算应包括其所有设施和业务产生的温室气体排放。设施和业务范围包括直接生产系统、辅助生产系统，以及直接为生产服务的附属生产系统。其中，辅助生产系统包括动力、供电、供水、化验机修、库房、运输等，附属生产系统包括生产指挥系统（厂部）与厂区内为生产服务的部门和单位（如职工食堂、车间浴室、保健站等）钢铁生产企业温室气体排放及核算边界，如图 4-1 所示。

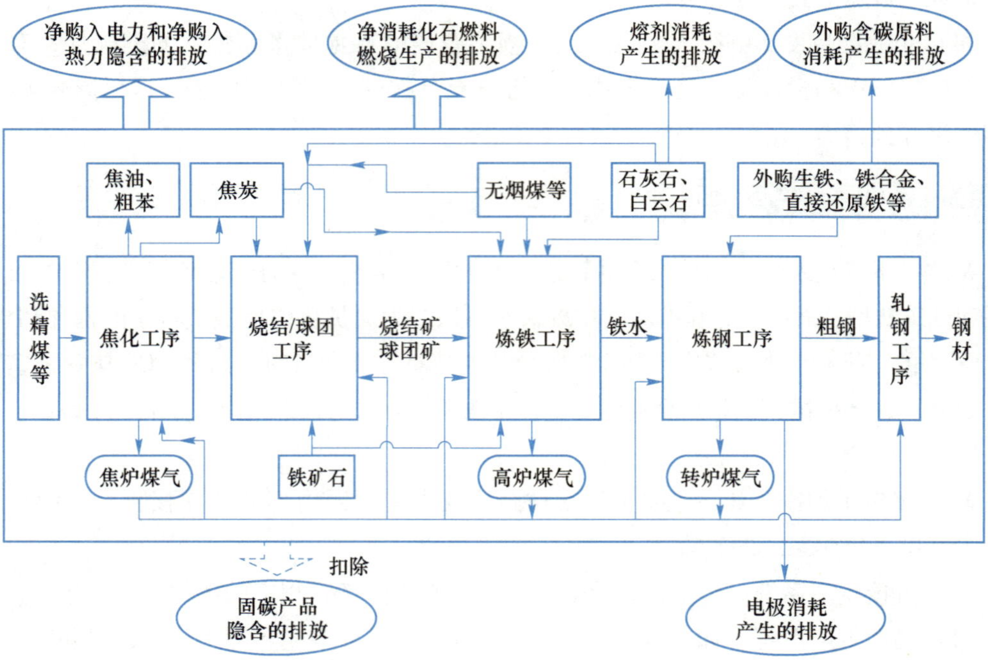

图 4-1 钢铁生产企业温室气体排放及核算边界

4.3.5.1 化石燃料燃烧碳排放

钢铁生产过程中，化石燃料的燃烧是碳排放的主要来源，这些燃料包括煤炭、焦炭、燃油等。在高炉炼铁、烧结、焦化工序中，煤炭和焦炭的燃烧产生大量的二氧化碳。例如，高炉炼铁工序中，燃煤和用副产煤气的炉窑会产生大量的二氧化碳排放。焦炭作为还原剂，在高炉中燃烧产生高温还原性气体，这一过程也是碳排放的重要来源。

计算公式如下：

$$E_{燃烧} = \sum_{i=1}^{n} AD_i \times EF_i \tag{4-1}$$

式中，$E_{燃烧}$为核算和报告期内净消耗化石燃料燃烧产生的二氧化碳排放量，t CO_2；AD_i 为核算和报告期内第 i 种化石燃料的活动水平，GJ；EF_i 为第 i 种化石燃料的二氧化碳排放因子，t CO_2/GJ；i 为净消耗化石燃料的类型。

核算和报告期内第 i 种化石燃料的活动水平 AD，按式（4-2）计算。

$$AD_i = NCV_i \times FC_i \tag{4-2}$$

式中，NCV_i 为核算和报告期第 i 种化石燃料的平均低位发热量，固体或液体燃料的单位为 GJ/t，气体燃料的单位为 GJ/万 m^3；FC_i 为核算和报告期内第 i 种化石燃料的净消耗量，固体或液体燃料的单位为 t，气体燃料的单位为万 m^3。

化石燃料的二氧化碳排放因子按式（4-3）计算。

$$EF_i = CC_i \times OF_i \times \frac{44}{12} \tag{4-3}$$

式中，CC_i 为第 i 种化石燃料的单位热值碳含量，t C/GJ；OF_i 为第 i 种化石燃料的碳氧化率，%。

4.3.5.2 工业生产过程排放

钢铁工业生产过程中，除了燃料燃烧外，还存在一些化学反应和物理过程，这些过程也会产生碳排放。例如，烧结工序中，固体燃耗（主要是煤炭）在烧结机中燃烧，产生二氧化碳排放。此外，焦化工序中，洗精煤经过粉碎后被推入焦炉中进行干馏，焦炉加热的燃料主要来自焦炉煤气或高炉煤气的燃烧，这也是碳排放的重要来源。

计算公式如下：

工业生产过程中产生的二氧化碳排放量按式（4-4）~式(4-7）计算。

$$E_{过程} = E_{熔剂} + E_{电极} + E_{原料} \tag{4-4}$$

熔剂消耗产生的二氧化碳排放为：

$$E_{熔剂} = \sum_{i=1}^{n} P_i \times EF_i \tag{4-5}$$

式中，$E_{熔剂}$为熔剂消耗产生的二氧化碳排放量，t CO_2；P_i 为核算和报告期内第 i 种熔剂的净消耗量，t；EF_i 为第 i 种熔剂的二氧化碳排放因子，t CO_2/t 熔剂；i 为消耗熔剂的种类（白云石、石灰石等）。

电极消耗产生的二氧化碳排放为：

$$E_{电极} = P_{电极} + EF_{电极} \tag{4-6}$$

式中，$E_{电极}$为电极消耗产生的二氧化碳排放量，t CO_2；$P_{电极}$为核算和报告期内电炉炼钢及精炼炉等消耗的电极量，t；$EF_{电极}$为电炉炼钢及精炼炉等所消耗电极的二氧化碳排放因子，t CO_2/t 电极。

外购生铁等含碳原料消耗而产生的二氧化碳排放为：

$$E_{原料} = \sum_{i=1}^{n} M_i \times EF_i \tag{4-7}$$

式中，$E_{原料}$为外购生铁、铁合金、直接还原铁等其他含碳原料消耗而产生的二氧化碳排放量，t CO_2；M_i 为核算和报告期内第 i 种含碳原料的购入量，t；EF_i 为第 i 种购入含碳原料的二氧化碳排放因子，t CO_2/t 原料；i 为外购含碳原料类型（如生铁、铁合金、直接还原铁等）。

4.3.5.3 净购入使用的电力、热力产生的碳排放

钢铁企业在生产过程中，除了自产电力外，还需要外购电力。这些电力主要来源于电网，而电网中的电力大多来自化石能源发电（如煤炭、油气）。数据显示，钢铁企业外购电力占总能耗的比重为5%~6%。在中国的发电结构中，以煤炭、油气为主的化石能源发电占比高达71%，是外购电力碳排放的主要来源。此外，企业净购入热力（如蒸汽）隐含产生的二氧化碳排放也不可忽视，同电力一样，该部分碳排放实际发生在电力、热力生产企业。

计算公式如下：

净购入使用的电力、热力（如蒸汽）隐含产生的二氧化碳排放量按式（4-8）计算。

$$E_{电和热} = AD_{电力} \times EF_{电力} + AD_{热力} \times EF_{热力} \tag{4-8}$$

式中，$E_{电和热}$为净购入使用的电力、热力隐含产生的二氧化碳排放量，t CO_2；$AD_{电力}$、$AD_{热力}$分别为核算和报告期内净购入电量和热力量（如蒸汽量），MW · h 或 GJ；$EF_{电力}$、$EF_{热力}$分别为电力和热力（如蒸汽）的二氧化碳排放因子，t CO_2/(MW · h) 或 t CO_2/GJ。

4.3.5.4 固碳产品隐含的碳排放

钢铁生产过程中，一些固碳产品（如钢铁产品本身）在生产过程中隐含了碳排放，这些碳排放主要来源于原材料的生产、加工和运输过程。例如，铁矿石的开采、运输和冶炼过程都会产生碳排放。此外，钢铁产品的使用和废弃处理过程中，也会产生碳排放。

计算公式如下：

固碳产品所隐含的二氧化碳排放量按式（4-9）计算。

$$R_{固碳} = \sum_{i=1}^{n} AD_{固碳} \times EF_{i固碳} \tag{4-9}$$

式中，$R_{固碳}$为固碳产品所隐含的二氧化碳排放量，t CO_2；$AD_{固碳}$为第 i 种固碳产品的产量，t；$EF_{i固碳}$为第 i 种固碳产品的二氧化碳排放因子，t CO_2/t；i 为固碳产品的种类（如粗钢、甲醇等）。

4.3.6 不同组织碳核算的区别

不同组织在碳核算时的边界和范围存在一定的差异，这主要取决于其关注领域、研究

目的和政策需求等因素。因此，在进行碳排放核算时，需要根据具体情况选择合适的核算方法和边界范围，以确保计算结果的准确性和可比性。表 4-4 简要介绍了上述几种主要组织在开展碳核算工作时的区别。

表 4-4 不同组织开展碳核算工作时的比较

核算组织	主要目的	适用范围	核算方法	核算边界
IPCC	提供科学评估，为国际社会制定气候变化政策提供依据	全球范围，为各国政府、国际组织及研究机构提供温室气体排放核算的框架和方法	采用排放因子法	宏观核算，适用于国家、省份、城市等层面
IEA	分析全球能源市场和能源安全，提供能源政策建议	主要关注能源领域的碳排放核算，为成员国政府及能源行业提供数据支持	结合多种核算方法，如排放因子法、质量平衡法等	侧重于化石燃料燃烧所产生的 CO_2 排放量核算，涵盖更广泛的能源消费活动
CDP	推动企业披露其碳排放信息，促进全球低碳经济转型	企业层面，要求企业报告其温室气体排放情况	采用 IPCC 提供的核算方法，如排放因子法，也可能结合企业实际情况采用其他方法	明确规定了企业温室气体排放的核算范围，包括直接排放（范围 1）和间接排放（范围 2 和范围 3）
WSA	推动钢铁行业的可持续发展，降低碳排放强度	专门针对钢铁行业，为该行业的企业提供碳排放核算指导	基于 IPCC 的方法，并结合钢铁行业的生产特点和工艺流程制定适合该行业的核算方法	侧重于钢铁生产过程中的碳排放核算，可能包括原材料采购、生产过程、能源消耗等多个环节

注：CDP 定义核算范围时，范围 1 为直接温室气体排放；范围 2 为间接温室气体排放，主要来源于外购电力和热力等能源的消费；范围 3 为其他间接温室气体排放，与企业的价值链活动相关，但不包括在范围 2 中。

4.4 典型钢铁生产流程碳排放研究

依据上文介绍的概念和工具，本节针对典型钢铁企业生产流程进行了碳排放的研究核算，主要核算对象为高炉-转炉长流程碳排放、电炉短流程碳排放，解析钢铁生产流程碳排放的影响因素，对比分析不同钢铁生产流程碳排放情况，指出“中国式”电炉短流程碳排放过高的根本原因，为钢铁工业碳减排提供理论支撑。值得注意的是，本书中将耗能工质间接碳排放也考虑在内。

4.4.1 高炉-转炉长流程碳排放

高炉-转炉长流程是钢铁行业传统的典型钢铁生产流程，其碳排放主要来源于炼铁、炼钢及辅助生产环节，本节以某钢铁企业的完整高炉-转炉过程作为研究对象，分析了高炉-转炉长流程的碳排放情况。

4.4.1.1 典型企业焦化工序碳排放分析

图4-2为典型钢铁生产流程焦化工序碳排放情况，包含焦炉煤气16.3 kg/t焦炭、高炉煤气557.2 kg/t焦炭、洗精煤3345.7 kg/t焦炭和耗能工质69.5 kg/t焦炭（其中，电力21.2 kg/t焦炭、水0.5 kg/t焦炭、压缩空气1.3 kg/t焦炭、氮气0.4 kg/t焦炭和蒸汽46.1 kg/t焦炭）。洗精煤带入碳量全部转移至其产品和副产品中，其中，焦炉煤气301.7 kg/t焦炭、粗苯33.3 kg/t焦炭、焦炭2937.5 kg/t焦炭、焦油73.5 kg/t焦炭。电力和蒸汽回收折合二氧化碳97.4 kg/t焦炭。由此可知，焦化工序总碳排放量为545.4 kg/t焦炭。

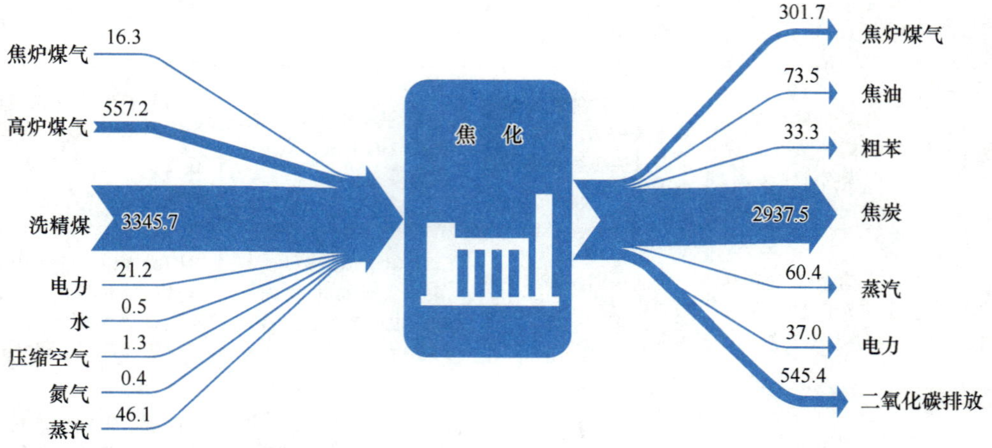

图4-2 典型钢铁生产流程焦化工序碳排放（单位：kg/t焦炭）

4.4.1.2 典型企业烧结工序碳排放分析

如图4-3所示，给出了典型钢铁生产流程烧结工序碳排放情况。投入项包含铁矿石带入碳量22.7 kg/t烧结矿（这包含铁矿石本身含有的以碳酸盐形式存在的碳和各类返矿中未被烧尽的碳）、熔剂28.6 kg/t烧结矿、焦炉煤气1.4 kg/t烧结矿、焦粉129.8 kg/t烧结

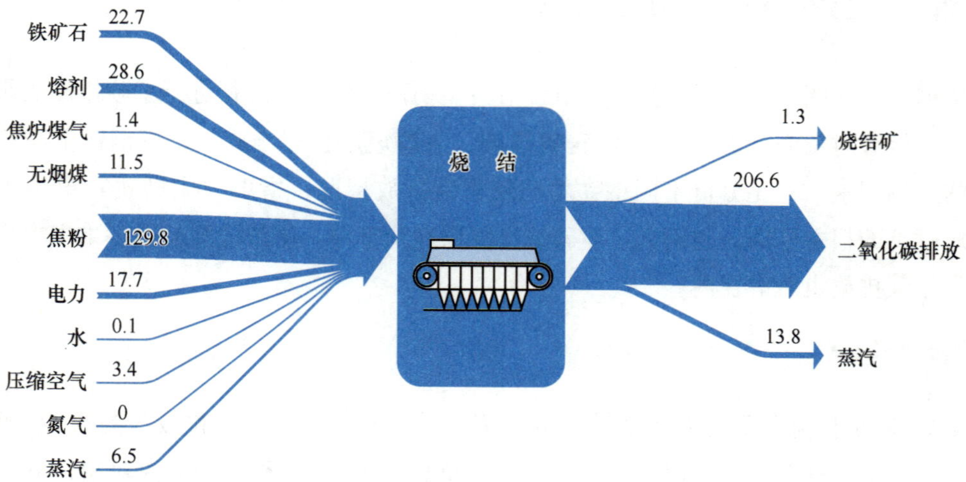

图4-3 典型钢铁生产流程烧结工序碳排放（单位：kg/t烧结矿）

矿、无烟煤 11.5 kg/t 烧结矿、耗能工质 27.7 kg/t 烧结矿（其中，电力 17.7 kg/t 烧结矿、水 0.1 kg/t 烧结矿、压缩空气 3.4 kg/t 烧结矿和蒸汽 6.5 kg/t 烧结矿）；产出端包含进入到烧结矿中的 1.3 kg/t 烧结矿，蒸汽回收折算二氧化碳量 13.8 kg/t 烧结矿。由此可知，烧结工序总碳排放量为 206.6 kg/t 烧结矿。

4.4.1.3 典型企业球团工序碳排放分析

如图 4-4 所示，展示了典型钢铁生产流程球团工序碳排放情况。投入项包含焦炉煤气 23.5 kg/t 球团矿、耗能工质 7.7 kg/t 球团矿（其中，电力 7.4 kg/t 球团矿和蒸汽 0.3 kg/t 球团矿）。由此可知，球团工序总碳排放量为 30.2 kg/t 球团矿。

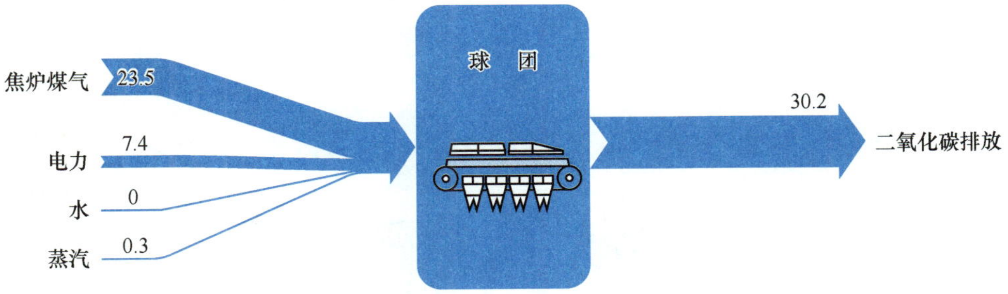

图 4-4 典型钢铁生产流程球团工序碳排放（单位：kg/t 球团矿）

4.4.1.4 典型企业高炉炼铁过程碳排放分析

如图 4-5 所示，展示了典型钢铁生产流程高炉工序碳排放情况。投入项包含矿石带入碳量 1.5 kg/t 铁水、焦炉煤气 4.6 kg/t 铁水、高炉煤气 368.8 kg/t 铁水、小焦 75.4 kg/t 铁水、喷吹煤 404.7 kg/t 铁水、冶金焦 923.2 kg/t 铁水和耗能工质 112 kg/t 铁水（其中，电力 13.6 kg/t 铁水、水 0.2 kg/t 铁水、压缩空气 1.8 kg/t 铁水、氮气 5.4 kg/t 铁水、蒸汽 0.9 kg/t 铁水、氧气 11.9 kg/t 铁水和鼓风 78.2 kg/t 铁水）；产出项包含贮存到铁渣、铁水和高炉煤气中的碳量分别为 45.4 kg/t 铁水、158.8 kg/t 铁水和 1199.1 kg/t 铁水。此

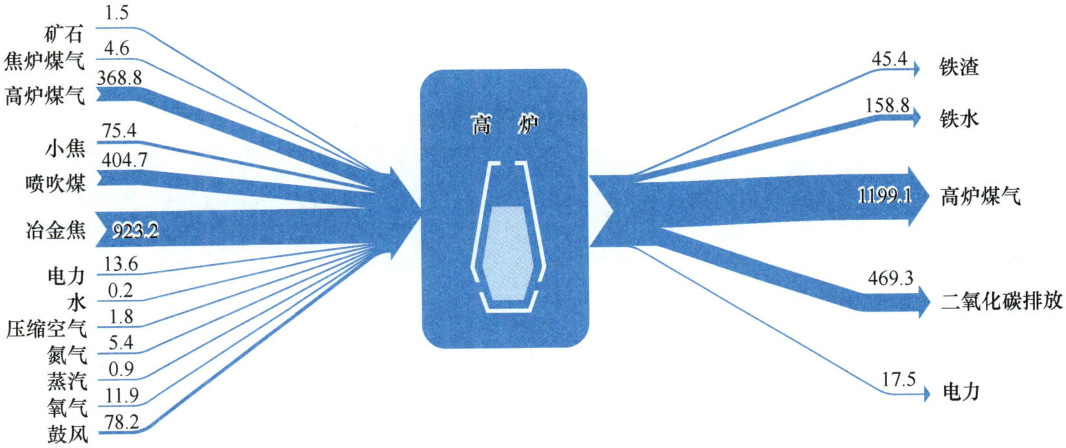

图 4-5 典型钢铁生产流程高炉工序碳排放（单位：kg/t 铁水）

外，回收的电力折合碳量为 17.5 kg/t 铁水。由此可知，高炉工序总碳排放量为 469.3 kg/t 铁水。当不考虑耗能工质消耗和电力回收时，即直接碳排放量为 374.9 kg/t 铁水。

4.4.1.5 典型企业转炉炼钢过程碳排放分析

如图 4-6 所示，展示了典型钢铁生产流程炼钢工序碳排放情况。投入项包含废钢 0.3 kg/t 粗钢、铁水 169.2 kg/t 粗钢、焦炉煤气 10.6 kg/t 粗钢和耗能工质 84.8 kg/t 粗钢（其中，电力 21.2 kg/t 粗钢、水 0.2 kg/t 粗钢、压缩空气 10.1 kg/t 粗钢、氮气 6.2 kg/t 粗钢、蒸汽 36.4 kg/t 粗钢、氧气 9.7 kg/t 粗钢和氩气 0.8 kg/t 粗钢），产出项包含贮存在钢坯和转炉煤气中的碳量分别为 1.8 kg/t 粗钢和 83.6 kg/t 粗钢。由此炼钢工序总碳排放量为 146.7 kg/t 粗钢，其中，直接碳排放量为 51.7 kg/t 粗钢。

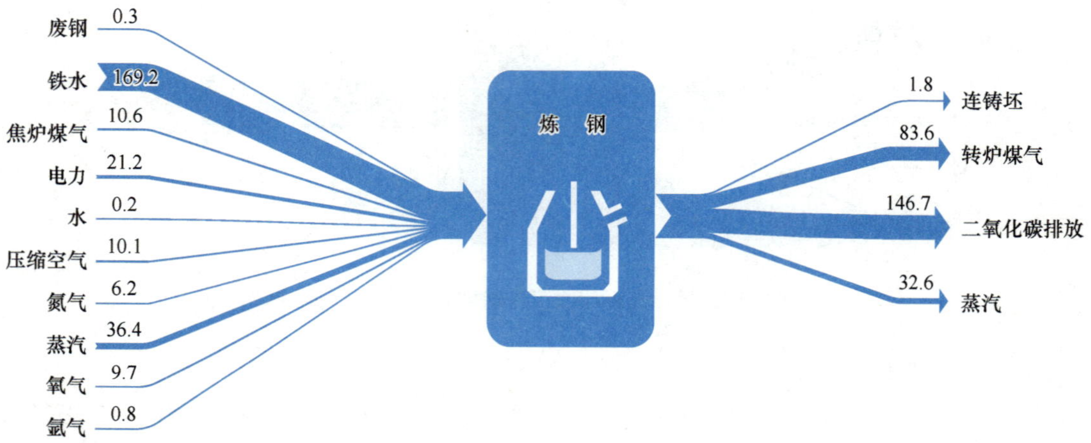

图 4-6 典型钢铁生产流程炼钢工序碳排放（单位：kg/t 粗钢）

4.4.1.6 典型钢铁生产流程高炉-转炉长流程碳排放分析

综上所述，表 4-5 给出了典型钢铁生产流程高炉-转炉长流程直接碳排放量情况。全流程的直接碳排放总量为 993.7 kg/t 粗钢，其中，焦化、烧结、球团、高炉、转炉炼钢和热轧的碳排放量（占比）分别为 225.4 kg/t 粗钢（22.68%）、215.2 kg/t 粗钢（21.66%）、11.7 kg/t 粗钢（1.18%）、392.9 kg/t 粗钢（39.54%）、51.7 kg/t 粗钢（5.20%）和 96.8 kg/t 粗钢（9.74%）。

表 4-5 高炉-转炉长流程直接碳排放量

工序	工序碳排放量 /kg · t 产品$^{-1}$	钢比系数 /t 产品 · t 粗钢$^{-1}$	吨钢碳排放量 /kg · t 粗钢$^{-1}$	占比 /%
焦化	573.5	0.393	225.4	22.68
烧结	192.7	1.117	215.2	21.66
球团	23.5	0.497	11.7	1.18
高炉	374.9	1.048	392.9	39.54
转炉炼钢	51.7	1.000	51.7	5.20
热轧	98.8	0.980	96.8	9.74
合计	—	—	993.7	100.00

表4-6给出了高炉-转炉长流程总碳排放情况。全流程碳排放总量为1215.2 kg/t粗钢，其中，焦化、烧结、球团、高炉、转炉炼钢和热轧的碳排放量（占比）分别为214.3 kg/t粗钢（17.64%）、230.8 kg/t粗钢（18.99%）、15.0 kg/t粗钢（1.24%）、491.8 kg/t粗钢（40.47%）、146.7 kg/t粗钢（12.07%）和116.5 kg/t粗钢（9.59%）。

表4-6 高炉-转炉长流程总碳排放量

工序	工序碳排放量 /kg·t产品$^{-1}$	钢比系数 /t产品·t粗钢$^{-1}$	吨钢碳排放量 /kg·t粗钢$^{-1}$	占比 /%
焦化	545.4	0.393	214.3	17.64
烧结	206.6	1.117	230.8	18.99
球团	30.2	0.497	15.0	1.24
高炉	469.3	1.048	491.8	40.47
转炉炼钢	146.7	1.000	146.7	12.07
热轧	118.9	0.980	116.5	9.59
合计	—	—	1215.2	100.00

4.4.2 电炉短流程碳排放

4.4.2.1 电炉工序碳排放情况

图4-7所示，给出了典型企业电炉工序碳排放情况。投入项包含铁水104.2 kg/t粗钢、废钢2.9 kg/t粗钢、天然气11.5 kg/t粗钢、焦炉煤气29.4 kg/t粗钢和耗能工质122.4 kg/t粗钢（其中，电力59.0 kg/t粗钢、水0.2 kg/t粗钢、压缩空气11.0 kg/t粗钢、氮气6.4 kg/t粗钢、蒸汽35.8 kg/t粗钢、氧气9.1 kg/t粗钢和氩气0.9 kg/t粗钢），产出项包含连铸坯1.8 kg/t粗钢、煤气51.5 kg/t粗钢和蒸汽20.1 kg/t粗钢。由此可知，电炉工序总碳排放量为196.9 kg/t粗钢。当不考虑耗能工质时，即电炉炼钢的直接碳排放量为94.7 kg/t粗钢。

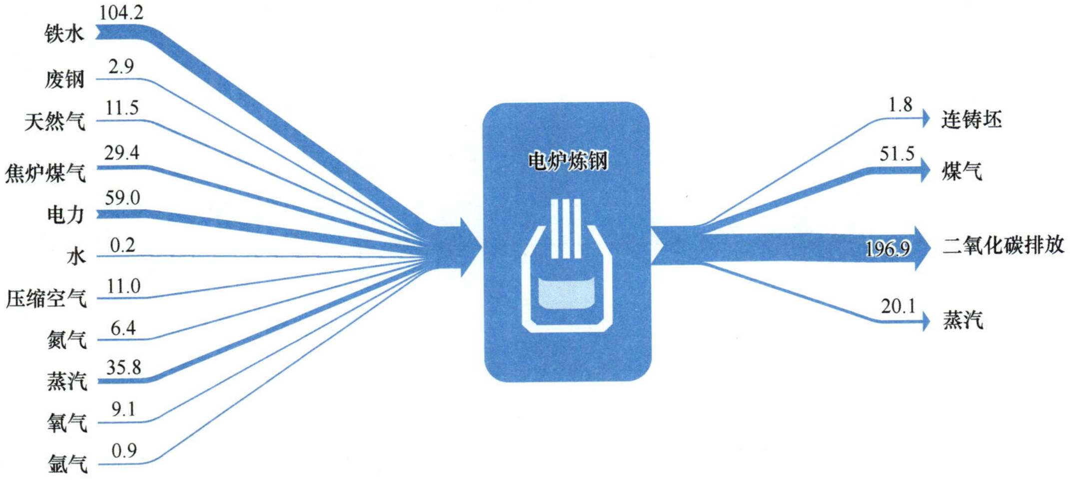

图4-7 电炉炼钢工序碳排放（单位：kg/t粗钢）

4.4.2.2 “中国式”电炉短流程碳排放情况

表4-7为“中国式”电炉短流程直接碳排放情况。全流程的碳排放总量为750.4 kg/t粗钢，其中，焦化、烧结、球团、高炉、电炉炼钢和热轧的碳排放量（占比）分别为149.0 kg/t粗钢（19.86%）、142.3 kg/t粗钢（18.97%）、7.7 kg/t粗钢（1.03%）、259.8 kg/t粗钢（34.62%）、94.7 kg/t粗钢（12.62%）和96.8 kg/t粗钢（12.90%）。由铁水冶炼导致上游工序的碳排放量为558.8 kg/t粗钢，占总碳排放的74.47%。

表4-7 “中国式”电炉炼钢流程直接碳排放

工序	碳排放量 /kg·t产品$^{-1}$	钢比系数 /t产品·t粗钢$^{-1}$	吨钢碳排放 /kg·t粗钢$^{-1}$	占比 /%
焦化	573.5	0.260	149.0	19.86
烧结	192.7	0.739	142.3	18.97
球团	23.5	0.329	7.7	1.03
高炉	374.9	0.693	259.8	34.62
电炉炼钢	94.7	1.000	94.7	12.62
热轧	98.8	0.980	96.8	12.90
合计	—	—	750.4	100.00

表4-8给出了“中国式”电炉短流程总碳排放情况。全流程的总碳排放量为942.9 kg/t粗钢，其中，焦化、烧结、球团、高炉、电炉炼钢和热轧的碳排放量（占比）分别为141.7 kg/t粗钢（15.03%）、152.6 kg/t粗钢（16.18%）、9.9 kg/t粗钢（1.05%）、325.2 kg/t粗钢（34.49%）、196.9 kg/t粗钢（20.88%）和116.5 kg/t粗钢（12.36%）。由铁水冶炼导致的上游工序的碳排放量为629.2 kg/t粗钢，占总碳排放的66.73%。同样可见，“中国式”电炉短流程在碳减排上存在着巨大潜力。

表4-8 “中国式”电炉短流程总碳排放量

工序	碳排放量 /kg·t产品$^{-1}$	钢比系数 /t产品·t粗钢$^{-1}$	吨钢碳排放 /kg·t粗钢$^{-1}$	占比 /%
焦化	545.4	0.260	141.7	15.03
烧结	206.6	0.739	152.6	16.18
球团	30.2	0.329	9.9	1.05
高炉	469.3	0.693	325.2	34.49
电炉炼钢	196.9	1.000	196.9	20.88
热轧	118.9	0.980	116.5	12.36
合计	—	—	942.9	100.00

4.4.3 钢铁企业不同生产流程的分析比较

当采用全废钢电炉冶炼时，其直接碳排放量和总碳排放量分别为43.9 kg/t粗钢和285.7 kg/t粗钢。因此，全废钢电炉流程直接碳排放量和总碳排放量分别为140.7 kg/t粗钢和402.2 kg/t粗钢，由此得出高炉-转炉长流程、“中国式”电炉短流程和全废钢电炉短流程的直接碳排放量和总碳排放量分别如图4-8和图4-9所示。

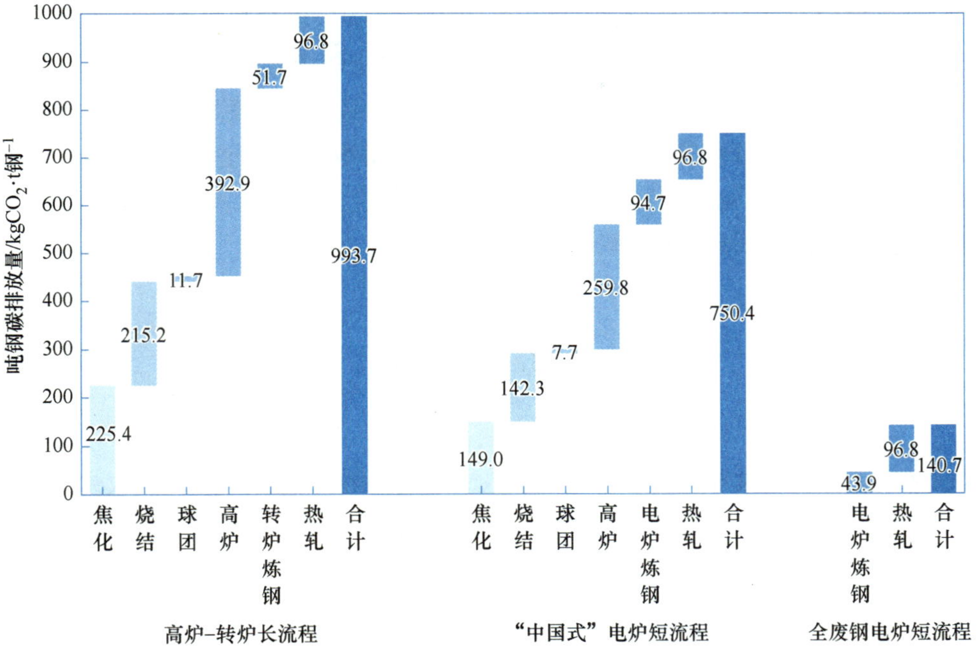

图 4-8　高炉-转炉长流程、“中国式”电炉短流程和全废钢电炉短流程直接碳排放比较

图 4-8 彩图

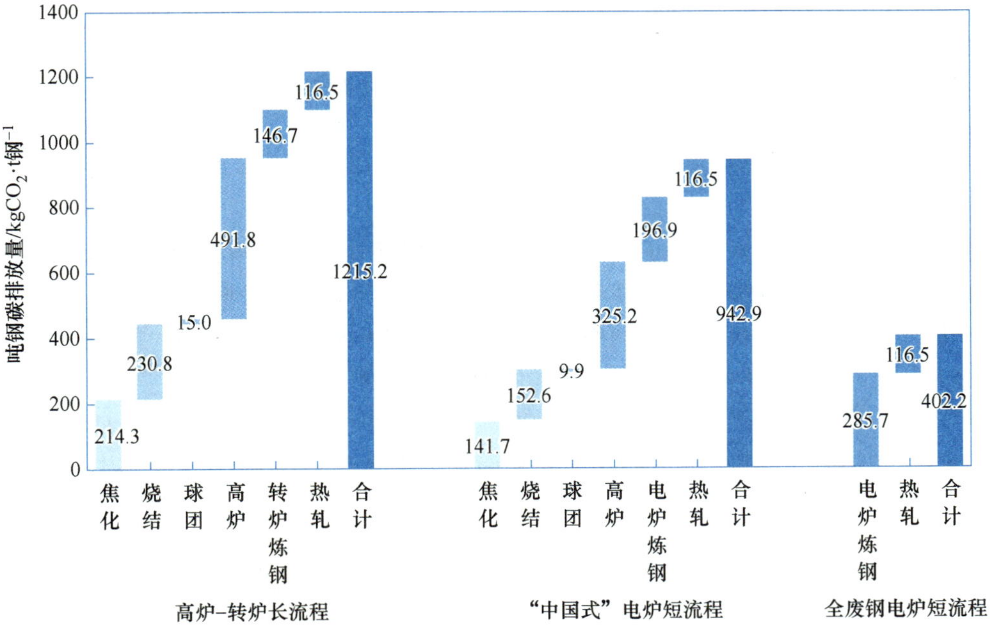

图 4-9　高炉-转炉长流程、“中国式”电炉短流程和全废钢电炉短流程总碳排放比较

图 4-9 彩图

通过上述碳核算分析发现，高炉-转炉长流程直接碳排放量和总碳排放量最高，分别为993.7 kg/t 粗钢和1215.2 kg/t 粗钢，“中国式”电炉短流程直接碳排放量和总碳排放量次之，分别为750.4 kg/t 粗钢和942.9 kg/t 粗钢，全废钢电炉短流程直接碳排放量和总碳排放量最低，分别为140.7 kg/t 粗钢和402.2 kg/t 粗钢。综合分析发现，全废钢短流程有明显减碳作用，而在我国钢铁生产流程中电炉工艺生产粗钢仅占9.20%，与世界电炉工艺生产粗钢比例49.30%（除中国外）存在巨大差异。

思考题

4-1 钢铁工业碳排放来源及特征是什么？试叙述钢铁工业碳排放特征提出钢铁工业“双碳”技术路径。

4-2 不同碳排放核算方法区别是什么？钢铁企业在实际应用中如何结合使用？

4-3 不同钢铁生产流程在碳排放方面有何异同？这对钢铁企业的节能减排有何启示？

参考文献

[1] Intergovernmental Panel on Climate Change (IPCC). Climate change 2013: The physical science basis [M/OL]. Cambridge: Cambridge University Press, 2013.

[2] WANG SHAOWU, LUO YONG, ZHAO ZONGCI, et al. The fifth IPCC assessment report hits the streets [J]. Progressus Inquisitions de Mutatione Climatis, 2013, 9 (6): 436-439.

[3] QIN DAHE, STOCKER T. Highlights of the IPCC working group 1 fifth assessment report [J]. Progressus Inquisitions de Mutatione Climatis, 2014, 10 (1): 1-6.

[4] XU KUANGDI. Low carbon economy and iron and steel industry [J]. Iron and Steel, 2010, 45 (3): 1-12.

[5] Intergovernmental Panel on Climate Change (IPCC). 2006 IPCC guidelines for national greenhouse gas inventories [M]. Hayama: Institute for Global Environmental Strategies, 2006.

[6] World Resources Institute, World Business Council for Sustainable Development. The greenhouse gas protocol [R]. Washington DC: World Resources Institute, 2004.

[7] HONGMING NA, ZIYANG QIU, JINGCHAO SUN, et al. Revealing cradle-to-gate CO_2 emissions for steel product producing by different technological pathways based on material flow analysis [J]. Resources, Conservation and Recycling, 2024: 203.

[8] HONGMING NA, YUXING YUAN, JINGCHAO SUN, et al. Integrative optimization for energy efficiency, CO_2 reduction, and economic gains in the iron and steel industry: A holistic approach [J]. Resources, Conservation and Recycling, 2025: 212.

[9] LEI ZHANG, HONGMING NA, YUXING YUAN, et al. Integrated optimization for utilizing iron and steel industry's waste heat with urban heating based on exergy analysis [J]. Energy Conversion and Management, 2023: 295.

[10] LEI ZHANG, YUXING YUAN, JINGXIN XI, et al. Synergistic enhancement for energy-saving, emission

reduction and profit improvement in iron and steel manufacturing system: Strategies for parameter regulation and technologies integration [J]. Energy Conversion and Management, 2024: 322.

[11] SUN J, NA H, YAN T, et al. A comprehensive assessment on material, exergy and emission networks for the integrated iron and steel industry [J]. Energy, 2021: 121429.

[12] 刘宏强，付建勋，刘思雨，等. 钢铁生产过程二氧化碳排放计算方法与实践 [J]. 钢铁，2016, 51 (4): 74-82.

[13] 杨宏伟，郭敏晓. 钢铁行业温室气体减排机会指南 [M]. 北京：中国经济出版社，2019.

[14] 曹乐. 我国碳交易市场运行效率研究 [D]. 天津：天津财经大学，2022.

[15] 王亚平，于常武. 基于排放因子法的辽宁省钢铁行业碳达峰预测 [J]. 辽宁工业大学学报（自然科学版），2024, 44 (3): 193-198.

[16] 中国国家标准化管理委员会. 温室气体排放核算与报告要求　第 5 部分：钢铁生产企业：GB/T 32151.5—2015 [S]. 北京：中国标准出版社，2015: 23.

[17] 国家发展和改革委员会. 中国钢铁生产企业温室气体排放核算方法与报告指南（试行）[2013] 2526 号 [R]. 2013.

[18] 杨玉桢，刘智颖，李杰，等. 中国钢铁工业低碳发展路径优化 [J]. 中国冶金，2024, 34 (7): 31-41.

[19] 高成康，陈杉，陈胜，等. 中国典型钢铁联合企业的碳足迹分析 [J]. 钢铁，2015, 50 (3): 1-8.

[20] 那洪明，高成康，郭玉华，等. “中国式”电炉炼钢流程碳排放特点及其源解析 [J]. 东北大学学报（自然科学版），2019, 40 (2): 212-217.

[21] 孙建卫，陈志刚，赵荣钦，等. 基于投入产出分析的中国碳排放足迹研究 [J]. 中国人口·资源与环境，2010, 20 (5): 28-34.

[22] 陆春晖，袁佳双，黄磊，等. 从 IPCC 看全球盘点中的关键科学问题及其对中国的启示 [J/OL]. 气候变化研究进展，2024: 1-14.

[23] 那洪明. 典型钢铁生产流程能效及碳排放研究 [D]. 沈阳：东北大学，2022.

[24] 杜涛. 推动绿色低碳发展实现钢铁工业“碳达峰、碳中和”[J]. 冶金经济与管理，2021, 3: 1.

[25] 那洪明，何剑飞，袁喻兴，等. 钢铁企业不同生产流程碳排放解析 [C] //中国金属学会能源与热工分会，东北大学. 第十届全国能源与热工学术年会论文集. 东北大学冶金学院国家环境保护生态工业重点实验室，2019: 7.

[26] 宋晓聪，杜帅，邓陈宁，等. 钢铁行业生命周期碳排放核算及减排潜力评估 [J]. 环境科学，2023, 44 (12): 6630-6642.

[27] 袁喻兴，闫天一，那洪明，等. 炼铁系统能耗和成本的集成优化及分析 [J]. 中国冶金，2022, 32 (1): 97-103.

5 钢铁工业能源系统优化及案例分析

5.1 优化模型概述

在建立优化模型时，关键在于明确目标函数、决策变量和约束条件。目标函数是指需要优化的核心目标，例如降低生产成本或提高能效，它反映了决策的最终效果。决策变量则是那些对目标函数产生影响的具体因素，如生产量、原材料使用量等，决策者通过调整这些变量来实现目标。约束条件是指在优化过程中必须遵循的限制，如资源的可用性、市场需求、生产能力等，这些条件确保模型的现实性和可行性。

简单的优化模型往往是一元或者多元无约束或者等式约束的最优化问题。在很多实际问题中，能够提供的决策变量取值受到很多因素的制约，这样就产生了一般的优化模型，统称为数学规划模型。按照数学规划模型的具体特征，可以将数学规划模型分为线性规划模型（目标函数和约束条件都是线性函数的优化问题）、非线性规划模型（目标函数或者约束条件是非线性的函数）、多目标规划（具有多个目标函数的规划问题）、目标规划（具有不同优先级的目标和偏差的规划问题）和动态规划（求解多阶段决策问题的最优化方法）等。本章着重介绍线性规划、非线性规划和多目标规划三类线性规划模型。

5.1.1 线性规划

5.1.1.1 基本概念

线性规划模型是基础的数学规划模型之一，旨在通过建立线性关系来求解特定的最优化问题。线性规划的历史可以追溯到 18 世纪，法国经济学家弗朗索瓦·凯奈（Francois Quesnay）在 1758 年撰写的《经济表格》中首次运用数学模型分析经济角色之间的相互关系。随后，19 世纪的数学家傅里叶（Jean-Baptiste Fourier）对线性不等式的研究表明，他对线性规划的基本思想已有所了解，而经济学家莱昂·瓦尔拉斯（Léon Walras）则在其著作中展示了线性规划的应用。然而，线性规划真正的发展始于 20 世纪中期，尤其是乔治·丹齐格（George Dantzig）在 1947 年独立提出线性规划模型，为线性规划奠定了理论基础。

线性规划的基本定义是：在给定的约束条件下，最大化或最小化一个线性目标函数。线性规划的核心概念包括目标函数、决策变量和约束条件，其中目标函数由决策变量的线性组合构成，约束条件则是对这些变量的线性限制。线性规划主要有两类解，第一类是可行解，即满足约束条件的解，全部可行解的集合称为可行域；第二类是最优解，是使目标函数取到最大或者最小的可行解。

线性规划的标准形式可以表示为：

$$
\max z = \sum_{j=1}^{n} c_j x_j
$$

$$
\text{s.t.}\begin{cases} \sum_{j=1}^{n} a_{ij}x_j = b_i, & i = 1,2,\cdots,m \\ x_j \geqslant 0, & j = 1,2,\cdots,n \end{cases} \tag{5-1}
$$

式中，x_j 为决策变量；z 为目标函数；a_{ij}、b_i、c_j 都是确定的常数，需依据具体问题设定。

线性规划的标准形式具有以下显著特点：(1) 目标函数通常设定为求最大值，如果要求最小值，则需将其转换为求最大值的形式；(2) 约束条件以等式方程的形式表示，且等式右侧的常数项 b_i 必须大于或等于零；(3) 决策变量 x_j 也需满足非负条件，即 $x_j \geqslant 0$。

线性规划具有多项优势，使其在优化领域得到广泛应用。(1) 求解速度快：线性规划算法能够有效地处理大规模问题，快速找到最优解，适合需要实时决策的场合。(2) 模型简单：由于线性规划的目标函数和约束条件都是线性的，这使得模型相对简单且易于理解，便于决策者进行分析和沟通。(3) 结果准确：线性规划在模型建立时能够清晰地表达各个变量之间的关系，因此其结果通常较为准确，能够有效考虑多个变量所带来的不确定性。但是，线性规划也存在一些局限性，限制了其在某些复杂问题中的应用。线性规划的核心在于处理线性关系，因此在面对非线性问题时，其建模能力显得不足，无法有效解决复杂的实际问题；同时，线性规划要求满足一些假设条件，如可加性或可分离性等。然而，在某些实际情况下，这些假设可能不成立，从而影响模型的有效性。

5.1.1.2 模型引例

某车间生产甲、乙两种设备，每台设备销售后的利润分别为4000元与3000元。生产甲设备需用A、B机器加工，加工时间分别为2 h/台和1 h/台；生产乙设备需用A、B、C三种机器加工，加工时间均为1 h/台。若每天可用于加工的机器时数分别为A机器10 h、B机器8 h和C机器7 h，问该厂应生产甲、乙设备各几台才能使得总利润最大？

该问题是在企业生产经营中经常面临的一个问题，如何制定一个最优的生产计划？因为加工时间的可用数量是有限的，这就构成了该问题的约束条件。解决问题也就是在满足上述约束条件的前提下，确定两种设备的产量，使得产品销售后获得的利润达到最大值。

假设1，假设该企业的产品不存在积压，即产量等于销量；假设2，假设A、B、C三种机器能够正常运行。将上述问题转换为数学模型：设该厂生产 x_1 台甲设备和 x_2 台乙设备时总利润 Z 最大，则其线性规划模型为：

$$
\begin{cases} \max Z = 4x_1 + 3x_2 \\ \text{s.t.}\begin{cases} 2x_1 + x_2 \leqslant 10 \\ x_1 + x_2 \leqslant 8 \\ x_2 \leqslant 7 \\ x_1, x_2 \geqslant 0 \end{cases} \end{cases} \tag{5-2}
$$

5.1.2 非线性规划

5.1.2.1 基本概念

非线性规划模型是一种求解目标函数或约束条件中有一个或几个非线性函数的最优化问题的方法。20 世纪 50 年代初，库哈（H. W. Kuhn）和托克（A. W. Tucker）提出了非线性规划的基本定理，为非线性规划奠定了理论基础。这一方法在工业、交通运输、经济管理和军事等方面有广泛的应用，特别是在“最优设计”方面，它提供了数学基础和计算方法，因此有重要的实用价值。简单来说，若规划问题的目标函数或约束条件中包含非线性函数，则称为非线性规划。

在非线性规划中，优化问题的目标函数或约束条件的非线性特性使得求解过程更加复杂。优化过程中可能遇到的解分为两类：局部最优解和全局最优解。局部最优解是指在给定的局部区域内，目标函数值最小（或最大）的解，但它不一定是全局最优解，因为在解空间的其他区域可能存在更优的解。全局最优解是指在整个解空间中，目标函数值最小（或最大）的解，通常是非线性规划问题的最终目标。通过有效的非线性规划方法，可以帮助决策者找到最优解，从而在复杂的优化问题中实现最佳决策。

非线性规划的标准模型为：

$$\begin{cases} \min z = f(X) \\ \text{s. t.} \begin{cases} g_i(X) \leqslant 0, & i = 1,2,\cdots,m \\ h_j(X) = 0, & j = 1,2,\cdots,n \end{cases} \end{cases} \tag{5-3}$$

式中，$X = (x_1, x_2, \cdots, x_n)^{\mathrm{T}} \in E^n$，$X$ 为 n 维欧式空间 E^n 中的向量或点；f，g_i，h_j 为定义在 E^n 上的实值函数。

非线性规划作为一种优化方法，具有以下优点：(1) 处理复杂关系。非线性规划能够处理包含非线性关系的复杂问题，适用于那些线性模型无法准确描述的情境，例如物理、化学反应或经济模型。(2) 灵活性。非线性规划允许目标函数和约束条件采用多种形式，可以更灵活地建模实际问题，以更贴近真实情况。(3) 更精确的解决方案。在某些情况下，非线性模型可以提供比线性模型更为精确的解决方案，尤其是那些涉及边际效应和递减收益的情境。但是，非线性规划的求解过程通常比线性规划复杂，可能需要更多的计算资源，且不一定能找到全局最优解；许多非线性优化算法容易陷入局部最优解而无法找到全局最优解，尤其是在目标函数和约束条件存在多个极值点时。

5.1.2.2 模型引例

某企业有 n 个项目可供选择，并且至少要对其中一个项目投资。已知该公司有总资金 A 元，投资于第 i 个项目需花费资金 a_i 元，并预计可得收益 b_i 元，试确定最佳投资方案。

设投资决策变量为 $x_i = \begin{cases} 1, & \text{决定投资第 } i \text{ 个项目} \\ 0, & \text{决定不投资第 } i \text{ 个项目} \end{cases}$，则投资总额度为 $\sum_{i=1}^{n} a_i x_i$，投资总收益为 $\sum_{i=1}^{n} b_{ki}$。考虑到限制条件：至少要对一个项目投资，并且总的投资金额不能超过

总资金 A，所以有限制条件：$0 < \sum_{i=1}^{n} a_i x_i \leqslant A$；因为 x 只能取 0 或 1，所以有非线性限制条件：$x_i(1-x_i)=0$，$i=1,2,\cdots,n$。

对于目标函数的确定可以这样考虑：投资决策问题的目标是让成本最小的同时利润最大，所以极大化总收益与总投资之比，令目标函数为：

$$\max Q = \frac{\sum_{i=1}^{n} b_i x_i}{\sum_{i=1}^{n} a_i x_i}$$

因此，本引例的非线性规划模型为：

$$\begin{cases} \max Q = \dfrac{\sum_{i=1}^{n} b_i x_i}{\sum_{i=1}^{n} a_i x_i} \\ \text{s. t.} \begin{cases} 0 < \sum_{i=1}^{n} a_i x_i \leqslant A \\ x_i(1-x_i) = 0, \quad i = 1,2,\cdots,n \end{cases} \end{cases} \tag{5-4}$$

5.1.3 多目标规划

5.1.3.1 基本概念

多目标规划模型是一种用于解决包含多个目标的优化问题的方法，多目标规划的概念是 1961 年由美国数学家查尔斯和库柏首先提出的。多目标最优化思想，最早是在 1896 年由法国经济学家维尔弗雷多·帕累托（Vilfredo Pareto）提出来的，他从政治经济学的角度考虑把本质上是不可比较的许多目标转化成单个目标的最优化问题，从而涉及了多目标规划问题和多目标的概念。在现实世界中，很多问题不仅有一个目标，而是有多个相互冲突或需要同时考虑的目标。多目标规划模型是在这些目标之间找到一个平衡点，使得综合结果达到最优。

除了上文所提到的目标函数、决策变量和约束条件，多目标规划模型还有一个特有的基本概念——Pareto 最优解。即在多目标规划中，如果不存在其他解在所有目标上都优于这一个解，则这个解被称为 Pareto 最优解。简单来说，就是没有其他解在不使一个目标变差的情况下使得其他目标变得更好。要注意的是多目标规划的目标之间是相互冲突的，否则就不是多目标，这是判断一个问题是否是多目标规划问题的关键。

多目标规划模型的主要描述形式为：

$$\begin{cases} \min f(x) = [f_1(x), f_2(x), \cdots, f_m(x)]^{\mathrm{T}} \\ \text{s. t.} \begin{cases} g_i(x) \leqslant 0, \quad i=1,2,\cdots,p \\ h_j(x) = 0, \quad j=1,2,\cdots,q \end{cases} \end{cases} \tag{5-5}$$

式中，x 为决策向量；$f_1(x), f_2(x), \cdots, f_m(x)$ 为目标函数；s. t. 式为约束条件。

多目标规划模型在优化问题中涉及多个目标函数的同时优化，具有以下优点：(1) 综合考虑多个目标。多目标规划能够同时优化多个相互冲突的目标，帮助决策者在复杂的决策环境中做出更全面的选择。(2) 反映现实问题。许多实际问题本质上是多目标的，例如在生产过程中同时考虑成本、质量和交货时间等因素，多目标规划能更真实地反映这些复杂关系。(3) 提供多样化解决方案。通过求解多目标规划，可以得到一组帕累托最优解，决策者可以根据实际需求和偏好从中选择最合适的方案。但是，多目标规划的求解通常比单目标规划更复杂，可能需要更多的计算资源和时间，特别是在目标和约束条件较多时；同时，与非线性规划类似，多目标规划也可能陷入局部最优解，而无法找到全局最优解。

5.1.3.2 模型引例

某厂生产 A 和 B 两种型号的摩托车，每辆摩托车平均生产时间和利润分别为 A 种：3 h，100 元；B 种：2 h，80 元。该厂每周生产时间为 120 h，但可加班 48 h，加班时间生产每辆摩托车的利润为：90 元（A 种）、70 元（B 种），市场每周需要 A、B 两种摩托车各 30 辆以上，问如何安排每周的生产计划，在尽量满足市场需求的条件下使利润最大、加班时间最少，建立数学模型，并求解分析。

根据题目信息可知，生产正常或者加班生产 A 或者 B 两种型号的摩托车的时间和利润是不同的，所以本题的决策变量有 4 个，分别为正常时间生产 A 型号的件数 x_1、加班时间生产 A 型号的件数 x_2，正常时间生产 B 型号的件数 x_3、加班时间生产 B 型号的件数 x_4；本题的目标是利润最大、加班时间最少，设利润为 f_1、加班时间为 f_2，进而可以建立下面的数学模型：

$$\begin{cases} \max f_1(x) = 100x_1 + 90x_2 + 80x_3 + 70x_4 \\ \min f_2(x) = 3x_2 + 2x_4 \\ \text{s. t.} \begin{cases} x_1 + x_2 \geqslant 30 \\ x_3 + x_4 \geqslant 30 \\ 3x_1 + 2x_2 \leqslant 120 \\ 3x_2 + 2x_4 \leqslant 48 \\ x_i \geqslant 0 (i = 1,2,3,4) \end{cases} \end{cases} \tag{5-6}$$

5.2 优化算法

本节主要介绍了优化算法的两大类型：传统优化算法和启发式优化算法。传统优化算法包括线性规划、非线性规划等方法，其求解过程较为严格且确定。启发式优化算法则通过模拟自然现象或人类行为的方式，以启发性的方法探索解的空间，寻找较优解。

5.2.1 传统优化算法

传统优化算法是基于数学理论建立的一类优化方法，它们在特定条件下能够快速找到问题的局部最优解。这些算法利用问题空间的可微性等特性，通过贪心策略、函数近似等方式有效求解。它们的优点在于理论完善、计算量小、收敛速度快，并且具有明确的终止准则。

5.2.1.1 线性规划的求解方法

线性规划问题的求解主要有两种方法：图解法和单纯形法。图解法适用于包含两个或三个变量的线性规划问题。对于两个变量的情况，需要在直角坐标系中绘制约束条件和目标函数；对于三个变量，则需在立体坐标系中进行可视化。而单纯形法则适用于任意数量的变量，但要求线性规划的数学模型必须转化为标准形式。这种方法通过迭代求解过程，能够有效应对更复杂的线性规划问题。

A 图解法

图解法是一种直观且有效的线性规划求解方法，通常适用于只有两个决策变量的简单问题。它通过在平面坐标系中绘制约束条件和目标函数，帮助决策者直观地理解可行域及最优解的位置。图解法的核心思想是将复杂的数学问题视觉化，从而使得求解过程更为直观和易于理解。

在使用图解法时，首先需要将所有约束条件转化为直线方程，并在坐标系中绘制出来。每条直线代表一个约束条件，交点则可能是可行解的候选点。通过这些直线的交集，可以确定可行域，即所有满足约束条件的解的集合。可行域通常呈现为多边形的形状，其中每个顶点代表一个可能的解。接下来，决策者需要绘制目标函数的等值线。等值线是目标函数在平面上的表示，表示了在不同的变量值组合下，目标函数取相同值的所有点。通过移动等值线，可以观察到目标函数值的变化趋势。最终，最优解将位于可行域的一个顶点处，具体取决于目标函数的性质。

图解法在解决线性规划问题中具有重要的意义，其最大的优点在于直观性和易于理解的特性。通过图解法，决策者能够快速识别最优解及其对应的决策变量值。同时，图解法还帮助用户直观地看到不同约束条件对可行域的影响，以及如何通过调整这些条件来优化目标函数，这种可视化方式使得初学者能够深入理解线性规划的基本原理和几何意义。然而，图解法也有其明显的局限性。该方法仅适用于包含 2 ~ 3 个变量的线性规划问题，无法处理高维问题。在实际情况下，当面对复杂的线性规划问题时，决策者通常会选择更为高效的单纯形法进行求解。此外，对于复杂的约束条件，图解法可能会变得繁琐，导致可行域的形状难以清晰表示。

B 单纯形法

单纯形法是一种经典的线性规划求解算法，最初由美国数学家乔治·伯纳德·丹齐格（George Bernard Dantzig）在 1947 年提出。单纯形法通过设置不同的基向量，经过矩阵的线性变换，寻找可行解的顶点，从而逐步逼近最优解。最初，该算法仅能处理标准形式的线性规划问题，即目标函数和约束条件均为等式，且所有变量均为非负。然而，随着研究的深入，单纯形法逐渐扩展至更复杂的情况，能够处理不等式约束和负值变量，这使得其在制造业、金融业等多个领域得到了广泛应用。

在单纯形法的具体执行中，首先需要确定一个初始基本可行解。初始解的选择至关重要，因为它将直接影响后续求解的效率和效果。为此，常用的方法包括人工变量法和大 M 法。在获得初始基本可行解后，单纯形法进入迭代过程，每次迭代都包括构造单纯形表、选择入基变量和出基变量，以及更新单纯形表等步骤。单纯形表记录了当前解的所有信息，入基变量和出基变量的选择则基于目标函数的改进速度以及约束边界的接近程度。通过高斯消元法更新单纯形表，确保在下一次迭代中目标函数值能够得到改进。这个迭代过程将持续进行，直到满足最优解、无界解或无可行解等终止条件，下面介绍具体求解步骤。

a 初始基本可行解的确定

在单纯形法中，首先需要找到一个初始基本可行解。这一步骤至关重要，因为它决定了开始的起点。初始基本可行解可以通过以下方法确定：（1）人工变量法。人工变量法是通过引入额外的变量，将不等式约束转换为等式约束，从而构造一个初始基本可行解。比如，对于约束 $2x_1+3x_2\leqslant 120$，可以引入一个非负人工变量 s_1，使其变成 $2x_1+3x_2+s_1=120$。（2）大 M 法。大 M 法通过引入一个非常大的 M 值来处理不等式约束，将其转化为等式约束。例如，将不等式 $2x_1+3x_2\leqslant 120$ 变为 $2x_1+3x_2+s_1=120$ 后，需要同时在目标函数中添加一个大的负系数 M 乘以人工变量 s_1。通过这种方式，我们可以强制人工变量趋向于0，从而找到初始基本可行解。

b 迭代过程

确定初始基本可行解后，单纯形法通过迭代不断改进目标函数值，每次迭代包括以下步骤：（1）构造单纯形表。单纯形表是单纯形法的核心工具，它记录了当前解的所有信息，包括基本变量、非基本变量和目标函数值，构造单纯形表的第一步是将初始解代入表中。（2）选择入基变量和出基变量。在每次迭代中，需要选择一个入基变量和一个出基变量。入基变量是指将在下一步迭代中引入基的变量，它是目标函数中改进最快的变量。出基变量则是将在下一步迭代中移出基的变量，它是导致当前解最接近约束边界的变量。

例如，假设当前解中 x_1 和 x_2 是基变量，而 s_1 和 s_2 是非基变量。如果 s_2 的系数为负，说明增加 s_2 可以提高目标函数值，因此 s_2 作为入基变量。此时，根据比值检验法，找出使目标函数值增加最多的出基变量，可能是 x_1。

c 更新单纯形表及迭代终止

选择好入基变量和出基变量后，更新单纯形表。通过高斯消元法，将入基变量的系数变为1，其余变量的系数调整为0，这一步确保了目标函数值在下一次迭代中得到改进。迭代过程会一直进行，直到满足以下任一终止条件。（1）最优解：当所有非基变量的系数均为正或零时，说明目标函数值已达到最大或最小，此时的解即为最优解。（2）无界解：如果某个非基变量的系数为负且对应的约束系数为负，说明目标函数值可以无限增大或减小，此时无解。（3）无可行解：如果所有人工变量无法为零，说明无可行解存在。

单纯形法在解决大部分线性规划问题中表现出色。首先，单纯形法的高效性是其一大优势，能够快速找到最优解，尤其在实际应用中表现良好。虽然在某些情况下，时间复杂度可能达到指数级，但在大多数实际问题中，迭代次数通常远少于理论上的最坏情况。此外，单纯形法的稳定性也使其在数值计算中表现突出，尤其是在处理线性约束时。但是，单纯形法的复杂性在某些特殊情况下可能导致迭代次数剧增，尤其是在处理退化问题时，可能会陷入循环。此外，单纯形法只能处理线性问题，对于非线性规划问题则无法直接应用。最后，单纯形法对初始解的选择也较为敏感，初始解的质量直接影响算法的收敛速度和求解效率。在高维空间中，找到合适的初始解可能并不容易。

5.2.1.2 非线性规划的求解方法

在非线性规划的求解中，问题的性质决定了所采用的方法。当面对无约束优化问题时，通常使用解析法。例如梯度法，通过计算目标函数的导数来逐步逼近最优解。然而，当问题包含约束条件时，求解方法则需相应调整，此时可以考虑使用拉格朗日乘子法或内点法等方法。这些方法能够有效地处理约束条件，使得优化过程在满足特定约束的前提下寻找目标函数的极值。因此，选择合适的求解方法对于非线性规划问题的求解至关重要。

A 梯度法

在微积分中，对多元函数进行一阶偏导数求解时，我们将这些偏导数的集合以向量形式表示为梯度。几何意义上，梯度向量指向函数变化最快的方向。因此，在优化问题中，沿着梯度的方向更容易找到函数的最大值或最小值。

在非线性规划中，最小化损失函数的过程可以通过梯度下降法来实现。这种方法通过迭代求解，逐步调整变量的值，以达到最小化目标函数的目的。梯度下降法的基本思想是，连续函数沿着负梯度方向的下降速度最快。因此，在每次迭代中，我们从当前点出发，沿负梯度方向前进一个最优步长，以期快速逼近函数的极值，具体公式如下：

$$x^{k+1} = x^k - \lambda \nabla f(x^k) \tag{5-7}$$

式中，x^k 为迭代 k 次后得到的点；x^{k+1} 为下一次迭代的点；λ 为迭代步长；$f(x^k)$ 为目标函数。

例如，考虑一个非线性规划问题，目标是最小化一个非线性损失函数，如 $f(x) = x^2 + 3\sin x$。为了找到最小值，首先计算该函数的梯度，即一阶导数 $f'(x) = 2x + 3\cos x$。然后，在每次迭代中，我们使用当前点的梯度信息来更新变量值，控制每次迭代步长的大小。通过不断迭代这一过程，变量 x 将逐渐收敛到使损失函数最小化的值。

梯度法具有多个显著优点，首先其理论明确，算法框架简单易懂，便于实现。每次迭代的计算量较小，所需的存储空间也有限，使其在资源有限的情况下仍然能够有效运行。此外，梯度法对初始点的要求不严格，即使初始点选择不理想，也能在一定程度上进行收敛。然而，梯度法也存在一些明显的缺点，其收敛速度往往不够快，因为最速下降方向仅反映了某一点的局部特性。在两个相邻点之间的搜索方向是正交的，这导致最速下降法向极小点的逼近过程可能呈现出曲折的路径，形成所谓的“锯齿现象”，从而显著影响收敛速度。此外，尽管通过精确的一维搜索可以优化步长，使得相邻两次迭代的搜索方向始终垂直，但这仍然导致逼近极小点的过程呈现“之”字形。随着迭代的进行，越接近极小点时，步长会逐渐减小，导致移动速度减缓，从而使得收敛速度进一步降低。

B 拉格朗日乘子法

拉格朗日乘子法是由意大利数学家约瑟夫·拉格朗日（Joseph-Louis Lagrange）在18世纪提出的一种优化技术，用于处理带有约束条件的优化问题。在许多实际应用中，我们不仅需要找到一个函数的最大值或最小值，还必须在满足一定条件的前提下进行优化，这些条件通常以等式或不等式的形式出现，被称为约束条件。拉格朗日乘子法的核心思想是将一个带约束的优化问题转化为无约束问题，从而能够使用标准的无约束优化方法进行求解。

拉格朗日乘子法通过引入额外的变量——拉格朗日乘子，将原始问题中的约束条件与目标函数结合成一个新的函数，称为拉格朗日函数（Lagrangian）。具体来说，拉格朗日函数的形式通常为：

$$L(x,\lambda)=f(x)+\lambda g(x) \tag{5-8}$$

式中，$f(x)$为需要优化的目标函数；$g(x)$为约束条件；λ为拉格朗日乘子。

通过求解这个新函数的极值，我们可以找到满足约束条件的最优解。

拉格朗日乘子法在处理带有等式约束的优化问题方面具有独特的优势：首先，该方法理论明确，算法简洁，易于实现；其次，它能够有效整合约束条件，使得在寻找最优解时能够同时考虑约束因素。然而，拉格朗日乘子法的局限性主要体现在两个方面。首先，它只适用于约束条件为等式的情况，对于不等式约束则需要引入其他条件进行扩展；其次，当目标函数或约束条件的复杂度较高时，通过简单的求偏导数等于零来计算最优解可能变得不切实际。

C 内点法

内点法是一种高效的约束优化算法，最初由苏联数学家伊·伊·迪金（I. I. Dikin）于1967年提出，并在20世纪80年代中期在美国进行了重新发明，特别适用于处理不等式约束问题。与传统的边界法（如单纯形法）不同，内点法的核心思想是通过在可行域内部进行迭代，逐步逼近最优解。该方法的关键在于将不等式约束转化为等式约束，并引入障碍函数，以确保算法在每次迭代中始终保持在可行域内。具体的计算步骤如下。

（1）引入障碍函数。内点法通过引入障碍函数来处理不等式约束，这些函数在约束边界附近值趋向于无穷大，从而“阻止”算法接近边界。例如，对于约束$g_i(x)\leqslant 0$，可以引入一个函数$-\lg(-g_i(x))$，使得在接近边界时障碍函数的值迅速增大。这种方式有效地将不等式约束转化为一种“软约束”，在优化过程中通过微调来保持在可行域内。

（2）构造对偶问题。内点法利用对偶性来加速收敛，对偶内点法通过构造一系列对偶问题，交替求解原始问题和对偶问题，以达到更快的收敛速度。这种策略有效利用了原始问题和对偶问题之间的联系，使得在优化过程中不断调整当前解。

（3）迭代过程。在每次迭代中，内点法通过求解一个系统的线性方程来更新当前解。该算法的目标是在每一步中找到一个新的解，使得目标函数值逐步改善，同时确保依然满足约束条件。

内点法的优势在于其能够高效处理大规模的线性和非线性优化问题，特别是在具有复杂约束的情况下。与单纯形法相比，内点法通常具有更好的理论收敛性，尤其是在高维空间中表现突出。内点法的另一个优点是可以处理不等式约束，而不需要将其转化为等式约束，简化了问题的复杂性。然而，内点法也存在一些局限性。首先，算法实现较为复杂，尤其是在引入障碍函数和对偶性时，可能需要较高的数学和编程技能。其次，内点法在某些情况下可能需要较多的迭代次数才能收敛到最优解，特别是在面对高复杂度问题时。此外，内点法在处理特定类型的非线性约束时，可能会面临稳定性和收敛速度的问题。

5.2.1.3 多目标规划的求解方法

在多目标规划问题中，决策者面临着多个目标之间的协调与权衡，不能仅仅追求某一个目标函数的最优解而忽视其他目标。这种复杂的决策过程需要做出综合选择，包括目标函数的选择和决策变量的选择。由于不同目标之间可能存在不协调甚至对立的关系，单一指标无法全面衡量方案的优劣。因此，求解多目标规划的常见方法主要有两种：一种是合成型方法，通过将多个目标转化为单一目标决策问题，使得求解过程更加简化，如线性加权法等；另一种是分层型方法，按照目标的重要性排序，在保持最重要目标的前提下，逐步优化次要目标，如目标规划法、分层序列法等。

假设现在的数学模型为：

$$\begin{cases} \min y_1 = f_1(x) \\ \min y_2 = f_2(x) \\ \text{s. t. } g_i(x) \leqslant 0, \quad i = 1, 2, \cdots, m \end{cases} \tag{5-9}$$

A 线性加权法

多目标规划涉及优化多个目标函数的同时进行，这在许多实际问题中都非常常见，例如在资源分配、生产调度和项目管理等领域。由于不同的目标函数往往存在冲突，因此直接优化多个目标变得复杂。线性加权法是一种常用的将多目标问题转化为单目标问题的方法，通过为每个目标函数赋予不同的权重，将其合并为一个综合的目标函数，下面介绍其计算步骤。

取权重 $w_1, w_2 \in (0,1)$，且 $w_1 + w_2 = 1$，将原模型转换为：

$$\begin{cases} \min y = w_1 f_1(x) + w_2 f_2(x) \\ \text{s. t. } g_i(x) \leqslant 0, \quad i = 1, 2, \cdots, m \end{cases} \tag{5-10}$$

w_1，w_2 的取值情况要讨论，同时需要讨论取不同权重对于结果的影响。通过调整权重 w_1，w_2，决策者可以在两个目标函数之间找到一个平衡点，帮助优化整体目标。

线性加权法的主要优点在于其简单性和灵活性，使得将多目标问题转化为单目标问题变得易于实现。然而，这种方法也存在一些缺点。首先，权重的设定具有主观性，可能无法准确反映目标的重要性，从而导致优化结果的不理想。此外，将多个目标合并为一个单一目标可能会丢失有关单个目标及其相互关系的重要信息。线性加权法还假设目标之间存在线性关系，但在许多实际情况下，这一假设并不成立，可能导致优化结果不准确。同时，在一些非凸问题中，线性加权法可能无法保证找到帕累托最优解。

B 目标规划法

目标规划法是解决多目标规划问题的流行方法，其基本思想是在资源有限的情况下，给定多个目标及其优先顺序，最小化各目标偏离设定值的偏差。这种方法允许决策者在实现多个目标时进行权衡，并通过设定每个目标的优先级来影响最终的决策。目标规划法的灵活性使其适用于许多实际问题，尤其是在目标之间存在冲突的情况下，下面介绍其计算步骤。

假设 $f_1(x)$ 为主要目标，那么可以为 $f_2(x)$ 设定一个阈值 θ，将其转换为一个约束 $f_2(x)<\theta$，即：

$$\begin{cases} \min y = f_1(x) \\ \text{s. t.} \begin{cases} g_i(x) \leqslant 0, & i=1,2,\cdots,m \\ f_2(x) < \theta \end{cases} \end{cases} \tag{5-11}$$

目标规划法具有多种优点，其中一个显著的优势是能够应用于凸函数和非凸函数的场景，使其在处理复杂的多目标问题时显得尤为灵活。此外，目标规划法允许决策者在目标之间进行权衡，从而更好地满足实际需求。然而，目标规划法也存在一些缺点。首先，目标函数的选择需要精心设计，决策者必须确保所设定的目标函数在独立目标函数的最小值或最大值之内，这可能会增加问题的复杂性。其次，阈值的合理设定往往依赖于决策者的经验和主观判断，可能导致不确定性和偏差。

C 分层序列法

分层序列法是一种解决多目标优化问题的策略，其核心思想是根据目标的重要性将其分层，形成一个优先顺序。通过分层，决策者可以逐步优化各个目标，确保最重要的目标得到优先考虑。这种方法适用于多种实际应用场景，例如在资源有限的情况下，同时满足经济效益、社会责任和环境保护等多个目标，其计算步骤如下。

假设 y_1 比 y_2 重要，那么先不管 y_2，解第一个模型：

$$\begin{cases} \min y_1 = f_1(x) \\ \text{s. t. } g_i(x) \leqslant 0, \quad i=1,2,\cdots,m \end{cases} \tag{5-12}$$

假设解出了最优解：$x=x^*$，$y_1=f_1(x)$。接下来需要在“不牺牲 y_1 的情况下最小化 y_2”，即解第二个模型：

$$\begin{cases} \min y_2 = f_2(x) \\ \text{s. t.} \begin{cases} g_i(x) \leqslant 0, & i=1,2,\cdots,m \\ f_1(x) \leqslant f_1(x^*) \end{cases} \end{cases} \tag{5-13}$$

但是，在实际情况下，条件 $f_1(x) \leqslant f_1(x^*)$ 是很难满足的。如果第一个模型只有唯一解，那么对于第二个模型要满足 $f_1(x) \leqslant f_1(x^*)$，也只有唯一解，即 $x=x^*$。因此，在实际建模中，为了确保 y_2 有一定的“生存空间”，往往将第二个模型的限制条件增加一个裕度 η，适当地放宽对于 y_1 优化的力度：

$$
\begin{cases}\min y_2 = f_2(x) \\ \text{s. t.} \begin{cases} g_i(x) \leqslant 0, \quad i = 1, 2, \cdots, m \\ f_1(x) \leqslant f_1(x^*) + \eta \end{cases}\end{cases} \tag{5-14}
$$

分层法的主要优点在于其清晰的结构和易于实现的特点。通过将目标分层，决策者能够更加明确每个目标的重要性，并在优化过程中逐步考虑各个目标，降低了复杂性。此外，分层法在处理实际问题时，能够有效地平衡不同目标之间的冲突，增加了决策的灵活性。然而，分层法也存在一些缺点。首先，目标的优先顺序需要决策者主观判断，这可能导致目标的重要性评估不准确。其次，在某些情况下，目标之间的相互关系可能会被忽视，特别是在目标之间存在强烈的非线性或互动效应时，分层法可能无法充分捕捉这些复杂性。此外，增加裕度 η 的策略虽然可以提供灵活性，但其设定也具有一定的主观性，可能影响最终的优化结果。

5.2.2 启发式算法

启发式算法是解决复杂优化问题的一种广泛应用的技术，旨在快速找到足够好的近似解，而不追求最优解。与传统优化算法不同，启发式算法并不保证找到每个实例的最优解，而是通过经验和直觉构建的规则，在可接受的时间和资源成本下，给出一个可行解。这种方法尤其适用于规模大、计算复杂的优化问题，在这些情况下，寻找精确解所需的计算资源和时间可能呈指数级增长。启发式算法的核心思想是通过简化问题或限制搜索空间，利用经验法则和局部优化策略做出快速决策。

启发式算法可以根据其设计和应用方式分为几类：简单启发式算法、元启发式算法和超启发式算法，如图 5-1 所示。简单启发式算法通常基于直观的规则，直接应用于特定问题。然而，元启发式算法则更加复杂，通常分为两种类型：基于个体的算法和基于群体的算法。基于个体的元启发式算法包括模拟退火和禁忌搜索等，这些算法通常从一个初始解出发，通过局部搜索和随机性来逐步改进解的质量。另外，基于群体的元启发式算法如遗传算法和粒子群优化算法，则通过模拟群体智能的行为来探索解空间，这些算法通过个体之间的相互作用，逐步优化解的质量。超启发式算法是在元启发式算法基础上发展而来的

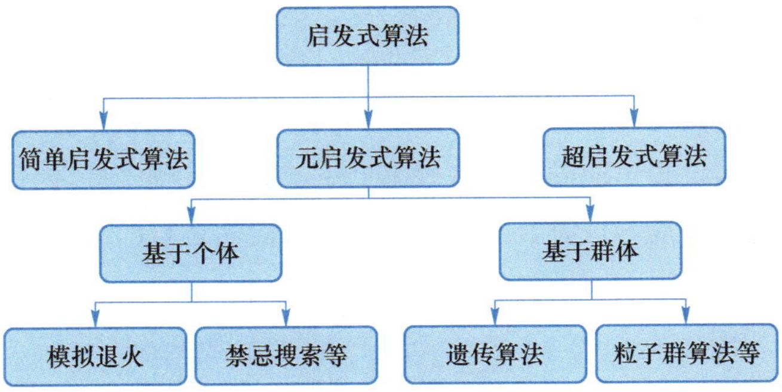

图 5-1　启发式算法分类

一种更高层次的算法，它通过组合和管理多个低层次启发式算法（LLH）来构建新的高层次启发式算法。超启发式算法具有更大的灵活性和通用性，能够根据问题的特点灵活组合不同的LLH，但其应用仍然相对有限，主要原因在于计算复杂性高、设计与调优困难、缺乏理论支持等。

下面我们将重点介绍三种应用较为广泛的元启发式算法：基于个体的模拟退火、基于群体的遗传算法和粒子群优化算法。这三种算法在复杂优化问题中表现出色，各自有其独特的优势和应用场景。

5.2.2.1 模拟退火算法

模拟退火算法（Simulated Annealing，SA）是一种基于随机搜索的优化算法，其灵感来源于金属的退火过程。该算法由 S. Kirkpatrick、C. D. Gelatt 和 M. P. Vecchi 于 1983 年首次提出，V. Černý 在 1985 年也独立发展了此算法。在金属退火过程中，金属被加热到高温后缓慢冷却，使得其原子能够重新排列，形成更稳定的晶体结构。模拟退火算法通过模仿这一现象，旨在寻找复杂优化问题的全局最优解。

模拟退火算法的基本原理可以分为以下几个关键步骤。

（1）初始化。随机生成一个初始解，并计算其对应的目标函数值，这一解将作为搜索的起点。

（2）生成邻域解。在当前解的邻域内随机选择一个新解，以探索更广泛的解空间。

（3）计算目标函数差值。比较新解与当前解的目标函数值，如果新解的目标函数值更优，算法将直接接受这个解；如果新解的目标函数值较差，算法仍然有可能接受这个解，以一定的概率来决定是否接受。

（4）接受准则。接受较差解的概率与当前温度有关，这使得算法在高温时能够进行更广泛的探索，而在低温时则更倾向于选择较优解。

（5）温度更新。在每次迭代中，算法会降低温度，模拟金属退火过程中温度逐渐降低的效果。

（6）重复迭代。以上步骤会不断重复，直到满足终止条件，例如达到最大迭代次数或目标函数值达到预定要求。

模拟退火算法的设计允许在一定条件下接受较差的解，这种灵活性帮助算法有效避免陷入局部最优解。模拟退火算法的适用范围广泛，能够处理多种类型的优化问题，且不需要目标函数的导数信息，简化了实现过程。此外，该算法简单易于实现，适合多种实际应用场景。然而，模拟退火算法也存在一些缺点，其性能高度依赖于参数的设置，如初始温度和冷却速率，错误的设置可能导致算法效率低下或无法找到全局最优解。此外，尽管算法能够在理论上收敛于全局最优解，实际应用中仍可能因运行时间较长而不适合实时或大规模优化问题。

5.2.2.2 遗传算法

遗传算法（Genetic Algorithm，GA）是一种模拟自然选择和生物进化过程的启发式优化算法。它最初由约翰·霍兰德（John Holland）于 20 世纪 60 年代提出，后来在其学生戈尔德堡（Goldberg）的研究中得到了进一步发展。遗传算法的基本思想源自达尔文的进化论，旨在通过模仿自然界中物种的进化机制，寻找给定问题的最佳解。

在达尔文的进化论中，物种通过适应环境而不断进化，这一过程包含了变异、遗传和选择三个核心概念。变异指的是个体在特征（如性状或属性）上的随机变化，这种变化导致了样本之间的差异；遗传则是将某些特征传递给后代，使得后代与双亲在某些方面具有相似性；选择过程则是个体在特定环境中争夺资源，适应环境的个体更有生存优势，从而产生更多的后代。遗传算法正是通过模拟这一过程，利用适应度函数评估种群中的每个个体，选择表现良好的个体进行交叉和变异，逐步优化解的质量。

遗传算法的核心在于通过遗传操作（选择、交叉和变异）来获取新一代个体，整个过程可以概括为以下几个步骤。

（1）初始化计算。遗传算法首先生成一个随机的候选解集合（称为初始种群），每个个体通过一定的编码方式（如二进制字符串、实数编码等）表示问题的解。

（2）计算适应度。在每一代中，利用适应度函数对种群中的个体进行评估。适应度函数是用来衡量个体解的优劣的标准，适应度得分越高，表示该个体在解决问题上越有效。例如，对于最小化问题，可以将适应度定义为该解的负值，以便高适应度对应于低目标函数值。

（3）选择。通过选择操作确定哪些个体将参与交叉和变异，选择的方法通常采用“适者生存”的原则，适应度高的个体更有可能被选中。常见的选择策略包括轮盘赌选择、锦标赛选择等，选择过程确保优秀个体的特征得以保留并传递到下一代。

（4）交叉。交叉操作是通过结合两个父代个体的特征来生成后代，它模拟了生物繁殖中的基因重组过程，将父母的染色体部分互换，形成新的个体。例如，在二进制编码中，可以随机选择一个交叉点，将两个父母的染色体在该点处交换，产生两个新的后代。交叉操作有助于提高种群的多样性，使得后代能够融合父母的优良特征。

（5）变异。变异操作是随机改变个体染色体中的某些基因，以引入新的遗传信息。变异的目的是防止算法陷入局部最优解，保持种群的多样性。在二进制编码中，变异可能表现为随机翻转某一位的值。变异发生的概率通常较低，以确保主要进化过程仍然依赖于选择和交叉。

（6）判断。遗传算法会在达到预设的终止条件时停止，例如最大代数、适应度没有明显改善或计算资源耗尽等。可以通过保持每一代中最佳适应度值的记录，检查是否在一定代数内未能显著提高适应度，从而决定是否终止。如果达到终止条件，则输出结果；如果未达到终止条件，则跳转到第二步，重新计算优化。

遗传算法具有许多显著的优点，使其在处理复杂优化问题时广受欢迎。首先，遗传算法具备强大的全局搜索能力，能够有效避免局部最优解的问题，通过种群的多样性和随机性，逐步逼近全局最优解，这一特性使得遗传算法特别适合解决组合优化、调度问题及其他难以通过传统优化方法处理的问题。此外，遗传算法的适应性强，能够处理多种类型的优化问题，包括连续、离散和混合优化，广泛应用于工程、经济、人工智能等多个领域。

它的并行性也是一大优势，由于种群中的个体相互独立，遗传算法可以方便地实现并行计算，显著提高计算效率，尤其是在面对大规模问题时。然而，遗传算法也存在一些不足之处。算法的性能往往对参数设置极为敏感，不当的参数选择可能导致算法收敛速度缓慢，甚至无法找到满意解。此外，遗传算法在某些情况下收敛速度较慢，特别是在解空间较大时，可能需要较多的代数来找到合适的解。最后，尽管遗传算法在实践中表现良好，但缺乏严格的理论保证，不能确保找到全局最优解，这可能导致算法在特定局部最优解附近徘徊。

5.2.2.3 粒子群优化算法

粒子群优化算法（Particle Swarm Optimization，PSO）是由 J. Kennedy 和 R. C. Eberhart 于 1995 年提出的一种基于群体智能的优化技术，该算法模仿自然界中鸟群、鱼群等集体行为，利用个体之间的信息共享来寻找最优解。PSO 算法是进化算法的一个分支，与遗传算法类似，它从随机解出发，通过迭代过程优化解的质量。然而，PSO 不涉及交叉和变异操作，而是通过跟随当前已知的最优解来寻找全局最优，因而其规则相对简单。由于其实现容易、参数较少和收敛速度快，PSO 在解决实际问题中展现出了显著的优势。

粒子群优化算法的基本思想源于对鸟群觅食行为的研究，在这一过程中，鸟群通过集体的信息共享来找到最优的觅食位置。具体而言，假设一群鸟在森林中随机搜索食物，每只鸟都根据自身的经验和其他鸟的经验调整自己的位置，以寻找食物量最多的地方。粒子群算法通过模拟这种行为，使得每个粒子（潜在解）在搜索空间中移动，根据自身的历史最佳位置和群体的历史最佳位置来更新其速度和位置。

PSO 的实现过程主要包括以下步骤。

（1）初始化粒子群。随机生成一组粒子，每个粒子具有一个位置和速度，位置表示在搜索空间中的某个点，速度则表示粒子的运动方向和速率。

（2）评估适应度。对每个粒子，根据其当前位置计算适应度值，适应度值是目标函数在该位置上的取值，表示该解的性能。

（3）更新个体最佳位置。如果当前粒子的适应度值优于其历史最佳适应度值，则更新个体最佳位置。

（4）更新全局最佳位置。在粒子群中找到适应度值最好的粒子，更新全局最佳位置。

（5）更新速度和位置。根据当前粒子的位置、速度、个体最佳位置和全局最佳位置，更新粒子的速度和位置。更新公式包括惯性权重和学习因子，以引导粒子向更优解移动。

（6）迭代。重复执行评估适应度、更新最佳位置和更新速度与位置的步骤，直到达到设定的迭代次数或满足终止条件。终止条件一般有两种方案：达到设定迭代次数或某一指标与理想目标的差值满足某一最小界限。

（7）输出结果。最终输出找到的最优解，即全局最佳位置对应的解。

粒子群优化算法具有多种优点，使其在复杂优化问题中得到广泛应用。首先，PSO 具备强大的全局搜索能力，能够在多维搜索空间中找到全局最优解，适用于复杂和非凸的优化问题。其次，PSO 的实现相对简单，算法思想直观，易于理解和调整，适合快速应用于各类问题。此外，PSO 天然具有并行性，能够在并行计算环境中高效运行，并且对不规则、高度非线性的问题表现出良好的适应性。然而，粒子群优化算法也存在一些缺点。其收敛性可能不稳定，容易陷入局部最优解，因此需要精心的参数调整以提高性能。同时，PSO 对参数设置较为敏感，不同的参数选择可能导致显著不同的性能表现。此外，在高维空间中，PSO 的性能可能受到维度灾难的影响，难以有效搜索大规模的解空间。最后，PSO 主要适用于连续优化问题，对于离散问题的处理相对困难，因此在选择应用场景时需多加考虑。

总之，如何选择合适的优化算法，应考虑以下关键因素：(1) 问题类型。确定问题是线性的还是非线性的，是连续的还是离散的，以及是否有特殊的约束条件。例如，线性问题可能更适合使用线性规划方法，而非线性问题可能需要梯度下降或遗传算法。(2) 问题规模。对于大规模问题，那些能够有效处理大量变量和约束的算法（如遗传算法）可能更合适。(3) 求解精度和速度的权衡。某些算法（如内点法）能提供较高的精度，但可能在大规模问题上速度较慢；而启发式算法（如粒子群优化）可能更快但精度较低。(4) 计算资源：考虑可用的计算资源，如处理器速度和内存容量，以及算法的计算复杂性。

5.3 钢铁企业能源系统优化案例分析

选取某典型钢铁厂作为案例进行优化，综合考虑了能源消耗、经济效益和 CO_2 排放，同时还分析了系统内部的能源结构、原料结构和工艺参数对能源效益指标的影响。

5.3.1 优化模型

5.3.1.1 模型构建

本模型的研究边界为采用高炉-转炉路线的典型钢铁制造工艺，包括：

(1) 焦化厂，主要包括焦炉和干熄焦（CDQ）余热发电系统；

(2) 烧结厂，主要包括烧结机和环冷机；

(3) 球团厂，主要配备带式焙烧机；

(4) 炼铁厂，主要包括热风炉、高炉、高炉炉顶煤气回收机组（TRT）；

(5) 炼钢厂，主要由转炉、精炼炉、连铸机和余热锅炉组成；

(6) 轧钢厂，主要包括加热炉、轧机和余热锅炉。

为了实现所要求的目标，建立了以下假设：

(1) 一切物理和化学反应都处于平衡状态；

(2) 不考虑物质损失；

(3) 参考温度为 298.15 K；

(4) 参考压力为 0.1 MPa。

约束条件主要包括物料平衡约束、能量平衡约束和工艺参数约束。其中，物料平衡约束基于质量守恒原理建立，即确保系统内各种物质在流动和转化过程中总量恒定。能量平衡约束依据能量守恒定律，即确保系统输入、输出的总能量保持不变。工艺参数约束则确保系统在设计和运行中符合温度、压力和流量等关键参数符合实际生产情况，确保企业生产顺利进行和产品质量。

5.3.1.2 求解方式

本研究搭建的模型为非线性规划问题，所选择的算法为内点法。选择了基于 Python 的 Ipopt 工具包，因为它在处理大规模非线性规划问题方面表现出色。Ipopt 通过构造惩罚函数来寻找全局最优解。为了确保研究数据的准确性，将模型的误差控制在 5% 以内。在工程模拟中，5%～10% 的误差被视为有效范围，因此本模型被确认是有效且适用的。

5.3.2 优化结果

系统的能源效益指标从优化前的 2.07 元/kg 标煤提高到优化后的 2.83 元/kg 标煤，显示出能源消耗降低、经济效益提高和二氧化碳排放减少的协同效应；优化后，各工厂的能源效益指标显著改善，分别达到 7.49 元/kg 标煤、4.17 元/kg 标煤、8.39 元/kg 标煤、1.83 元/kg 标煤、86.51 元/kg 标煤和 3.34 元/kg 标煤，见表 5-1。

表 5-1 优化前后结果比较 （元/kg 标煤）

工 序	焦化	烧结	球团	炼铁	炼钢	轧钢	系统
优化前	6.86	1.62	8.36	1.35	84.27	2.58	2.07
优化后	7.49	4.17	8.39	1.83	86.51	3.34	2.83

尽管不同工厂表现出不同程度的提升，这并不意味着所有工厂都实现了能耗降低、经济效益提高和二氧化碳排放减少，原因在于每个过程的独特特征。因此，对优化前后的焦化、球团等工厂以及电力和蒸汽网络、COG 网络、BFG 网络和 BOFG 网络和副产品等的投入产出进行了分析计算，如图 5-2 所示。其中，*COG* 从优化前的 34.3 m^3 变为 16.8 m^3，*BOFG* 从 72.1 m^3 变为 85.1 m^3，而 *BFG* 和钢坯基本保持不变。

对于整个系统而言，从材料组成、能源结构和工艺参数等方面进行优化，有利于提升能源效益指标，如图 5-3 所示。其中，经济效益从 1116.62 元/t 粗钢提高到 1214.20 元/t 粗钢，能耗从 538.37 kg 标煤/t 粗钢降至 429.76 kg 标煤/t 粗钢，二氧化碳排放量从 1532.15 kg/t 粗钢降至 993.12 kg/t 粗钢。具体分析如下：

（1）在焦化厂，通过降低高炉焦炭比和调整铁矿石与燃料的匹配方式，能源效益指标有所提高，能耗降低 15.95 kg 标煤/t 粗钢，CO_2 排放减少 224.11 kg/t 粗钢，经济效益减少 79.30 元/t 粗钢。

（2）对于烧结和球团厂，增加球团提升了能源效益指标。炼铁厂采用高球团与高炉喷吹煤（PCI）的配比后，能耗降低 56.51 kg 标煤/t 粗钢，二氧化碳排放减少 160.92 kg/t 粗钢，经济效益提高 81.81 元/t 粗钢。

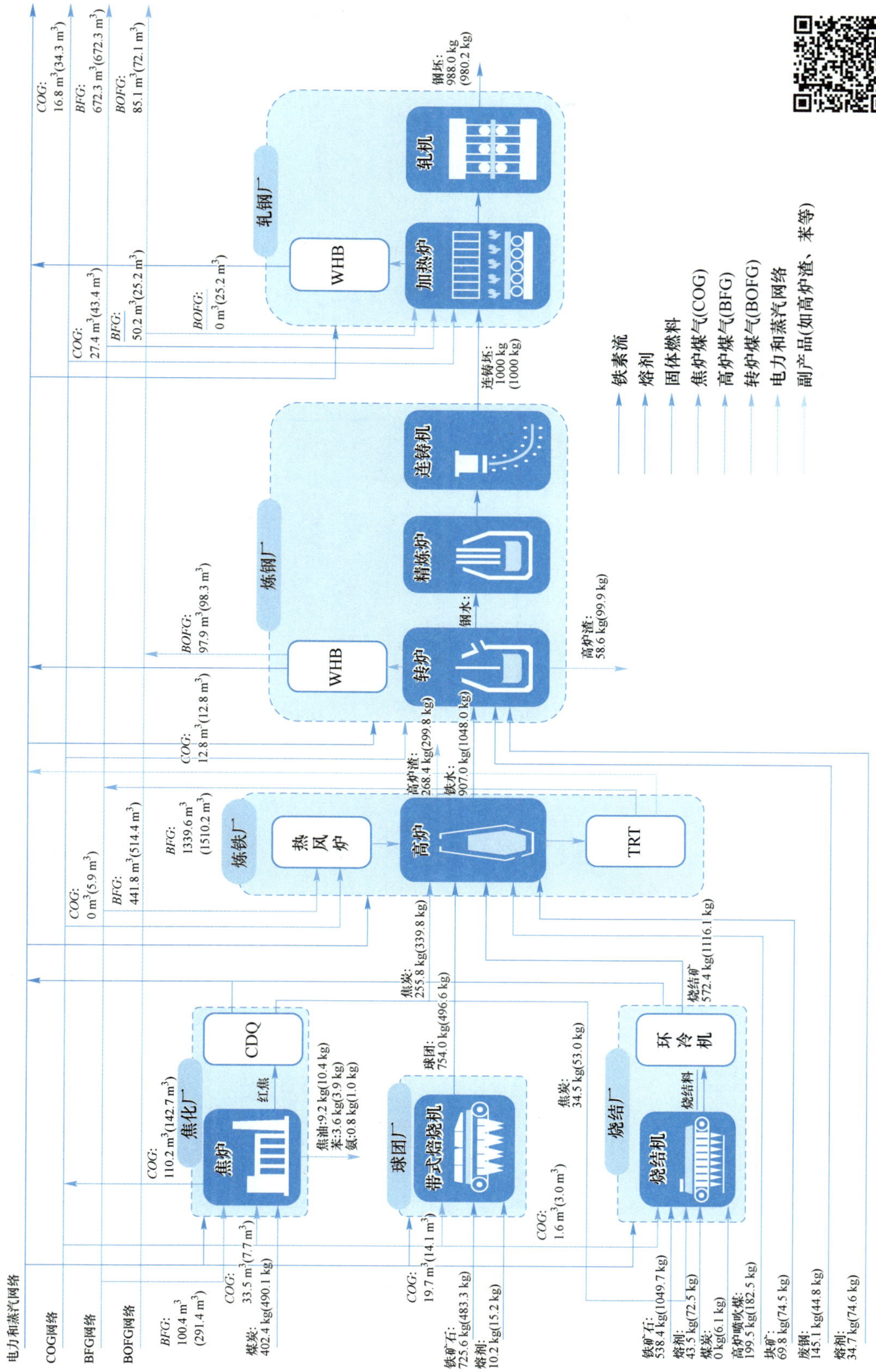

图 5-2 彩图

图 5-2 优化后（前）物料流程图

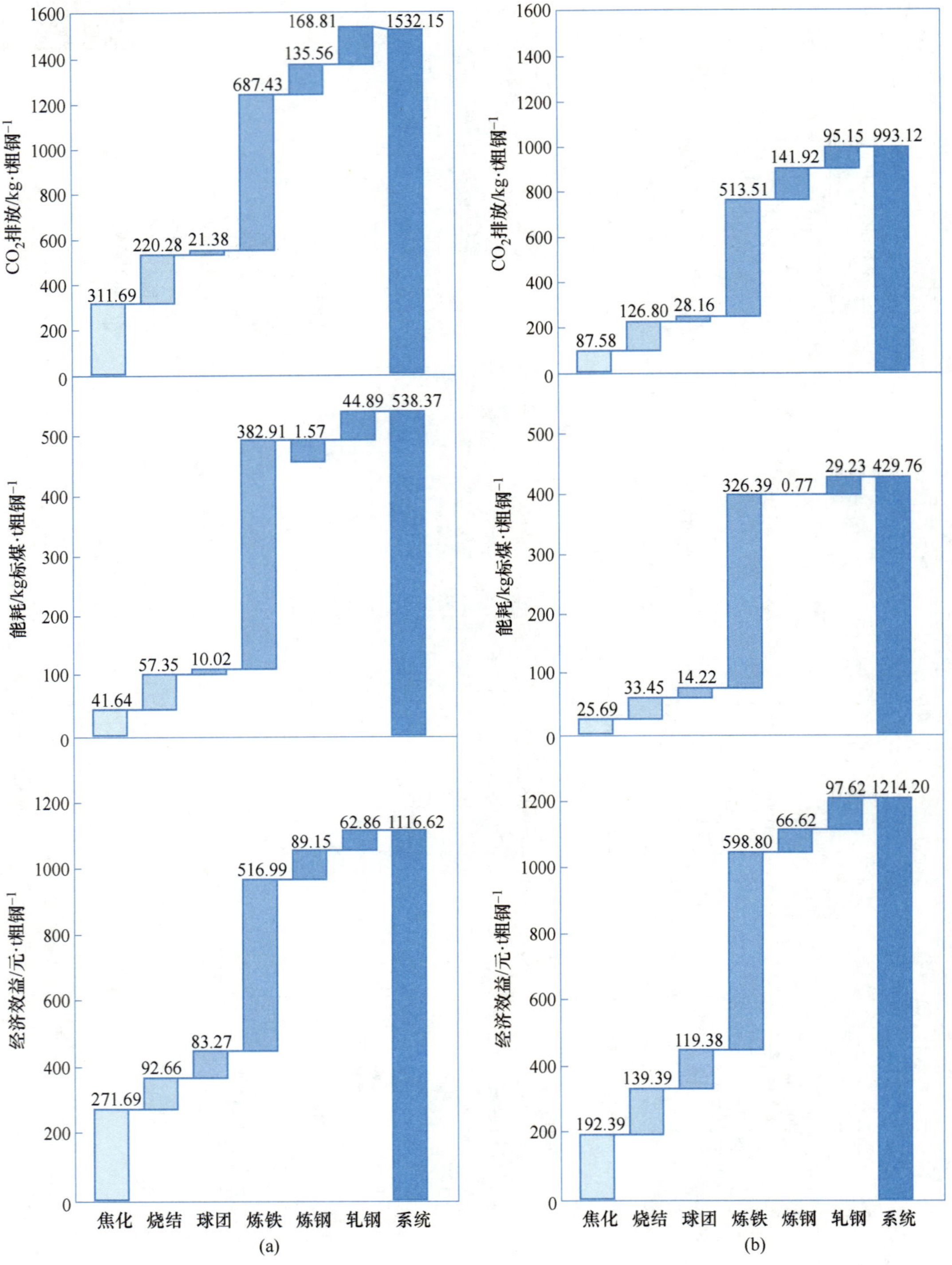

图 5-3 优化前后结果对比

（a）优化前；（b）优化后

（3）炼钢厂通过提高铁水温度、增加废钢投入和提升转炉氧气回收率，实现能耗降低 0.80 kg 标煤/t 粗钢，二氧化碳排放增加 6.36 kg/t 粗钢，经济效益降低 22.53 元/t 粗钢。

（4）轧钢厂通过提高钢坯温度和优化燃料结构，使能耗降低 15.66 kg 标煤/t 粗钢，二氧化碳排放减少 73.66 kg/t 粗钢，经济效益提高 34.76 元/t 粗钢。

5.3.3 影响因素分析

5.3.3.1 能源结构

煤与焦炭的能源匹配模式对钢铁生产的能源结构具有重要影响。煤炭，尤其是炼焦煤和 PCI，是钢铁生产的主要能源。焦炭是通过高温隔离空气加热焦煤生成的，并与 PCI 一起注入高炉。图 5-4 展示了不同匹配方式下煤与焦炭的能量效益指标，结果表明，随着 PCI 消耗的增加，整个系统的能量效益指标也随之提升。尽管 PCI 的灰分含量高于焦炭，分解这些灰分所需的额外能量导致高炉能耗和 CO_2 排放增加，由于 PCI 使用的增加使焦炭需求减少，因此焦化过程的能耗和 CO_2 排放也随之降低。具体而言，每增加 50 kg 的 PCI，焦炭消耗约减少 38 kg/t 粗钢，从而使系统的能源效益指标提高 0.02 元/kg 标煤。同时，整个系统的能耗降低约 2.90 kg 标煤/t 粗钢，二氧化碳排放量减少 1.68 kg/t 粗钢，经济效益下降 1.75 元/t 粗钢。

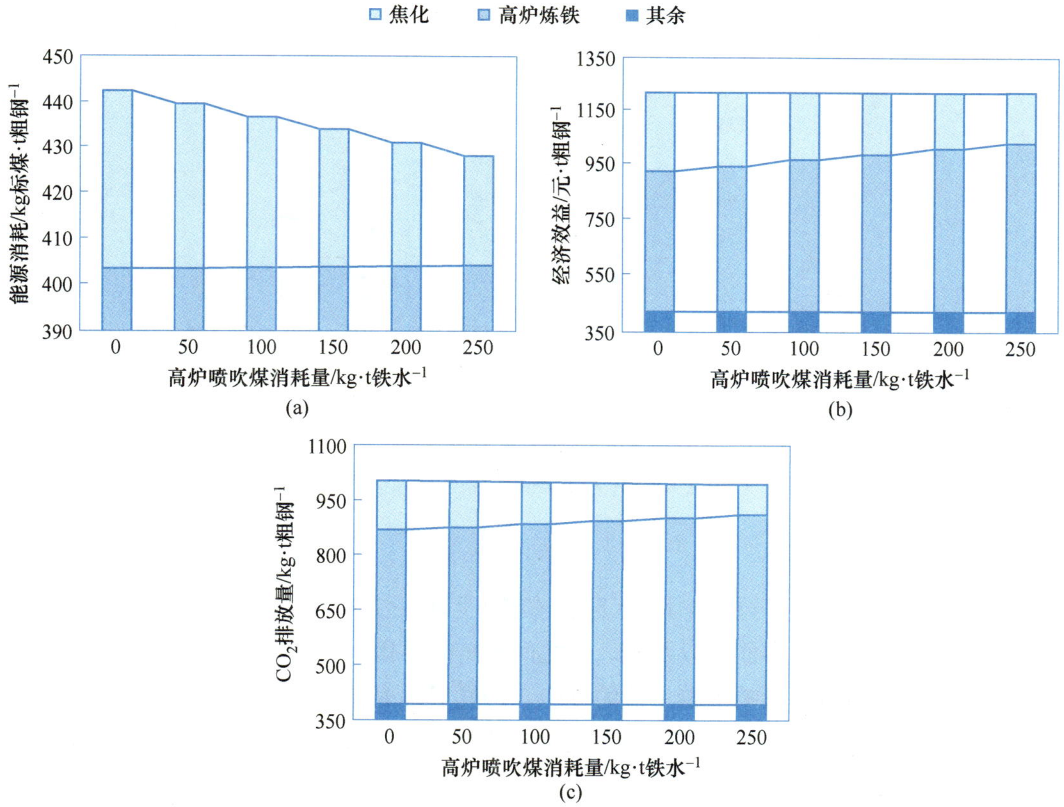

图 5-4 能源结构的影响

（a）能源消耗；（b）经济效益；（c）CO_2 排放量

5.3.3.2 原料结构

原料结构中的球团矿比例对钢铁生产的能源效益具有重要影响，尤其是在烧结和球团的匹配模式中，大量铁矿石用于生产钢铁，主要集中在烧结和球团。通过微调高炉内烧结矿与球团矿的配比，可以有效调整系统的原料结构。如图 5-5 所示，不同球团比下钢厂的能量效益指标及相关数据表明，尽管球团矿成本上升导致系统经济优势降低，但球团矿的铁含量远高于烧结，且球团过程中的能耗显著低于烧结。因此，整体系统的能耗和 CO_2 排放量大幅减少。具体而言，每增加 10% 的球团矿消耗量，能源效益指标平均下降 0.06 元/kg，能源消耗降低 14.53 kg 标煤/t 粗钢，二氧化碳排放减少 43.17 kg/t 粗钢，经济效益下降 10.81 元/t 粗钢。

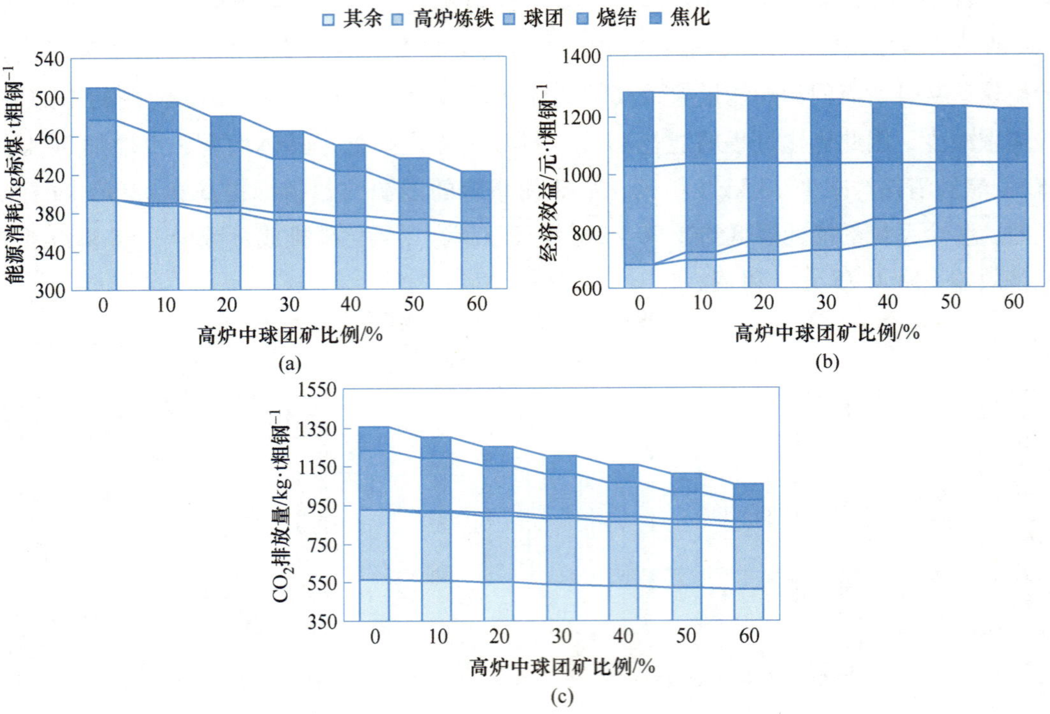

图 5-5 原料结构的影响

(a) 能源消耗；(b) 经济效益；(c) CO_2 排放量

5.3.3.3 技术参数

铸轧界面是钢铁生产过程中两个工序（或工厂）之间的连接部分，尤其是高炉炼铁厂与转炉炼钢厂之间的界面，以及铸轧厂之间的铸轧界面。界面中最关键的参数是材料的温度，因为其变化直接影响下游工艺的生产。铸轧界面对能量效益指标的影响，如图 5-6 所示。提高钢坯进入加热炉的温度明显能降低轧钢厂的能耗，从而减少系统的能源消耗和二氧化碳排放。具体而言，钢坯进入加热炉的温度每增加 100 ℃，整体系统能耗效益指标提高 0.02 元/kg，轧钢厂能耗效益指标提高 0.29 元/kg。与此同时，能耗降低 2.35 kg 标煤/t 粗钢，二氧化碳排放减少 6.16 kg/t 粗钢，经济效益增加 1.21 元/t 粗钢。这表明，提高钢坯温度对能源消耗、CO_2 排放量和经济效益均具有积极的影响。

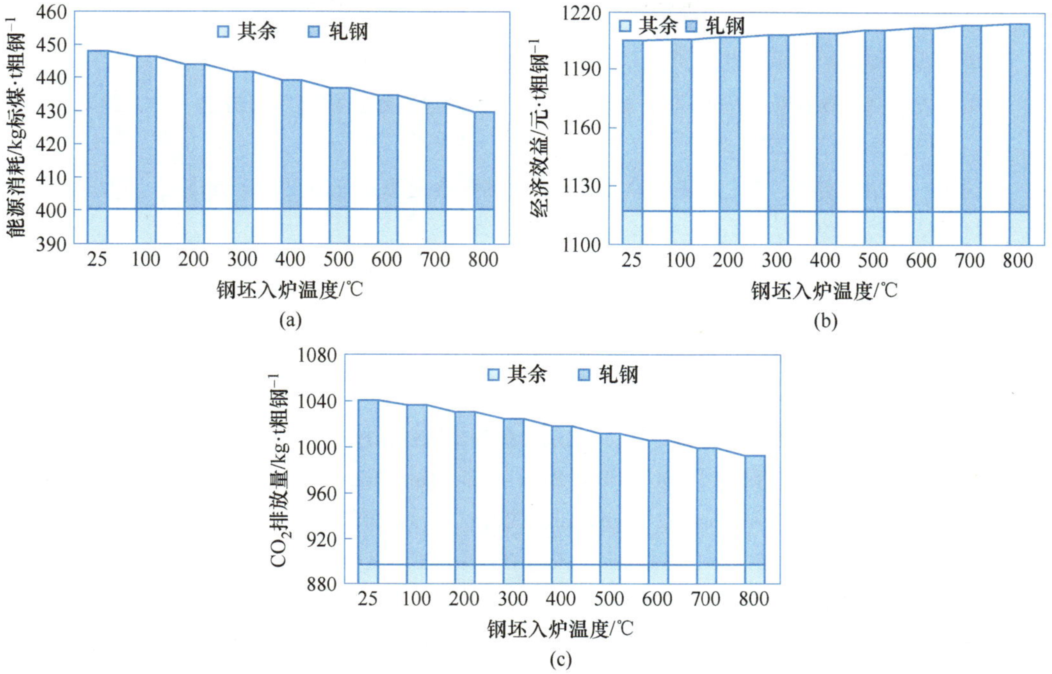

图 5-6 工艺参数的影响

（a）能源消耗；（b）经济效益；（c）CO_2 排放量

综上所述，通过优化能源结构、原料结构和技术参数，可以有效地提高钢铁生产过程的能源效益。具体而言，增加 PCI 的使用能够降低焦炭消耗，从而减少高炉能耗和 CO_2 排放；调整球团矿的比例则有助于提高原料的能量效益，尽管可能导致球团矿成本上升；提高钢坯进入加热炉的温度则显著降低轧钢的能耗，进而改善整体经济效益。这些措施表明，通过对生产流程的优化，不仅能够实现显著的节能降耗，还能提升环境友好性，为可持续发展奠定基础。

思 考 题

5-1 在所选案例中，优化前后，不同生产环节的能效指标变化幅度不同，其背后的原因是什么？

5-2 调整能源结构、原料结构和技术参数等对钢铁生产系统的能耗、二氧化碳排放和经济效益影响规律有哪些，如何权衡这些因素？

5-3 从可持续发展的角度出发，钢铁企业应如何制定未来的优化方向？除了本书提到的因素，还有哪些其他方面值得关注和探索？

参考文献

[1] 刘思林. 本钢集团能源系统分析及节能规划 [D]. 沈阳：东北大学，2013.

[2] 薛毅. 线性规划的历史与发展 [J]. 数学建模及其应用，2024，13 (3)：100-105.

[3] 孙晨，袁义明，杨长春. 基于原始-对偶内点法寻优的地震数据稀疏反演方法 [J]. 地球物理学进展，2013，28 (5)：2524-2535.

[4] 韩逸飞，徐婧，谢典，等. 考虑碳捕集的风光火储综合能源系统多目标运行优化 [J]. 热力发电，2024，53 (8)：30-37.

[5] YANG Y, ZHANG L, YUAN Y, et al. Muti-objective optimization on energy consumption, CO_2 emission and production cost for iron and steel industry [J]. J Environ Manage, 2023, 347: 119102.

[6] 袁喻兴，闫天一，那洪明，等. 炼铁系统能耗和成本的集成优化及分析 [J]. 中国冶金，2022，32 (1)：97-103.

[7] 陆钟武，蔡九菊. 系统节能基础 [M]. 北京：科学出版社，1993.

[8] LIU CHANGXIN, XIE ZHIHUI, SUN FENGRUI, et al. Optimization for sintering proportioning based on energy value [J]. Applied Thermal Engineering, 2016, 103: 1087-1094.

[9] TOKSARI M D. A hybrid algorithm of Ant Colony Optimization (ACO) and Iterated Local Search (ILS) for estimating electricity domestic consumption: Case of Turkey [J]. Int J Electr Power Energy Syst, 2016, 78: 776-782.

[10] ZHANG L, YUAN Y, XI J, et al. Synergistic enhancement for energy-saving, emission reduction and profit improvement in iron and steel manufacturing system: Strategies for parameter regulation and technologies integration [J]. Energy Convers Manag, 2024, 322: 119101.

[11] NA H, SUN J, QIU Z, et al. A novel evaluation method for energy efficiency of process industry—A case study of typical iron and steel manufacturing process [J]. Energy, 2021, 233: 121081.

[12] SUN W, WANG Q, ZHENG Z, et al. Material-energy-emission nexus in the integrated iron and steel industry [J]. Energy Convers Manag, 2020, 213: 112828.

[13] 张佳朋，庄存波，刘检华，等. 基于超启发式算法的可重构装配车间调度 [J]. 计算机集成制造系统，2024：1-17.

[14] YUAN Y, NA H, DU T, et al. Multi-objective optimization and analysis of material and energy flows in a typical steel plant [J]. Energy, 2023, 263: 125874.

[15] NA H, QIU Z, SUN J, et al. Revealing cradle-to-gate CO_2 emissions for steel product producing by different technological pathways based on material flow analysis [J]. Resour Conserv Recycl, 2024, 203: 107416.

[16] QIU Z, SUN J, DU T, et al. Impact of hydrogen metallurgy on the current iron and steel industry: A comprehensive material-exergy-emission flow analysis [J]. Appl Energy, 2024, 356: 122452.

6 钢铁工业节能减碳技术研究

钢铁企业节能减碳可以从源头减量、过程控制和末端治理三个方面入手。源头减量型节能减碳技术是着眼于钢铁生产的起点，减少原料和能源的使用量，实现低碳原料或者能源的替代，从而达到节能减碳的目的，其包括使用优质矿石、废钢等低碳原材料、采用氢气/生物质等低碳能源替代传统碳基燃料、引入清洁光伏/风电等绿色电力，以及优化工艺过程减少能源消耗等方面。过程控制型节能减碳技术则主要通过优化生产过程、提高设备运行效率的手段来实现节能减碳，主要通过生产过程优化（如配料优化、运行参数优化）、工艺优化（如采用直接还原铁等先进低碳冶炼工艺与传统 BF-BOF 工艺耦合等）、系统智能管控、余热余能回收等方式支撑精益钢铁生产及系统节能降耗减碳。末端治理型节能减碳技术主要是针对生产过程中无法避免的废弃或者废物排放，通过二氧化碳捕集回收和资源化利用以及废物循环利用等手段实现。

6.1 源头减量型节能减碳技术

6.1.1 低碳原料替代技术

6.1.1.1 高废钢比冶炼

对于以高炉-转炉流程而言，提高转炉废钢比、减少铁水用量可以有效降低炼钢过程能源消耗及 CO_2 排放。与转炉炼钢相比，电炉炼钢虽然能耗和碳排放相对更低，但由于转炉炼钢流程占据钢铁行业主导地位（中国 90% 钢铁来源于转炉冶炼，未来较长时间内转炉炼钢仍将是中国主要废钢消耗流程）的基本情况，中国也在持续推动转炉大废钢比冶炼技术的研发。在提高转炉废钢比方面，国内外钢铁企业及研究机构进行了大量探索，主要方法包括废钢预热、转炉内添加补热剂和提高二次燃烧率等。废钢预热工艺主要包括：利用铁水罐或鱼雷罐等载铁容器的余热烘烤常温废钢（废钢升温效果一般，对废钢比提升作用有限）、利用烘烤器、加热炉等传统冶金加热装置预热载铁容器内废钢，向转炉内添加补热剂主要是通过炉口加料系统、顶吹枪或底部喷枪将补热剂加入转炉与氧反应产生大量热量以熔化更多废钢。二次燃烧技术主要是在原有氧枪射流基础上增加副孔射流，其氧气流股和炉气中 CO 反应产生大量热量以熔化更多废钢。

6.1.1.2 富氢冶炼

当前，中国钢铁工业产能居高不下，且行业集中度较低，基于高炉-转炉的长流程工艺的碳排放劣势尤为突出。以废钢为主要原料的电炉短流程不足以保障国民经济需求，富煤少气的资源禀赋也限制了直接还原铁的发展。高炉炼铁工艺技术体系成熟，在炼铁流程中的地位难以被其他炼铁工艺完全取代。加之目前尚未有完全成熟的碳中和冶金技术，开发新型高炉-转炉长流程低碳冶金新工艺是钢铁行业实现“双碳”目标的方法路径之一。当前先进高炉的吨铁燃耗已接近理论极限，通过降低固体燃料消耗以减少 CO_2 排放的空间十分有限。针对此问题，宝武集团自主开发了富氢碳循环氧气高炉，通过对煤气 CO_2 分离提质将高炉副产煤气转变为高还原势煤气和高浓度 CO_2 产品，高还原势煤气高温加热后返回高炉重复利用，在煤气返回利用过程中混加氢以利用氢替代部分还原耗碳；同时，采用绿电实现煤气高温加热，替代部分或全部风口氧化放热耗碳，进一步减少高炉冶炼过程的碳源输入，取得了良好的碳减排效果（焦比约290 kg/t 铁水，煤比约100 kg/t 铁水，减碳超过20%，高炉最大利用系数为5.0 $t/(m^3 \cdot d)$）。2008 年，日本启动了 COURSE 50 项目，利用氢气进行高炉铁矿石还原。2020 年，日本相关钢铁公司组建了 GREINS 项目，并行开发使用高炉的氢还原技术和使用氢气直接还原铁矿石的直接还原技术。韩国 POSCO 计划基于 FINEX 流化床还原技术建设氢还原工厂，直接使用细粒铁矿石或普通烧结用矿粉，没有类似于竖炉型氢还原技术对高质量球团矿的要求，具有丰富的原料优势。

6.1.1.3 生物质原料/燃料使用

有研究基于生物质重整煤气技术，采用生物质替代煤粉进行煤气重整，提出了生物质重整煤气喷吹-氧气高炉工艺。该循环工艺中高炉煤气分为两股进行利用，一股高炉煤气循环送往气化炉与煤粉/生物质进行煤气重整，生成高还原性、高温的重整煤气供给高炉；另一股煤气被送至富氧燃烧装置，为气化炉或其他工序提供热量的同时，将燃烧过程中产生的高浓度 CO_2 进行捕集储存，生物质燃料也被用于铁矿石烧结过程。碳素燃料焦粉和无烟煤的能量密度、热值、固定碳含量和矿物质含量高于生物质燃料，但同时 S、N 等造成环境负担的元素含量也明显高于生物质燃料。生物质燃料在燃料层面具有更为清洁绿色的潜力，但由于含水量较高等原因其热值偏低，在点火烧结过程中对料层的热分布有着直接影响，进而影响着烧结过程的固相、液相反应以及烧结工序的经济技术指标，实际生产中需要根据具体的原料、燃料条件来确定最为合适的配比。生物质资源如天然生物质、生物质炭、生物质衍生物等可广泛应用于低碳炼铁工艺，天然生物质还原铁氧化物主要是利用生物质受热分解产生的气体和固定碳。气基还原是由挥发分中的 CO、H_2 和 CH_4 等碳氢化合物实现的，固定碳还原主要包括碳的直接还原和 CO 的间接还原。生物质碳还原氧化铁可分为两个阶段，首先被挥发性碳还原（主要由气体扩散控制），再被非挥发性碳还原，该阶段则以碳气化为主。生物质衍生物是指将生物质经过改性和化学剥离等方法进行加工后得到纤维素、半纤维素和木质素等产物，通过气化技术生物质最终转化出 CO 和 H_2 的合成气，得到的合成气可用于直接还原生产过程中的还原剂。

6.1.2 清洁电力替代技术

钢铁工业是典型能源密集型产业，高碳的能源结构导致其碳排放量居高不下。清洁能源在利用过程中基本不产生碳排放，钢铁企业应用清洁能源将从源头直接改变企业用能结构。通过引入风能、太阳能和生物质能等可再生能源，可以有效缓解钢铁企业对化石燃料的依赖，显著减少其温室气体排放，并降低能源价格波动带来的经营风险。“双碳”背景下，钢铁企业应更加重视清洁能源的开发利用，钢铁企业用能结构中电力仅占约6%，电力消耗中绿电比例却不超过1%。钢铁企业可利用的厂房屋顶面积广泛，有着良好的光伏安装条件，企业用电负荷大、消纳能力强，安装分布式屋顶光伏发电系统可以有效降低用电成本，降低环境影响。沿海城市、西北地区等风力资源丰富地区的钢铁企业应充分利用这一区位优势发展风电，如鞍钢股份鲅鱼圈钢铁分公司在其港口码头附近安装建设11台风力发电机组，年发电量约3000×10^4 kW·h（减碳约2.3万吨）。

6.2 过程控制型节能减碳技术

6.2.1 焦化工序节能减碳技术

（1）炼焦煤调湿技术。煤调湿技术是一种炼焦用煤的预处理技术，旨在将煤料在装炉前利用直接或间接热源加热干燥以去除部分水分，使水分稳定在较低水平，然后装炉炼焦。目前，国内外主要采用三种煤调湿技术：导热油煤调湿、蒸汽煤调湿和烟道气余热煤调湿。其中，烟道气余热煤调湿技术利用烟道废气余热作为热源而无需外部能源，具有显著的节能效果，已成为煤调湿技术的主要发展方向。采用该技术后，装炉煤水分可降低约4%，焦炉产能提升8%～9%，炼焦热耗减少220～248 MJ/t；同时，酚氰废水排放量减少25%～30%，整体节能量达到6.10～7.50 kg标煤/t，减碳量达到1.30～3.30 kg CO_2/t。

（2）焦炉加热智能控制技术。焦炉加热智能控制技术通过自动测温装置实时监测立火道温度、焦饼温度、荒煤气温度及废气含氧量等数据，由智能化控制系统进行数据采集、分析、学习，以精准控制焦炉煤气流速和燃烧室温度；可实现焦炉加热精准调节，有效节约煤气用量，使炉内温度分布更加均匀，可提升焦炭强度(M_{40})为0.5%～1%，整体节能量达到1.80～2.10 kg标煤/t，减碳量达到2.00 kg CO_2/t。

（3）智能配煤技术。智慧配煤技术将传统配煤工艺与人工智能结合，基于运营数据、焦炭数据、原料煤数据，进行多维度因子保质降本配煤优化。企业通过智慧配煤技术，改善配煤结构，可降低配煤成本2%～3%，焦炭质量预测精度提高到98%以上，控制煤耗在合理范围内最低水平而降低能耗及碳排放，整体节能量达到1.00 kg标煤/t，减碳量达到2.80～3.20 kg CO_2/t。

6.2.2 烧结（球团）工序节能减碳技术

（1）烧结混合料预热技术。目前提高烧结混合料温的方法主要有热返矿预热混合料、生石灰预热混合料及蒸汽预热混合料三种。目前主流的预热工艺是蒸汽预热混合料，将过热蒸汽与混合料接触换热从而提高料温，既能提高料温又能进行混合料的润湿和水分控制、保持混合料的水分稳定。但是，通过使用大量蒸汽的方式预热混合料的方法热量利用率偏低，不仅造成蒸汽浪费，而且蒸汽中水分对烧结过程造成影响。因此，有技术通过对制粒工艺进行优化（将传统一混加水、二混制粒造球和三混强化制粒的方式改为一混强力混匀、二混加水制粒造球和三混强化制粒方式），极大提高生石灰粉消化放热功效，可有效降低烧结固体燃料消耗。

（2）超厚料层烧结技术。厚料层是指在低能耗标准下提升烧结料层高度，主要通过发展自动蓄热来节约能源和提高烧结矿的质量。增加烧结料层的厚度可以提高烧结料层的储热能力，从而有效降低烧结工序固体燃耗和煤气消耗。透气性是烧结厚料层操作的关键指标，气流阻力主要来源于烧结料层的燃烧带和过湿带。通过调整原料结构，减少铁精粉的配加量、调整熔剂结构、提高熔剂活性度、提高混匀矿温度等措施可以降低燃烧带和过湿带阻力，实现厚料层生产。湘钢360 m^2 烧结机920 mm超厚料层烧结生产实施后，烧结矿转鼓强度达到80%以上（提升2.95%），利用系数提升至1.4 t/(m^2·h）以上（提升5.2%）；同时，烧结矿生产成本也大幅度降低，电耗降低至40.5 kW·h/t，固体燃料消耗降低至53.89 kg/t（降低了9.94%）。

（3）机械密封与水密封技术。针对橡胶板密封技术高漏风率的缺陷，技术人员开发了密封性更好的机械密封和水密封技术。机械密封装置由焊接在台车下栏板底部的动密封板和安装在回转体水平梁上的弹性静密封装置组成，可很大程度上避免密封失效，具有良好密封性能，弹性机构可有效弥补环冷机轨道水平度的误差，在轨道存在较大误差时仍然可以提供较好的密封效果。宣钢360 m^2 烧结环冷机在更改橡胶板密封为机械密封后，漏风率降低70%以上，电耗大幅下降。水密封装置主体为环形水槽和隔板，安装在集气罩和台车栏板间，其隔板下端垂直插入水槽，通过隔板两侧水位差保证密封压力，实现绝对的全密封。转臂式液密封环冷机技术是该密封技术的典型案例，可将漏风率降至5%以下，余热利用率达60%以上，用电量节约70%~80%。

6.2.3 炼铁工序节能减碳技术

（1）均压放散煤气回收技术。炼铁过程中，当铁矿石和焦炭从高炉顶部进行装料时，高炉正处于高温和高压状态，而铁矿石和焦炭在装入炉顶之前是处于常温常压状态。操作过程中，高炉煤气会排入空气内导致车间内的一氧化碳等有毒气体含量升高，同时伴有大量的烟尘及热量耗散。因此，需要通过设置回收工艺，利用料罐与煤气管网的压差实现炉顶均压煤气的连续回收，然后先后经炉顶旋风除尘器进行一次除尘和布袋除尘器进行二次除尘再并入净煤气管网。通过回收装置，均压煤气回收率可达到85%～95%。如果采用抽负压装置，煤气回收率能够达到100%。

（2）热风炉富氧烧炉技术。热风炉燃烧过程中，助燃空气中氧气含量仅有20%左右，其他气体对燃烧无直接作用且会在废气排放时带走大量热量。富氧烧炉技术通过提高助燃空气的氧含量，减少空气使用量，在保证高炉所需的高风温条件下实现节能降耗，降低生产成本。热风炉富氧燃烧可以降低工序能耗约1.4 kg标煤/t铁水，同时可提高风温10 ℃。

（3）热风炉空煤气双预热技术。针对热风炉空煤气双预热技术通过对助燃空气和煤气同时进行预热，显著提高了燃料的燃烧效率和热风炉整体的热利用率。预热后的助燃空气和煤气在高温条件下进入燃烧室，有效减少了燃料的消耗量，同时大幅提升热风炉出口风温。这种技术能够改善高炉的燃烧条件，降低生产成本，并减少温室气体排放，具有显著的节能和环保效益。

6.2.4 炼钢工序节能减碳技术

（1）转炉底吹二氧化碳炼钢技术。底吹的作用是利用底吹气体上浮和膨胀来强化熔池搅拌，以此改善炼钢过程动力学条件、加速炉内碳氧反应、促进碳氧平衡，达到降低转炉终渣中 FeO 含量的目的。相比于传统的 Ar 和 N_2，CO_2 底吹后可参与熔池反应，其底吹搅拌能力强于 Ar 和 N_2，且可避免底吹 N_2/Ar 型复吹转炉钢中 N_2 含量增加以及底吹 O_2/C_xH_y 型转炉钢中 H_2 含量增加的情况出现，因此 CO_2 是成本较高的 Ar 和有潜在危害 N_2 的一种有效替代品。采用 CO_2 底吹时，CO_2 参与熔池反应为吸热或微放热反应，反应的热效应较低，使转炉内部钢水搅拌更具有效果。CO_2 与转炉炼钢铁水的 C 发生吸热反应生成 CO，既可以充分提高脱磷效率，也能增加转炉煤气回收量。

（2）转炉除尘风机节能控制技术。基于大数据分析和智能控制理论，明确不同工艺条件下的电机与负载匹配关系及控制策略优化，实现电机系统的能效最优化。转炉除尘工艺中，针对各冶炼周期（约 30 min），对风机运行速度进行智能化调整，在转炉吹炼时风机高速运行，在吹炼后期和补吹时中速运行；在装料和出钢期间则降低风机速度，在满足转炉工艺需求的同时实现节能降耗。通过将工频风机改造为变频风机，风机节能控制技术的节电率达到 10.5%。

（3）铁水智能调度技术。高炉-转炉流程中，铁水通过鱼雷罐车或铁水罐等载铁器具由高炉输送至炼钢转炉车间，然后将空鱼雷罐车或铁水罐运回炼铁高炉进行受铁。通过优化铁-钢界面，不仅能够实现关键工序间的精确匹配与协调，还可大幅提升整体流程的运行效率，有效降低能耗和物料消耗，减少生产成本。铁-钢界面智能化调度技术实现炼铁工序与炼钢工序之间铁水合理、准确匹配的核心环节，该技术可提升铁水入转炉温度 10 ℃以上，吨铁节能量达到 2.28 kg 标煤、减排效果达到 5.93 kg CO_2。例如，中国宝武宝山基地开发应用 Smart HIT 系统，实现了鱼雷罐运输无人化，铁-钢界面温降减少了 29.57 ℃。

（4）转炉煤气自动点火伴烧技术。转炉煤气自动点火伴烧技术采用高空直燃式自动点火伴烧系统，使用电梯电弧和催化反应伴烧器，将放散的转炉煤气直接引入燃烧器，作为点火燃烧气源以替代原焦炉煤气伴烧火源。当有转炉煤气到达放散塔时通过控制高压电弧作用点火，以此取代高耗能的持续伴烧，实现节能降耗。该技术在鞍钢股份等企业应用，某钢铁企业利用该技术每年节约 1425.6 万立方米焦炉煤气。

6.2.5 轧钢工序节能减碳技术

（1）加热炉无焰富氧燃烧技术。常规富氧燃烧技术是空气与氧气预先混合后供入烧嘴，燃烧火焰短，燃烧区域更加集中，会导致炉膛温度分布均匀性变差，氮氧化物生成量增加等问题。无焰富氧燃烧技术是指燃烧过程中伴随着烟气释放却不产生火焰的富氧燃烧。无焰富氧燃烧通过一个贯穿炉墙的氧枪直接喷射到火焰上，氧枪使氧气射流能够卷吸更多的炉内烟气，实现整个炉膛内的弥散无焰燃烧，避免局部高温。无焰富氧燃烧技术的氧浓度可在21%~65%范围内灵活调整，燃烧后几乎不产生热力型 NO_x。该技术可提高加热产能10%以上、降低燃耗10%以上、减少烧损10%以上，使加热温度更加均匀，实现烟气中 NO_x 达标排放。

（2）加热炉蓄热燃烧技术。蓄热式燃烧技术通常采用一对交替工作烧嘴，通过切换燃烧和排烟状态实现热能的高效回收和利用。当一只烧嘴处于燃烧状态时，燃料通道开启，常温空气（或常温煤气）通过高温蓄热体被加热，转化为热空气（热煤气）用于助燃；而另一只烧嘴则处于蓄热状态，此时燃料通道关闭，燃烧产物在引风机的作用下流经燃烧通道进入蓄热体，将热量储存起来，最终通过烟道排放低温烟气。通过这种交替工作模式，蓄热体有效回收废气中的余热，从而提高整体热效率，减少能源消耗。

6.2.6 余热余能高效回收利用技术

钢铁工业生产过程中会产生大量的余热余能资源。当前，多数钢铁企业已基本实现高品位余热资源的回收利用，但仍有大量中低温余热资源未得到充分利用。这些中低温余热资源由于温度等级多样、间歇性和分散性强，回收难度较大，常常直接耗散于环境中而未得到高效回收利用。中低温废气余热发电、高效换热器、吸收式热泵、相变储能等一系列先进余热利用技术已日渐成熟，但受制于工艺匹配性不足、投资成本较高、运行维护复杂等问题，此类技术应用场景十分受限。深入研究和发展面向中低品位余热资源的高效回收转化利用技术，实现余热资源梯级利用和全流程优化，已经成为钢铁工业节能减碳的关键。

6.2.6.1 余热回收利用基本方式及原则

A 工业余热资源分类

工业余热资源在工业生产过程中普遍存在，由于种类繁多、来源复杂，传统管理方式往往难以实现对其高效的集中管理和充分开发利用，导致了大量余热资源的浪费。因此，需要根据不同的分类标准对余热资源进行细化分类，以便更好地识别、管理和开发利用。通过精确分类可以明确不同余热的温度等级、来源特性和介质类型，从而有针对性地制定相应的回收和利用技术，进一步提升能源综合利用效率，为工业企业实现可持续发展目标提供支撑。

（1）依据余热载体类别进行分类。依据余热载体介质状态可以将工业余热分为气态载体余热、液态载体余热和固态载体余热，这三种类别余热在生产过程中的表现形式和利用方式各不相同。气态载体余热通常来自不同热工设备燃烧产生的烟气、副产煤气等，温度等级多样且流动性好，适合用于余热回收发电等用途；液态载体余热多来源于液态中间产品、废液以及冷却液等液体介质，一般温度较低（废水温度一般在60 ℃以上，冷却水温度一般在30～40 ℃），最常见的利用方式是使用专用换热器进行供热（例如，使用高炉冲渣水进行集中供热）或者通过特殊设备供冷（如焦化冷却水通过热水型溴化锂制冷机组制冷并用于煤气冷却）；此外，还有一部分余热携带于高温固体材料上，如界面处工序产品（铁水、钢坯）、固废（炉渣）等。固态载体余热一般具有温度高、热量密度大的特点，但热量传导速度较慢，回收难度相对较大，常见利用方式为将热量传导至其他流体介质中进行回收，例如，高炉冲渣过程中将高温炉渣余热传导至冲渣水中。

（2）依据余热温度等级进行分类。依据余热的温度等级可以将余热资源划分为高品位余热资源、中品位余热资源和低品位余热资源三种类型。同时，不同形态介质所对应的高、中、低品位余热温度等级有所不同，见表6-1。

表6-1 不同形态载体的高、中、低品位余热资源分类 （℃）

温度等级	载体类别		
	固态载体	气态载体	液态载体
高品位余热	>700	>300	>200
中品位余热	400～700	200～300	95～200
低品位余热	<400	<200	<95

B 工业余热资源利用的基本原则与方法

对工艺过程中某部分余热进行回收利用时应秉持“热尽其用，梯级利用”的原则，确保余热资源得到最大化综合利用。应将余热按品位进行分级管理和应用，整个余热回收过程应优先从高品位热能开始，在满足高温热需求后逐步应用于中、低温工艺，尽可能延长余热的利用链条，从而实现余热资源的充分利用与高效转化。余热的分级梯级利用中主要包括回用、替代、提质和转换四种方法路径。

（1）余热回用。余热回用是指以用能设备为核心，通过高效热传递或热交换技术将生产过程中产生的余热直接返回原设备，从而减少系统对高品位外部能源依赖。例如，高炉-转炉钢铁生产工艺中，热轧工序的烟气可以直接用于为加热炉预热燃料气体，从而降低燃料消耗。余热回用在有效降低能源支出及排放的同时减少了余热耗散，实现“就地消纳”。

（2）余热替代。余热替代是指通过余热存储、传递或者交换将可回收热能应用于设备所在的工艺系统或邻近设施，以此替代外部能源供应，以实现生产工艺区域内热能自我平衡。例如，钢铁生产过程中利用高温废气对低温工艺中的反应器进行加热，从而替代蒸汽等高成本、高品位热能供给。这种余热替代模式同样可有效减少对外部能源依赖，形成区域系统内部能源闭环。同时，通过热量在不同区域的合理调配，余热替代方法实现了资源的跨区域共享和灵活利用，具有显著的降低成本及节能减碳效益。

（3）余热提质。余热提质专注于通过技术提升手段将低品位余热提升至更高的温度等级，以满足更高品质热能需求的工艺或生产环节。提质能够有效拓展低温余热的应用场景，将原本难以利用的低温余热应用到更高温度需求场合。例如，通过热泵技术将排放的废水余热提升用于工业加热或建筑供暖，显著提升了该低温余热的能级适用范围。

（4）余热转换。余热转换旨在将热能通过热力机械设备或热电转换装置转化为其他形式能量，如机械能、电能或化学能，以实现在生产系统中更广泛地应用。这类转换技术包括有机朗肯循环、科林纳循环等热力循环发电技术，将中低温余热高效转化为电能，以满足厂区供电需求，或用于电网调峰等。余热转换不仅能跨能级实现能量多元化利用，还能灵活适应不同需求。此外，热化学转化路径如热裂解制氢等方法也展现出较大发展潜力。

6.2.6.2 高炉-转炉流程典型余热回收利用技术

A 焦化工序

炼焦过程中有回收利用价值的余热有三部分：950～1050 ℃红焦显热，约占焦炉输出总热量的37%；650～850 ℃的荒煤气显热，约占焦炉输出总热量的36%；250～300 ℃焦炉烟道废气显热，约占焦炉输出总热量的17%。当前对于焦化厂余热资源利用策略的探讨主要集中在以下几个方面。

a 焦炉荒煤气显热回收

炼焦工艺过程中，荒煤气传输时产生的余热资源十分庞大，可以从两个角度出发降低能量损失。一是降低荒煤气传输管道中的水分，提高干燥程度以避免荒煤气在传输过程中因为水分蒸发吸热造成热量损失，如提前对炼焦煤进行干燥及预热。二是将损失的荒煤气余热进行二次回收利用，即采用余热回收装置在荒煤气输送之前使其降温至更接近环境温度状态。荒煤气输送的一般工艺流程为：650～850 ℃的荒煤气进入上升管，经70～76 ℃的循环氨水喷淋降温至80～85 ℃后进入初冷器，经过循环水和制冷水两段换热后冷却至22 ℃。循环水和制冷水则通过冷水塔和制冷机冷却，消耗大量的电能和蒸汽。因此，上升管余热回收装置被开发以便在上升管处利用换热装置降低荒煤气温度（为防止焦油析出，通常控制荒煤气温度≥450 ℃），一方面可以产生蒸汽，另一方面可以相应减少循环氨水、循环冷水用量。针对荒煤气余热回收利用工艺技术，相关研究机构已经开展了对于焦炉荒煤气显热用于上升管回收蒸汽、局部加热或制冷、COG高温热裂解或重整等的一系列探索。

上升管汽化冷却技术发展较早，主要是在上升管外壁安装环形夹套，通过夹套下部进水与荒煤气进行热交换，使荒煤气温度降低至450～500 ℃，生成的汽水混合物在夹套上部汽包完成汽水分离，实现0.4～0.7 MPa的蒸汽外供。上升管汽化冷却技术投资较少，但存在上升管根部温度偏低导致焦油析出、上升管结石墨现象，同时存在夹套压力过大而导致漏水造成对炉体损害的问题。导热油夹套技术总体与上升管汽化冷却技术相似，但将换热介质换为导热油（联苯醚），使得上升管结石墨现象有所改善。导热油通过夹套管与荒煤气间接换热，被加热的高温导热油可以用于蒸氨、煤焦油蒸馏、干燥入炉煤等。由于导热油的沸点较高、不易燃烧，且夹套可有效避免导热油与换热流体直接接触，系统相对安全可靠，但可能存在导热油泄漏引发的环境污染问题。此外，还有一系列新型上升管换热技术通过采用其他高效换热工质以及取消传统换热系统中的强制循环泵和汽包给水泵等动力装置而减少能耗、提高系统可靠性。例如，采用插入式热管换热器系统，可通过精确的压力控制稳定地产生高温高压蒸汽。再如，上升管半导体温差发电技术取消传统上升管内衬砖，在上升管外壁安装半导体温差发电模块。高温荒煤气通过上升管时，热量通过上升管筒体传递到半导体温差发电模块热面，形成温度为 320 ℃左右的热场。散热器通过冷却水冷却使半导体温差发电模块的冷面温度稳定在 70 ℃左右，在冷热面间形成约 250 ℃温差，在塞贝尔效应作用下，半导体发电模块的两端产生直流电压，使热能直接转变成电能，实现能量的全固态转换。

此外，荒煤气余热作为热源或用于制冷。传统蒸氨工艺采用的是蒸汽热源，消耗大量蒸汽热力的同时，产生了大量蒸氨废水，不利于节能环保。荒煤气高效负压蒸氨工艺以荒煤气余热作蒸氨热源，经循环热介质传热用于低压蒸氨塔加热。蒸氨循环废水从蒸氨塔底抽出，由蒸氨循环废水泵经管道直接送至横管初冷器换热段，与荒煤气换热后温度达 70～72 ℃，再经管道送入蒸氨塔作为蒸氨热源。换热后的蒸氨循环废水从横管初冷器顶部经管道与蒸氨塔相连，蒸氨塔顶部通过氨气管道和真空系统相接，使蒸氨塔处于负压操作条件。此外，可利用初冷器 82～85 ℃余热，在北方冬季可用初冷器一段水进行采暖，还可用初冷器一段热循环水通过热水型制冷机组制取低温冷却水。

相较于国内，国外对于荒煤气余热利用的思路有所不同。国外由于偏向于短流程的生产结构，并不着眼于工业副产品（焦油、焦炉煤气等）的回收利用，更多的是从环境保护的角度出发，就地利用荒煤气余热对焦炉煤气进行催化重整、裂解。例如，20 世纪 90 年代，德国将炭化室逸出的高温荒煤气不经冷却直接通入热裂解炉，使煤气中的煤焦油、粗苯等有机物热解转化为以 CO 和 H_2 为主要成分的合成气体，并用于后续合成氨、甲醇或者直接用于还原铁。日本则直接将焦炉上升管和集气管改造成 COG 重整装置，利用焦炉荒煤气自身显热和夹带水分，直接鼓入纯氧发生高温裂解和转化反应。其优点是可大幅度提高 H_2、CO 的成分及比例，大大降低生产用水量和污水排放量，但失去了回收焦油、粗苯等化学副产品的机会。

b 高温高压干熄焦余热回收技术

干熄焦技术与湿熄焦技术是相对而言的。湿熄焦技术的基本原理是在熄焦塔下用清水或工业废水喷淋以迅速冷却炽热红焦，抑制焦炭持续燃烧，使其温度迅速从 800～1000 ℃降低至常温。湿熄焦技术的耗水规模十分庞大，同时造成焦炭显热白白浪费，且熄焦过程中产生的大量水蒸气与熄焦塔两端开口处吸入的大量空气混合后夹带大量焦粉以及酚、硫化物、氰化物等几十种化合物从塔顶逸出，会对环境造成严重污染。而干熄焦技术的基本原理是利用惰性气体在干熄炉中与红焦直接换热从而冷却焦炭，如图 6-1 所示。熄焦过程中，1000 ℃的红焦从干熄炉顶部装入，130 ℃的低温惰性循环气体由循环风机鼓入干熄炉吸收红焦显热，冷却后的焦炭从干熄炉底部排出。惰性气体与红焦换热后的温度升至

850～950 ℃，输送至配套余热锅炉生产蒸汽。整个过程可回收约 80% 的红焦显热，每熄 1 t 焦炭约产生 3.9 MPa、450 ℃蒸汽 0.5～0.6 t，可直接送入蒸汽管网或者用于发电。采用干熄焦技术在回收红焦热量的同时还可以改善焦炭质量，可使焦炭强度 M_{40} 提高 3～5 个百分点，M_{10} 降低 0.3～0.5 个百分点，CSR 提高 2～4 个百分点，CRI 降低 2～4 个百分点，为炼铁降低焦比提供支撑。

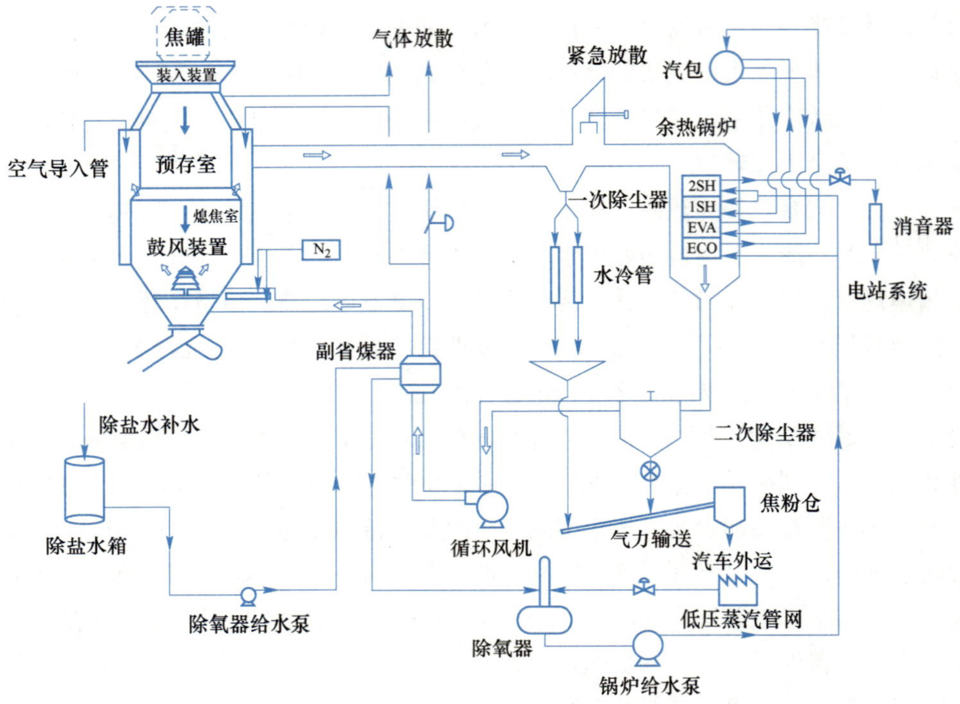

图 6-1 干熄焦余热利用系统工艺流程

c 焦炉烟道废气显热回收

当前针对焦炉烟道气余热回收利用的研发主要集中于焦炉烟道气热管式余热回收技术以及以焦炉烟道气为热源的煤调湿技术。

热管式换热器的基本原理是：热流体热量通过热管传递给放热端水套管内的水，水汽化产生的汽-水混合物经蒸汽上升管到达汽包，经集中分离后由蒸汽主控阀输出。热管持续向水套管内的水输入热量，借助外部汽-水管道上升和下降实现基本的汽-水循环。采用热管式余热换热器回收烟道气余热的基本工艺流程是：在焦炉主烟道翻板阀前开孔并引出焦炉主烟道废气，经调节型蝶阀进入热管式余热锅炉，产生饱和蒸汽并输送至蒸汽管网，以供生产过程低压蒸汽用户使用。

煤调湿技术是指在炼焦煤装炉前通过热源干燥去除部分水分，保持煤的水分在 6% 左右，从而稳定炼焦工艺，如图 6-2 所示。目前，以焦炉烟道废气余热为热源的煤调湿工艺主要包括滚筒式、流化床式、风动选择式和沸腾流化床式等形式。

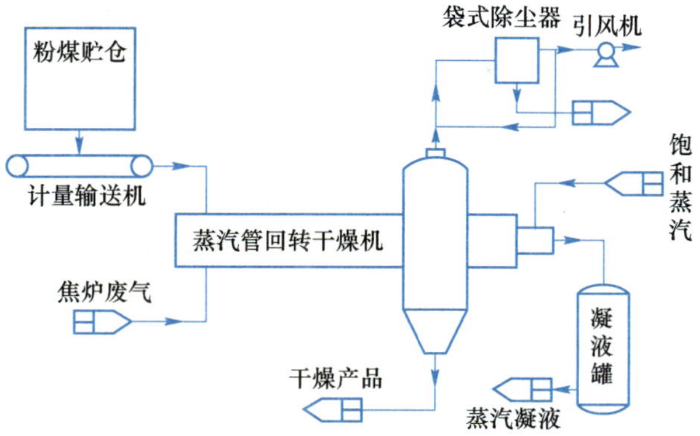

图 6-2 第四代煤调湿技术工艺流程

B 烧结工序

烧结工序的余热资源品质较低、波动较大，主要由烧结矿显热和烧结机烟气显热两部分组成，占比分别为 71% 和 29%。当前烧结厂余热资源利用策略主要集中在热风烧结、烟气循环、环冷机余热回收以及烧结烟道气余热回收。

a 热风烧结技术

热风烧结是将环冷机经过除尘的低温烟气通过风机引入烧结机密封罩内进行烧结的技术，具有总量控制、梯级取风、均匀送风等功能，该技术可使烧结料层上下部热量和温度分布更加均匀，有效克服表层热量不足问题。同时还提升了烧结矿强度，并显著改善其还原性，使其更适合高性能冶金过程需求。通常情况下，采用热风烧结技术可使固体燃料消耗可降低 10% 左右。通常在烧结料面引入环冷机 150～200 ℃热风替代部分常温空气参与烧结化学反应，由于烟气温度升高后体积膨胀，参与烧结过程的氧气总量降低，烧结透气性恶化导致质量指标下降，因此又衍生出了热风烧结与富氧相匹配的生产工艺。

b 烧结烟气循环技术

烧结烟气循环技术是一种将烧结过程中产生的部分高温废气回流至烧结台车进行循环利用的工艺，具有提高余热回收、富集二氧化硫（SO_2）、分解氮氧化物（NO_x）和二噁英、减少废气排放的作用。根据循环烟气的取气位置可将烟气循环分为外循环和内循环两种工艺：外循环指的是主抽风机后的部分烟气被回收至烧结台车上方的循环烟气罩重新参与烧结过程，内循环则根据烧结机长度方向的烟气分布差异从风箱中选择部分烟气回流至烧结过程进行再利用。内循环工艺能够灵活控制循环烟气的流量、温度和成分，成为当前烧结工序主流的余热循环方式；降低烟气排放的同时，烟气显热可被用于混合料的热风烧结，显著降低了固体燃料消耗。当烟气循环量达到 20%～50% 时，废气排放可减少 15%～30%，而固体燃料消耗可降低 3%～30%，能源消耗可降低 5% 以上，展现出显著的节能减排效果。

c 环冷机烟气余热回收技术

环冷余热利用系统主要是对烧结矿冷却过程中产生的中高温废气余热进行回收利用。

此余热利用过程由三个子系统构成：余热回收及烟气循环系统主要包括烟气管道、循环风机等，主要作用是实现高温烟气与后续锅炉及汽机发电系统的烟气质热交换；余热锅炉系统的核心作用是产生双压蒸汽，高压部分输送至汽机发电系统进行发电，同时利用低压部分对锅炉除盐水进行预热；汽轮机和发电机系统则负责将蒸汽热能转化为电能。具体而言，该系统在环冷机一段和二段通过烟囱将 300～450 ℃烟气收集并输送至余热锅炉，在锅炉内部与水或其他导热介质进行热交换，产生高温高压蒸汽用于驱动发电机发电。高温烟气采用闭路循环方式，换热后的一冷段和二冷段烟气通过循环风机送回环冷机风箱，实现余热不外排和烟气循环利用。

烧结环冷系统中，集中于冷却一段和二段温度的 300～450 ℃烟气仅占 40%，而集中在其他冷却段的 300 ℃以下的烟气达到 60%，所以这种余热回收方式的热能利用率低，造成了余热资源浪费。因此，为提高热量利用率，需要考虑低温段冷却余热的有效利用。有机朗肯循环（Organic Rankine Cycle，ORC）系统针对低温余热资源进行回收利用。ORC 系统使用具有低沸点和高饱和蒸汽压力的有机流体作为工质，这种热力特性使得 ORC 系统能够在低温条件下（<100 ℃）正常运行，从而有效地将低品位的余热转化为高品质电能，适用于钢铁生产流程中不同温度等级的低温烟气余热点源。随着近年来工业节能和环保要求提高，低温余热回收技术的应用逐渐受到重视，ORC 系统在此背景下得到了广泛的研究和应用，主要集中在 ORC 有机工质筛选，ORC 系统性能分析及循环过程优化。

C 炼铁工序

钢铁生产流程中，高炉炼铁工序的余热资源回收利用空间最大，其主要余热资源包括高炉煤气显热、高温渣显热以及热风炉烟气显热，尤其是高炉渣（出渣温度约 1500 ℃）具有大量高品质余热。下面介绍炼铁工序主要涉及的余热回收技术。

a 热风炉烟气余热回收技术

热风炉烟气温度通常在 150～250 ℃，属于低温余热资源，由于烟气流量大且相对连续稳定，因此余热利用价值较大。部分钢铁企业采用空气煤气双预热技术，将燃烧产生的高温烟气与热风炉系统烟道废气混合，通过混合烟气将混合煤气以及助燃空气预热至 300 ℃以上，可以大幅节省燃料消耗。预热助燃空气和煤气后的烟气温度仍然有 170 ℃，属于低品质余热资源，仍有回收利用的空间，如利用该部分余热进行高炉鼓风调湿、预热干燥焦炭煤粉等。

b 高温渣显热回收技术

高炉渣是一种产量大、余热品质高、综合利用价值高的可回收固废资源，高炉渣处理工艺可分为传统水淬处理以及干法处理。水淬处理工艺是最简洁、高效的渣处理方法，主要包括拉萨法（RASA）、图拉法（TYNA）、明特法（MTC）、底滤法（OCP）、因巴法（INBA）。水淬法主要工艺原理是：对高温熔融高炉渣进行水淬冷却，高炉渣在急冷状态下受热应力作用而被粒化，处理后的粒化渣可作为水泥生产原料；所产生的低温冲渣循环水在北方钢铁企业一般会被用于厂区冬季采暖需求或者周边居民区的集中供暖，已经取得良好的经济效益和社会效益。此外，还可以采用溴化锂吸收式机组提取冲渣水余热。高炉冲渣水进入气液分离装置，分离不凝性气体后进入负压闪发器发生闪蒸，非清洁冲渣水转变为清洁负压蒸汽，作为吸收式机组的驱动热源进行制冷和供暖。湿法渣处理工艺虽然简单方便，甚至伴随一定效益产出，但为保证渣与水充分接触，冲渣水的用量有一定要求。水在与高温渣的接触过程中会伴随着大量的蒸发耗散，将会造成水资源消耗量大以及高温渣余热回收利用效率低的问题。

针对传统水淬工艺现有问题，近年来国内外学者还致力于高炉渣干法处理工艺的研究。当前主要的高炉渣干法处理工艺主要包括滚筒法、风淬法和离心粒化法。滚筒法分为单滚筒法和双滚筒法。单滚筒法工艺原理为：熔渣从一定的高度落下撞击到旋转的滚筒表面而被粒化，之后进入固体介质流化床进行热交换；此工艺热量回收效率较低，处理能力小。双滚筒法主要工艺原理是：1400 ℃熔渣在两个反向转鼓中利用转鼓旋转作用将熔渣粒化并同时进行热交换，冷却后渣温约 900 ℃，生成的蒸汽经回收后用于蒸汽发电。风淬法的工艺原理是：熔融渣在高速气流冲击下粒化，粒化渣在余热回收设备中进行换热冷却，回收热量用于蒸汽发电。离心粒化法主要分为转杯粒化法、转盘粒化法以及转筒粒化法，熔渣在离心力作用下被甩出粒化，最后通过水冷或者风冷回收粒化渣余热。三类干法高炉渣处理技术主要指标对比见表 6-2。

表 6-2 不同干法高炉渣处理技术对比

粒化方式	关键技术指标				
	换热介质	热回收形式	出渣温度/℃	热回收率/%	粒化效果/mm
滚筒法	空气（流化床）	蒸汽、电力	450	50～60	<10（占比 95%）
风淬法	空气（流化床）	电力	150	66.50	<5（占比 95%）
离心粒化法	空气（流化床）、水	热风、热水	300	58.50	2

干法处理技术克服了水淬渣工艺的缺点，为多种干式余热回收工艺应用带来了可能。除了采用空气、水作为换热介质进行直接热交换并回收热水、蒸汽外，干式渣处理系统还可以驱动空气布雷顿循环等新型余热发电装置，将高炉渣干法粒化后回收的热空气作为空气布雷顿循环的热源，建立高炉渣余热驱动的空气布雷顿循环装置，实现高炉渣余热能到机械能的转换。此外，干法粒化高炉渣颗粒热值高、粒度均匀可控、强度及热稳定性好，是优良的产物型热载体，可以作为气-气反应（如高温渣余热及催化剂驱动 CH_4-H_2O 反应生成 H_2 和 CO、催化 CH_4-CO_2 重整制氢等）、气-固反应（如生物质气化反应、煤气化反应等）和固体热分解反应（如生物质热解反应、煤热解反应）等吸热反应热源。

c 高炉炉顶余压发电技术

高炉炉顶余压发电（TRT）是一种高效能量回收装置，通过利用高炉炉顶排出的具有一定压力和温度的煤气来推动透平膨胀机旋转做功，从而驱动发电机发电。干式 TRT 既能回收原本通过减压阀释放的能量，又能降低噪声、稳定高炉炉顶压力，并且运行过程中不产生污染，发电成本极低，可为钢铁企业带来可观的经济效益和社会效益。目前中国钢铁企业 TRT 技术普及率已相对较高，由于不同企业高炉规模大小及操作水平不一，因此 TRT 运行效率和应用效果有很大差距。若将高炉煤气通过透平机的做功过程看作绝热过程，则 TRT 的输出功率可以由式（6-1）进行计算。

$$W = \frac{Q}{3600} \cdot C_p \cdot T_1 \cdot \left[1 - \left(\frac{p_2}{p_1}\right)^{\frac{K-1}{K}}\right] \cdot \eta_t \cdot \eta_f \tag{6-1}$$

式中，W 为 TRT 输出功率，kW；Q 为炉顶煤气流量，m^3/h；C_p 为煤气定压比热容，$kJ/(K \cdot m^3)$；T_1 为透平机入口煤气热力学温度，K；p_2 为透平机出口煤气绝对压力，kPa；p_1 为透平机入口煤气压力，kPa；K 为气体绝热指数，高炉煤气 $K = 1.38$；η_t 为透平机效率因数，取值 0.86；η_f 为发电机效率因数，取值 0.96。

D 炼钢工序

炼钢工序中的余热资源主要包括转炉烟气显热、钢渣余热及钢坯余热。转炉煤气余热由汽化冷却装置进行回收，转炉炉口逸出烟气温度约为 1450 ℃，通过转炉汽化冷却装置目的是收集转炉冶炼过程中的高温烟气并将其冷却下来，以便满足下一步除尘及煤气回收要求，保证转炉炼钢安全生产；同时，可回收蒸汽供给生产，间接降低转炉炼钢生产成本。转炉钢渣余热回收与钢渣处理工艺有关，目前钢渣处理工艺技术包括热泼法、风淬法、滚筒法和热闷法等。热泼法无法进行余热回收，而风淬法、滚筒法和热闷法可通过增设余热回收设备进行热回收，余热回收效果和热回收率差异很大。风淬法是用高速空气喷射熔融钢渣使之粒化并迅速换热，空气吸收热量后升温，并进入余热锅炉实现余热回收，产出热水、蒸汽以及热空气。滚筒法则将液态钢渣倾倒入旋转滚筒内，在处理时对滚筒内部钢渣喷水降温，冷却水作为传热介质在沉淀和处理后可循环使用。钢渣热闷法是将钢渣辊压破碎后转运至密封热闷罐中，喷水进行粉化处理。热闷产生的蒸汽焓值较高，具有余热回收利用价值，目前已有关于钢渣热闷余热发电技术的中试，吨渣发电量大约为 2.2 kW · h。钢坯余热回收主要依赖于热装热送技术，在生产流程中直接利用高温钢坯余热，避免冷却后的钢坯二次加热，直接利用钢坯余热完成后续的工艺处理。

E 轧钢工序

轧钢工序可回收利用的余热资源主要是加热炉烟气显热。800 ~ 1000 ℃的加热炉烟气首先被用于空气煤气预热，预热后烟气温度降低至 350 ℃左右，通过汽化冷却装置进行余热回收，产生蒸汽进行外送。

6.3 末端治理型减碳技术

6.3.1 碳捕集与回收利用技术

传统钢铁工业减排措施虽有一定成效，但难以彻底消除碳排放。碳捕集、利用与封存（CCUS）技术被广泛认为是钢铁工业零碳排放的有效路径，涵盖了 CO_2 捕集、化学/

生物利用、运输及封存等多个关键步骤，通过捕集和利用生产过程中释放的 CO_2，不仅减少温室气体直接排放，还可以将捕集的 CO_2 转化为有价值化学品，实现碳的循环利用。CCUS 技术具有涉及地域广、涉及行业多以及产业链条和运行周期较长等基本特征。

6.3.1.1 二氧化碳捕集技术

按不同捕集阶段进行分类，碳捕集技术可分为燃烧前捕集、中间捕集以及燃烧后捕集三类。燃烧前捕集是指在燃料燃烧之前进行碳捕集，例如燃料改性转化、气化、空气直接碳捕集等；中间捕集是在燃烧过程中进行，通常在炉内或反应器中实现，如富氧燃烧、循环流化床燃烧以及化学链燃烧等；燃烧后捕集则是在燃烧完成后从烟气中捕集碳，目前已开发出多种工艺技术路径。

A 燃烧前捕集技术

燃烧前捕集是指在碳燃烧过程发生之前将燃料中的碳分离出来，并将其转化为有用化学品或进行储存，主要包括气化或重整等工艺，将燃料转化为合成气，以减少燃料燃烧过程中产生的 CO_2，具有较高的效率和灵活性。例如，整体式煤气化联合循环（Integrated Gasification Combined Cycle，IGCC）发电技术，以煤为原料将其气化为合成气（CO、H_2 等），再经一系列净化过程后送入燃气轮机以及蒸汽轮机做功。

B 中间捕集技术

CO_2 中间捕集技术主要包括富氧燃烧技术和化学链燃烧技术。富氧燃烧是指通过空分机组制取高纯度氧气以代替空气进行燃烧。富氧燃烧主要是用富氧替代空气进行燃烧，无需对设备进行较大改造，改造难度和改造成本最低；同时，富氧燃烧可以增强火焰稳定性，提高理论燃烧温度，降低燃料消耗。燃烧后产生的烟气主要成分为 CO_2 等气体，NO_x 气体较少，对环境较为友好，更容易实现 CO_2 提取分离。随着制氧技术的提高和制氧成本的降低，富氧燃烧技术在钢铁工业得到了广泛应用。化学链燃烧技术的原理是：将总反应拆成两个或两个以上的子反应（如空气反应和燃料反应），并以载氧体作为晶格氧传输和热量传递的介质，实现产物的分离、源头污染物的抑制及能量的梯级利用。化学链燃烧中，载氧体在燃料反应器和空气反应器之间循环实现晶格氧的传递。空气反应器中，低价态 Me 被空气中的 O_2 氧化生成高价，燃料反应器中，高价态 Me 被原料气中 C_mH_n 还原成低价态并生成 H_2O 和 CO_2，实现无火焰燃烧，尾气通过冷凝去除 H_2O 后，即可获得高纯 CO_2。根据燃料种类的不同，主流的化学链燃烧技术可分为气体燃料化学链燃烧和固体燃料化学链燃烧两大类。

C 燃烧后捕集技术

点源捕获是碳捕集技术中的一种关键方法，是指从大型工业设施、发电厂等特定排放点源中捕获 CO_2，并在后续过程中将其分离和储存起来。根据捕集方法可以将点源碳捕集技术分为：吸附法、物理吸收法、化学吸收法、膜分离法以及低温分离法。不同碳捕集方法的技术特性见表 6-3。

表 6-3 不同碳捕集方法的技术特性

捕集方法	技术特性
吸附法	能耗低、再生能力强，但是耐热性差、化学稳定性低
物理吸收法	工艺简单、再生能耗低，对环境的要求较高，回收率低
化学吸收法	捕集效果好，产品近乎纯净，吸收速率快，吸收容量大
膜分离法	能耗低、工艺简单、占地面积小，CO_2 纯度低
低温分离法	技术成熟但能耗高，适用于高浓度 CO_2

a 物理吸收法

物理吸收法是利用混合气体中 CO_2 与其他组分在物理吸收剂中的溶解度差异对 CO_2 进行溶解捕集。该方法通常采用有机溶剂作为吸收剂，CO_2 在捕集过程中溶解于吸收剂中，然后通过降压闪蒸或常温气提等方式使吸收剂得到再生，从而释放出捕集的 CO_2，常见的物理吸收法包括低温甲醇法、碳酸丙烯酯法和聚乙二醇二甲醚法等。由于 CO_2 在有机溶剂中的溶解符合亨利定律，物理吸收法仅适用于 CO_2 分压较高的混合气体，并且吸收剂容易受 SO_2、NO_x 等气体影响而失效，因此物理吸收法在钢铁企业碳捕集中的应用存在较大局限性。

b 化学吸收法

化学吸收法的原理是 CO_2 和吸收剂中的溶质发生反应生成盐类物质，通过改变压力、温度等条件使得盐发生逆向反应，实现 CO_2 再生。化学吸收剂主要包括传统有机胺溶液、氨水溶液，以及液体吸收剂、相变吸收剂等新型化学吸收剂。

传统胺类吸收剂的吸收工艺具有流程简单、技术成熟且商业化效益好的特点，胺类吸收剂主要包括单组分胺吸收剂（MEA 吸收剂、MDEA 吸收剂等）以及多组分胺吸收剂（乙醇胺-二乙醇胺（MEA-MDEA）、二乙醇胺-己二胺（MDEA-HMDA）、二乙醇胺-哌嗪（MDEA-PZ）、乙醇胺-三乙醇胺（MEA-TEA）等）。MEA 吸收剂成本低廉、低压下具有较好吸收性能和较快反应速率，与 CO_2 反应后生成氨基甲酸盐化合物，再通过加热将氨基甲酸盐分解以实现 CO_2 脱除。MDEA 吸收剂具有化学稳定性高、腐蚀性低、负载能力强、吸收容量大等特点，在工作过程中作为碱性催化剂，促进 CO_2 水化反应，生成不稳定盐。与单组分胺吸收剂相比，混合胺吸收剂可以克服吸收效率较低和重沸器负荷较高的问题，具有较高的吸收速率以及较低的再生能耗。与有机胺溶液吸收剂相比，氨水溶液吸收剂成本更低，吸收能力更强，再生能耗低，不易被烟气中其他组分气体分解，氨水可以同时脱除 CO_2 和 SO_2，实现多种气体一体化脱除。离子液体（ILs）是一种由阴离子和阳离子组成的室温熔融盐，具有结构可调、蒸汽压可忽略、反应热适中等优点，并且在相变 CO_2 捕集过程中的应用可进一步降低再生能量损失，具有显著的节能潜力。

过去关于传统化学溶剂吸收法的研究已经取得长足进步，但是如何提高吸收效率、降低能源消耗、优化吸收剂性能和稳定性仍然是化学吸收领域研究的重点难点。因此，基于对理想吸收剂应具有的高的 CO_2 吸收能力、良好化学稳定性、低蒸汽压和毒性、容易再生等特性的考量，一系列的新型化学吸收剂被开发出来，包括相变吸收剂、离子液体吸收剂、低共熔溶剂、非水吸收剂、吸收催化剂等。相变吸收是一种多相吸收系统，基本原理是利用吸收剂在液-液或液-固分离过程中的相变特性实现 CO_2 捕集。吸收剂在吸收 CO_2 前为均相溶液，可以将相变溶剂分为液-液相变和固-液相变两种。相比于传统胺类，离子液体吸收剂具有蒸汽压低、吸收能力高、热稳定性高等优良性能。常规离子液体（物理吸收）主要通过阴阳离子与 CO_2 间的静电力、范德华力、氢键等物理作用来实现 CO_2 的吸收，吸收能力有限。功能型离子液体（化学吸收）通过改良离子结构、引入官能团实现 CO_2 高效捕集，依据引入官能团种类的不同分为氨基和非氨基两类。低共熔溶剂（Deep Eutectic Solvents，DESs）由氢键供体（HBA）和氢键受体（HBD）组成，具有与离子液体相似的低蒸汽压、高热稳定性、高度结构可调性的特性，且 DESs 价格便宜、可生物降解、毒性低，易于通过混合 HBD 和 HBA 制备。非水吸收剂具有无腐蚀性等诸多优点，它的 CO_2 溶解度与溶剂的介电常数呈良好的正相关关系，表现出良好的 CO_2 循环容量。此外，二氧化碳的解吸速率和再生能耗在一定程度上决定着吸收剂的规模化应用，为了快速实现吸收剂再生、实现低成本解析，部分研究人员在化学吸收反应体系中引入催化剂，以期优化反应路径，降低反应能垒和解吸温度。

c 吸附法

吸附是某一组分或多个组分在界面上富集或贫化的一种界面现象，吸附法利用吸附能力的差异将气体组分从气相转移到固相。吸附可分为物理吸附和化学吸附两类，通过弱范德华力（物理吸附）或强共价键合力（化学吸附）将 CO_2 分子选择性地吸收到另一种材料表面上，从而实现 CO_2 富集。吸附过程具有多种实施方式，其中以填充床和流化床两种床层最为常见。填充床中，吸附剂被装填于塔内，烟气通过固定吸附剂颗粒间的孔隙流动以完成气固接触。而流化床中原料气则以较高速度流动，使吸附剂颗粒悬浮于气流中，从而形成良好的气固混合效果。

物理吸附基本原理是：基于分子间弱相互作用力，通过多孔固体材料对混合气体中的 CO_2 进行选择性吸附捕集。由于吸附剂表面分子与内部分子空间位置不同，存在剩余表面自由力场，吸附质分子和吸附剂表面分子由于弱相互作用力（如范德华力）相互吸引，当吸附质分子接触吸附剂表面时部分被吸附并释放出吸附热。当被吸附的吸附质分子热运动动能足以克服吸附剂引力场的位能时就能重回气相。根据吸附和解吸过程的差异可以将物理吸附法分为变压吸附法（PSA）、变温吸附法（TSA）、真空吸附法（VSA）或真空变压吸附法（VPSA）和变电吸附法（ESA）等类别。变压吸附法通过改变气体压力实现 CO_2 的吸附和解吸，广泛应用于气体分离和纯化；变温吸附法则通过调整温度来促进气体分离净化以及吸附剂再生，吸附剂在低温下吸附气体，然后在高温下脱附气体；真空吸附法通过在真空环境下进行周期性吸附和解吸来分离特定气体，但通常需要使用分层填料或者多段配置来提高吸附剂填料和过程时序的灵活性；变电吸附法则依赖电场作用调节吸附剂性能，通过“通电-断电”摆荡模式，利用电流焦耳效应产生热能驱动吸附剂实现连续吸附与再生。变压吸附法利用周期性压力变换下吸附质与吸附剂之间相互作用实现气体的吸附和解吸（高压吸附，低压解吸），具有低成本、低能耗、高效率的显著优点。

化学吸附法基本原理是：利用 CO_2 分子与固体材料表面某些原子或基团形成化学键合而产生的被吸附作用来实现 CO_2 捕集分离的技术。相比于弱分子相互作用，化学吸附涉及更强的相互作用，如酸碱反应、静电作用和氢键作用。用于循环吸附 CO_2 的化学材料很多，如醇胺类吸附材料、固体胺、碱金属碳酸盐类低温吸附材料，以及氧化钙、正硅酸锂等高温吸附材料。相比于化学溶液吸收法，化学吸附法具有无溶剂需求、工艺流程简化、设备腐蚀风险低、节能降耗效果显著等优势。然而，相对较慢的吸附速率以及较高的成本，制约了化学吸附法的大规模工业应用。

吸附材料是决定碳捕集装置性能以及经济性的关键因素，通常要求吸附材料具有较大的比表面积、显著的多孔特征、良好的选择特性（组分间的分离系数较大）、较高的机械强度。目前，已开发出的物理吸附剂主要包括沸石（13X、4A、5A 等类型）、活性氧化铝、碳基材料（如多孔活性炭、石墨烯、碳纳米管等）、金属有机框架材料（MOFs）等类型。典型吸附材料的基本性能参数见表 6-4。目前对于物理吸附材料研究虽已取得显著进展，但面临着分子相互作用力较弱导致的低压条件下物理吸附材料对多组分混合气源中 CO_2 的吸附选择性较差的问题。因此，采用多孔材料表面进行功能化修饰实现以化学键力从多组分气源中捕集 CO_2 的化学吸附材料逐渐引起科研人员注意，最为典型的是氨基功能化多孔材料以及聚合离子液体吸附材料，但存在吸收剂腐蚀性、溶剂损耗大、抗氧化降解和热降解能力差、环境污染严重、再生能耗高等一系列问题。近年来，大量研究发现聚乙烯亚胺（PEI）、四乙烯五胺（TEPA）等有机胺可通过物理浸渍、化学嫁接和原位聚合等方法，对硅基、多孔碳材料、沸石材料和金属有机框架载体胺功能化，制备用于碳捕集的固体胺吸附剂，可有效改善上述缺陷。

表 6-4 部分典型吸附材料的基本性能参数

吸附剂	堆积密度/$g \cdot m^{-3}$	比表面积/$m^2 \cdot g^{-1}$	孔容/$mL \cdot g^{-1}$	平均孔径/nm
沸石分子筛	0.60～0.75	400～750	0.40～0.60	0.60～1.50
活性炭	0.35～0.55	500～1300	0.50～1.40	2.00～5.00
MOFs	0.30～0.80	20～5380	0.10～3.60	0.50～35
硅胶	0.45～0.85	300～800	0.3～1.2	1.0～14.0
活性氧化铝	0.49～1.00	95～350	0.3～0.8	4.0～12.0

d 膜分离法

膜分离法是一种利用不同气体组分在膜材料中的溶解与扩散速率差异进行 CO_2 分离的技术，该方法通过在膜两侧施加分压差，使各气体组分表现出不同的相对渗透率。渗透率较高的气体更易通过膜扩散至低压侧，而渗透率较低的气体则被截留在高压侧，从而实现 CO_2 的有效分离。在燃烧前进行 CO_2 捕集分离（对以 CO_2 和 H_2 为主要组成的煤气进行分离）的膜有两类，一是 H_2 优先渗透膜，二是 CO_2 优先渗透膜。如果钢厂中富氢气体中 CO_2 含量低于 H_2，穿透膜的 CO_2 气体流量小，CO_2 渗透膜的面积减少，成本相对更低。H_2 在高压侧的压力损失较小，便于后续利用，且 H_2 在膜的截留侧富集，获得高纯度 H_2 时对分离因子的要求较低。燃烧后捕集则同样利用 CO_2 与其他待分离气体组分由于尺寸、冷凝性及反应性不同导致的膜内透过速率差异实现分离，当前的主流气体分离膜材料主要包括有机聚合物膜材料、无机膜材料、混合基质膜材料等。

e 低温分离法

低温分离法基本原理是利用 CO_2 液化(31 ℃、7.39 MPa，23～12 ℃、1.59～2.38 MPa)的物理特性，采用压缩机对烟气压缩和冷却产生相变分离，无需使用化学试剂也无设备腐蚀风险，适用于燃烧前的燃料气二氧化碳分离以及燃烧后的烟气二氧化碳分离。但该工艺仍存在流程复杂、压缩液化能耗高等技术难题，未来需加强研发高性能制冷剂并降低捕集能耗。

D 碳捕集技术选择

CCUS 技术在钢铁企业应用的复杂性还在于不同碳排放源在气体组成、工艺工况和杂质成分上存在差异。钢铁企业主要含碳气源特征见表 6-5，需要在充分结合气源特征的基础上针对具体气源进行捕集利用工艺设计。现有 CO_2 捕集技术中实现商业化应用的主要有溶液吸收法和固体吸附法，其中使用溶液吸收法捕集低 CO_2 含量气源的可行性在燃煤电厂烟气碳捕集项目中已得到充分验证。因此，对于 CO_2 含量低于 15% 的气源如烧结烟气、轧钢加热炉烟气等，溶液吸收法是较为理想的选择。对于 CO_2 含量在 15%～30% 之间的气源，例如高炉煤气和热风炉烟气，溶液吸收法和固体吸附法均可适用。相比于溶液吸收法，固体吸附法更适用于小气量或 CO_2 含量较高（15%～85%）的气源。此外，捕集方式选择还需考虑气源的具体工况。热风炉烟气、石灰窑烟气组分及杂质成分与燃煤电厂烟气相似，可优先采用已经过电力行业验证的捕集技术；高炉煤气为带压气体，采用变压吸附工艺可实现余压利用，相比溶液吸收法更具有成本优势；但高炉煤气和焦炉煤气中含有较高浓度的硫化物等杂质，直接使用现有的碳捕集技术可能造成捕集材料对特定杂质耐受性不足、技术可行性不足的问题。此外，高炉煤气和转炉煤气中的粉尘对吸附剂的可能影响也必须进行考虑。

表 6-5 典型钢铁企业含碳气源特征

气 源	类 型	产 量	CO_2 含量/%	气源温度/℃	杂 质 类 型
焦炉煤气	煤气源	300～400 m^3/t 焦炭	2～3	700～800	焦油/萘/有机硫
高炉煤气	煤气源	1400～1600 m^3/t 铁水	17～25	150	硫化物
转炉煤气	煤气源	80～120 m^3/t 粗钢	14～20	250～300	含量较低

续表 6-5

气 源	类 型	产 量	CO_2 含量/%	气源温度/℃	杂质类型
焦炉烟气	烟气源	—	3~25	250	SO_x/NO_x
烧结烟气	烟气源	—	5~7	110~180	SO_x/NO_x/HL/HF
热风炉烟气	烟气源	—	22~25	150	SO_x/NO_x
加热炉烟气	烟气源	—	8~11	350	SO_x/NO_x
石灰窑烟气	烟气源	—	22~30	150	SO_x/NO_x
电站烟气	烟气源	—	10~20	100~120	SO_x/NO_x

6.3.1.2 二氧化碳利用技术

推进温室气体资源化利用是从增量和存量两方面解决能源环境问题的有效途径，也是促进我国能源体系转型、实现“双碳”目标的关键所在。在二氧化碳封存应用方面，我国与国际先进水平还存在显著差距，理论封存容量难以匹配行业减排需求，因此开发二氧化碳高效资源化利用技术对实现“双碳”目标具有重要意义。根据不同转化利用方式，二氧化碳资源化利用通常可分为物理转化、化学转化和生物转化三条技术路径。物理转化利用是基于二氧化碳性质稳定、临界温度/压力低、易于压缩的物理特性，将其应用于焊接保护气、保鲜剂、制冷剂、清洗剂、油田驱油剂等领域，从而实现二氧化碳资源化转化。化学转化则以二氧化碳为原料进行相关化学反应转化，以制备高值能源、材料及化学品，具有应用潜力大、产物附加值高等优势。但二氧化碳属于惰性非极性分子，其分子键能高且化学性质稳定，需要高能量输入或进行高效催化。目前，研究主要集中在二氧化碳加氢制甲醇、二氧化碳加氢制甲烷、二氧化碳加氢制低碳烯烃、二氧化碳光催化或电催化制 CO 并用于后续甲醇、乙烯、丙烯等有机化学品合成等方面。生物法碳捕集集中利用生长周期短的植物或藻类，通过光合作用将二氧化碳转化为生物燃料或高价值副产品，产物包括萜类化合物、多元不饱和脂肪酸、蛋白质、色素和甘油等。此外，该方法还利用生活和工农业废水中的氮、磷等营养成分促进微藻生长，从而实现二氧化碳固定、废水处理与生物燃料生产的多重功能。例如，研究人员已成功利用微藻固碳并生产生物柴油。

6.3.2 固废回收及循环利用

钢铁行业每年产生大量固体废物，一般钢铁生产流程将产生约 0.6 t/t 粗钢的固体废物，年总产量估计 6 亿吨以上，其中大部分固体废物中含有丰富的铁、硅、铝等有价元素，可在钢铁行业内部或跨行业实现资源化利用，助力钢铁企业二氧化碳减排，而有效减少环境污染和资源短缺问题。中国钢铁长流程企业固体废物资源化利用的实际情况见表 6-6，其资源化利用途径主要分为三种：固体废物并入其他工序进行资源化利用，固体废物返回生产工序进行资源化利用，固体废物跨企业资源化利用。对全流程固废资源的循环利用减排效果分析表明，资源化利用途径可以带来 200 kg 标煤/t 钢材以上的 CO_2 减排潜力。

表 6-6 钢铁长流程企业固体废物资源化利用的实际情况

固体废物	固废来源工序	固废利用工序	利用方式
焦化尘泥	焦化工序	球团工序	进入焙烧机替代部分无烟煤
球团尘泥	球团工序	球团工序	返回焙烧机替代部分铁精矿
烧结尘泥	烧结工序	烧结工序	返回烧结机替代部分铁精矿
高炉渣	炼铁（高炉）工序	水泥厂	外售水泥厂生产熟料
高炉尘泥	炼铁（高炉）工序	烧结工序	进入烧结机替代部分铁精矿
转炉渣	炼钢（转炉）工序	水泥厂	外售水泥厂生产熟料
转炉渣	炼钢（转炉）工序	球团工序	返回球团机替代部分铁精矿
转炉尘泥	炼钢（转炉）工序	烧结工序	进入烧结机替代部分铁精矿

思考题

6-1 多重技术耦合应用于钢铁生产与单个减碳技术的差异有哪些，如何解决多重技术应用问题？

6-2 清洁能源对钢铁工业节能减碳有什么意义，清洁能源应用与钢铁企业存在哪些问题？

6-3 碳捕集技术的应用除了要考虑碳捕集能力以外，还应该考虑哪些因素来确保其实施效果？

参考文献

[1] 田春健，臧喜民，张利武，等. 转炉高废钢比炼钢技术的发展状况与探讨［J］. 钢铁研究学报，2024，36：692-706.

[2] 杨建平，姚柳洁，高攀，等. 面向转炉高废钢比冶炼工艺的废钢比与碳排放理论计算［J］. 中国冶金，2023，33：133-140.

[3] 毛晓明，许海法. 富氢碳循环氧气高炉工艺开发与实践［J］. 钢铁，2024，59：32-37.

[4] 毛文超，黄志辉，张泽武，等. 生物质重整煤气喷吹-氧气高炉的低碳潜力分析［J］. 洁净煤技术，2024，30：138-149.

[5] 中华人民共和国国家标准. 工业余热梯级综合利用导则：GB/T 39091—2020［S］. 北京：中国标准出版社，2020.

[6] 高建雷. 焦化厂炼焦工艺余热回收利用工艺技术的研究［J］. 山西化工，2024，44：133-134，142.

[7] 陈巍. 焦炉上升管荒煤气余热回收利用的相关技术分析［J］. 河北企业，2020，7：149-150.

[8] 高淑宁，鲍鹤鸣，刘超，等. 荒煤气余热利用研究进展及试验 [J]. 节能技术，2018，36：30-33，39.

[9] 郑文华. 焦化厂余热回收利用技术 [C] //2013 年干熄焦技术交流研讨会论文集，中国金属学会炼焦化学分会，2013.

[10] 李启辉. 干熄焦余热发电技术在工程中的应用 [J]. 节能，2019，38：66-67.

[11] 陈光辉，李升大，陶少辉，等. 焦炉余热综合利用研究进展 [J]. 化工进展，2018，37：3799-3805.

[12] 李训明. 焦炉烟道废气的余热利用 [J]. 山东冶金，2014，36：50-52.

[13] 张涛，周园园，贾楠楠. 钢铁行业余热资源分布与特点 [J]. 冶金动力，2023，5：108-113.

[14] 邹振伟，廖立. 宝钢烧结余热回收利用实践 [J]. 冶金动力，2024，4：107-110.

[15] 刘翔，常龙增，孙敬焘. 高效环冷余热发电技术工程应用 [J]. 冶金设备，2024，4：103-106，110.

[16] 苏盈贺，张红岩，刘明军，等. 溴化锂吸收式机组在冲渣水余热回收领域的应用 [J]. 机电信息，2020，13：64-69.

[17] 胡景兰，秦跃林，凌清峰，等. 固体热载体法回收高炉渣余热的研究进展 [J]. 冶金能源，2022，41：3-8，22.

[18] 张泽龙，陈林根，杨博，等. 高炉渣余热驱动空气布雷顿循环热力学分析 [J]. 中国冶金，2015，25：16-21.

[19] 周继程，张春霞，韩伟刚，等. 中国高炉 TRT 技术的应用现状和发展趋势 [J]. 钢铁，2015，50：26-31.

[20] 向国育，申长俊，陆诗建，等. 二氧化碳捕集、利用与封存示范工程进展 [J]. 低碳化学与化工，2024，9：1-10.

[21] 张发辉，杨智强，杨琳，等. 富氧燃烧技术在热风炉中的应用 [J]. 冶金能源，2024，43：3-7.

[22] 鲁博文，张立麒，徐勇庆，等. 碳捕集、利用与封存（CCUS）技术助力碳中和实现 [J]. 工业安全与环保，2021，47：30-34.

[23] 沈海燕，李芳芹，任建兴，等. 化学吸收法捕集二氧化碳的研究进展 [J]. 无机盐工业，2024，56：11-19，44.

[24] 兰林，徐飞，夏林，等. 变压吸附技术在工业化碳捕集中的应用现状 [J]. 天然气与石油，2024，42：21-28.

[25] 龚奂彰，黄秀玉. 钢铁行业碳捕集技术的典型应用 [J]. 低碳化学与化工，2023，48：103-108.

[26] 陈旭，杜涛，李刚，等. 吸附工艺在碳捕集中的应用现状 [J]. 中国电机工程学报，2019，39：155-163.

[27] 唐强，李金惠，邹建伟，等. 二氧化碳捕集技术研究现状与发展综述 [J]. 世界科技研究与发展，2023，45：567-580.

[28] 孙梦圆，陆诗建，刘玲，等. MOFs 及衍生物在碳捕集领域的研究进展 [J]. 化工进展，2024，9：1-16.

[29] 桂霞，王陈魏，云志，等. 燃烧前 CO_2 捕集技术研究进展 [J]. 化工进展，2014，33：1895-1901.

[30] 范学峰，何学坤，赵运建，等. 钢铁行业碳捕集、利用与封存技术应用研究进展 [J]. 低碳化学与化工，2024，8：1-11.

[31] 姚炜珊，侯雅磊，魏国强，等. 二氧化碳资源化利用研究进展 [J]. 新能源进展，2024，12：182-192.
[32] 许逵. 钢铁企业智慧能源管控系统的开发与实践分析 [J]. 冶金管理，2022，3：169-171.
[33] 张福明，胡祖瑞，程树森，等. 首钢京唐 BSK 顶燃式热风炉的燃烧技术 [J]. 钢铁，2012，47（5）：75-81.
[34] 李永军，冯燕波，马广霄，等. 高炉放散煤气治理技术 [J]. 河北冶金，2024，7：81-86.
[35] 李新宁，陈超，刘美佳，等. 钢铁行业固体废物资源化利用碳减排研究 [J]. 环境科学与管理，2024，49（7）：26-31.

7 钢铁工业数字化转型

7.1 数字经济时代

7.1.1 数字经济时代的来临

20 世纪 60 年代以来，计算机技术飞速发展，特别是进入 20 世纪 90 年代后，随着工业互联网、云计算、大数据和人工智能等新一代信息技术的快速发展和应用，数据量呈指数级爆发式增长。数据已经从一种附属的“副产品”，逐渐转变为推动经济、科技和社会进步的核心资源，人类社会正式迈入数字经济时代。

数字经济的兴起使得数据迅速成为新一代的重要生产要素，与传统的土地、资本和劳动力等要素形成鲜明对比。数据的崛起不仅改变了经济结构，还推动了科技创新与商业模式的变革。在现代经济中，创新被认为是企业和国家保持竞争优势的关键动力，数据是这一创新过程中的核心推动力。传统的研发和创新依赖于经验、专家知识和有限的实验数据，而在数字经济时代，数据的广泛应用改变了这一格局。大数据分析、机器学习和人工智能等技术依赖于大量的高质量数据来进行训练和优化，以人工智能领域为例，深度学习算法的兴起正是得益于大量的结构化和非结构化数据，数据不仅是训练算法的基础，更是提升模型性能、改善产品服务的重要资源。

工业制造领域也是数据驱动创新的典型代表，工业互联网的普及使得企业能够收集到大量的设备运行、生产流程和质量控制等数据，通过分析这些数据，企业能够优化生产流程、提高生产效率、降低能耗，甚至实现智能制造。这种基于数据的创新不仅提升了产品质量，还增强了企业的市场竞争力和适应能力。

新一代信息技术与各类创新应用的广泛落地，标志着数字化时代的全面来临。人工智能、大数据、云计算、物联网和 5G 通信等技术的迅速发展，推动了产业数字化转型和智能化升级，催生了智能制造、智慧城市、智能生活等多元化应用场景。数字化技术不仅在重塑传统行业的生产与运营模式，还在推动经济向高效、智能、绿色方向发展。未来，随着这些技术与应用的不断深化，数字化进程将持续加快，进一步推动社会向智能化、互联化的新时代迈进。

7.1.2 数字技术的飞速进步

数字经济源于数字技术的发展和应用，在早期的技术化阶段，数字经济发展高度依赖数字技术。随着计算机的发明和普及，信息化经历了两个高速发展的阶段：20 世纪 80 年代以后，随着个人计算机的大规模普及应用，人类迎来以单机应用为主要特征的第一次大规模数字化；20 世纪 90 年代中期以后，随着互联网的大规模商用，以联网应用为主要特征的网络化带来第二次数字化浪潮。

计算机和互联网这两项关键技术的发展和应用对经济社会产生了三方面的影响：一是第三次科技革命以来，以计算机为代表的信息处理技术的出现、算力的发展和应用，方便了数据的收集、存储、加工和处理；二是 20 世纪 90 年代以来互联网技术的兴起深刻影响了人类生产生活，促进了数据的海量生产、交换和流动，移动互联网快速普及，推动全球数据爆发增长、海量集聚；三是近年来计算机和互联网的复合应用，产生了大数据、云计算、人工智能、物联网、区块链等新技术，数字技术逐渐成为通用技术，为数据要素化转化和应用提供了高效可靠的技术支撑。例如，基于大数据采集、存储、处理和呈现等技术，实现了海量数据的实时与近实时处理。

数据成为生产要素进入经济系统也得益于数字技术的广泛应用，信息通信技术推动了电子商务、社交媒体、即时通信等新经济模式的发展。数字技术被实体产业广泛应用，技术从助力社会经济发展的辅助工具向引领社会经济发展的重要生产要素转变。作为一种独立的生产要素，数据逐步融入实体经济，促进产出增加和效率提升，进而催生出一种新的经济范式——数字经济。依托数字技术，长期积累和储备的数据资源得以转化和应用，从而为数字经济的发展奠定坚实基础。

7.1.3 数字产业蓬勃发展

随着数字技术的飞速发展，数字产业呈现出蓬勃发展的态势，成为推动全球经济增长的重要引擎。数字产业是以数字技术为核心驱动，涵盖了广泛的行业和领域，其内涵和外延不断拓展，正在从早期的信息通信技术（ICT）和互联网经济，逐步延伸到更为广泛的领域，形成了涵盖基础设施、核心技术、创新应用和新型经济模式的综合生态系统。

目前，我国在数字化应用场景、网民规模和数据资源等方面已处于全球领先地位，且不断涌现的内需市场为数字经济的发展潜力提供了强大的支撑。党的十八大以来，我国先后印发数字经济发展战略、“十四五”数字经济发展规划，推动数字经济蓬勃发展。数字经济规模由 2012 年的 11.2 万亿元增长至 2023 年的 53.9 万亿元，11 年间规模扩张了 3.8 倍，如图 7-1 所示。

在国家政策的指引下，我国产业数字化深入发展，工业互联网、智能制造等新业态、新模式不断涌现，各行各业深入实施制造业数字化转型行动，加快人工智能、大数据、云计算、5G 等数字技术与各行业深度融合，推广应用工业机器人、智能物流等智能装备，支持建设一批智能工厂、数字化供应链和数字园区。截至 2023 年底，我国已培育 421 家国家级智能制造示范工厂、万余家省级数字化车间和智能工厂，62 家“灯塔工厂”照亮传统产业转型升级之路。

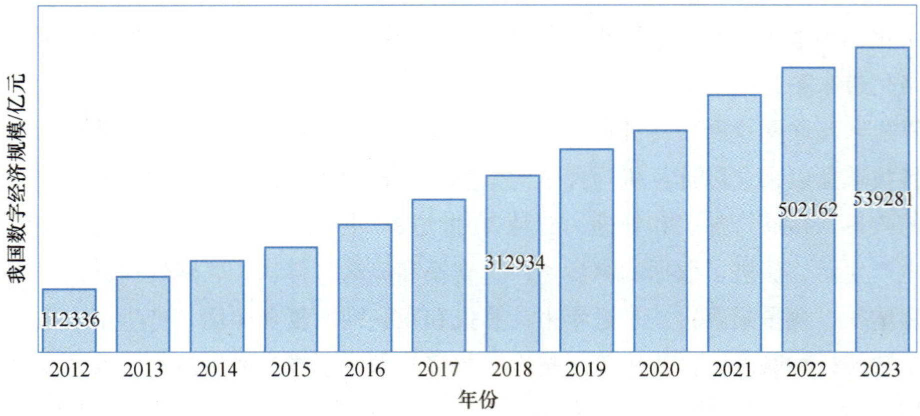

图 7-1 2012—2023 年中国数字经济规模

从生产型企业的角度出发，数字化改造的重点在于降本增效。截至 2023 年底，我国制造业重点领域数字化水平加快提升，关键工序数控化率、数字化研发设计工具普及率分别达 62.2% 和 79.6%。从成效上来看，大飞机、新能源汽车、高速动车组等领域示范工厂产品研发周期缩短 30%，生产效率同步提升近 30%。制造业企业插上“数字翅膀”后，比同类企业飞得更快、更有效率。

未来，工业和信息化部将以链主企业、专精特新中小企业为重点，优先推动装备制造企业、大宗耐用消费品生产企业和实施大规模设备更新企业进行数字化改造，启动高标准数字园区建设，畅通园区内数据链、创新链、产业链、供应链，探索园区数字化整体提升路径。

7.2 钢铁行业数字化

7.2.1 钢铁行业数字化转型的背景

钢铁行业作为传统的基础原材料产业，在国民经济中扮演着重要角色，支撑着多个下游行业的繁荣发展。然而，随着全球经济环境的变化和国内产业结构的升级，钢铁行业面临着前所未有的挑战，这也成为推动其加速数字化转型的重要背景。

从宏观经济环境来看，全球经济增长趋缓、地缘政治不确定性增加，以及国际贸易摩擦等多重因素共同作用，使得钢铁市场的波动性明显加大，特别是在全球化背景下，钢铁行业的竞争已不再局限于国内市场，而是延展至全球范围。欧美等发达经济体在钢铁智能制造领域率先布局，利用工业 4.0、工业互联网等先进技术对传统生产模式进行颠覆性重构，实现了高度自动化和智能化生产。相较之下，中国钢铁行业的生产模式仍以传统的规模化、低成本扩张为主，整体信息化和自动化水平偏低，亟须通过数字化转型提升竞争力，缩小与全球领先企业之间的技术差距。同时，随着钢铁产能过剩问题的加剧和全球钢材市场逐渐趋于饱和，钢铁企业面临利润空间被挤压、市场竞争日益激烈的现实挑战。2024 年前三季度重点统计钢铁企业利润总额 289.77 亿元，同比下降 56.39%；平均利润率为 0.64%，同比下降 0.72 个百分点。截至 2024 年 9 月末，重点统计钢铁企业资产负债率为 62.91%，同比上升 0.75 个百分点。

资源和环境的双重压力也倒逼钢铁行业进行深刻变革。钢铁行业作为高耗能、高污染的典型代表，其能源消耗和碳排放量位居全国各行业前列，长期以来受到国家政策的严格管控，随着中国碳达峰、碳中和目标的提出，绿色低碳发展已经成为全行业必须面对的关键任务。传统的生产方式依赖于大量的能源和矿石资源，导致资源消耗巨大且生产过程中的污染物排放严重，为了满足日益严格的环保要求和实现可持续发展，钢铁企业需要引入先进的数字化和智能化技术，以实现对生产全过程的精细化管理，减少能源浪费和污染排放。此外，随着环保法规的不断收紧，企业面临的合规成本也在逐年上升，这进一步推动了企业对节能降耗、绿色制造的迫切需求。通过数字化转型，钢铁企业可以构建智能能源管理系统和碳排放监控平台，实现对能源消耗和碳排放的实时监测与优化，为实现“碳中和”目标奠定基础。

科技进步和新一代信息技术的发展为钢铁行业的数字化转型提供了强有力的支撑。近年来，以工业互联网、大数据、人工智能、5G 通信、云计算和区块链为代表的新兴技术迅速发展，这些技术在制造业的应用场景愈加成熟，为钢铁行业的数字化创新带来了新的契机。通过工业互联网平台的建设，钢铁企业能够实现设备互联、数据采集和智能分析，不断打破原有的“数据孤岛”现象，使得生产流程的各个环节实现数据互通和信息共享。大数据和人工智能技术的引入则使得企业能够在海量生产数据中挖掘潜在的规律，为工艺优化、设备维护、质量提升等提供智能化决策支持。5G 通信技术的普及也为工业现场的实时数据传输提供了更高效、更稳定的网络环境，推动了智能制造的进一步深化。此外，云计算和区块链技术的应用则为钢铁企业的供应链管理和质量追溯带来了全新的解决方案，通过数字化手段提升了供应链的透明度和产品的可追溯性，增强了企业的整体运营能力和市场响应速度。

同时，钢铁行业内部结构的深刻变化也是推动数字化转型的重要因素。随着供给侧结构性改革的深入推进，国内钢铁行业的整合力度不断加大，大型钢铁企业集团通过兼并重组实现了生产能力的优化配置和市场份额的扩大。然而，伴随着企业规模的扩大和生产环节的复杂化，传统的管理模式和信息系统难以适应日益增长的数据管理和分析需求。数字化转型能够帮助企业构建覆盖全流程的智能化管理体系，实现从原材料采购、生产制造到成品交付的全流程透明化和数字化管理，提高企业的精细化管理水平和运营效率。此外，客户需求的变化也倒逼钢铁企业进行数字化升级。下游行业对钢材产品的质量和性能提出了更高的要求，并且越来越倾向于定制化、差异化产品。传统的批量化生产模式已经难以满足这种需求变化，企业需要依托数字化和智能化技术，提升生产灵活性和产品质量的一致性，从而快速响应市场需求的变化，增强客户满意度和市场竞争力。

7.2.2 钢铁行业数字化转型的定义与内涵

钢铁行业的数字化转型是指通过大数据、物联网、人工智能、云计算、区块链等先进数字技术的应用，对钢铁制造企业的生产流程、管理模式和业务结构进行全方位的创新和重构，从而实现全流程的智能化、精细化和高效化，推动钢铁行业从传统制造模式向智能制造、绿色制造迈进。钢铁行业作为传统制造业的重要组成部分，历来被视为经济发展的支柱产业。然而，随着全球化进程的深入和市场竞争的加剧，钢铁行业面临着产能过剩、能源消耗高、环保压力大、市场需求波动剧烈等多重挑战。在这种背景下，数字化转型成为钢铁行业寻求突破与可持续发展的重要路径。

钢铁行业的数字化转型不仅是技术手段的升级，更是生产模式、管理理念和商业模式的深度变革。具体而言，数字化转型包含了生产制造、供应链管理、产品创新、市场营销等多个环节的数字化改造和优化。

在生产制造方面，通过智能设备、传感器网络和工业互联网的应用，钢铁企业能够实时监测生产线的运行状态，收集设备和流程的数据，借助于大数据分析和人工智能算法，实现设备的预测性维护、生产流程的优化调度，以及生产效率的提升。例如，智能化高炉系统可以通过分析原料成分、温度变化和生产需求，实现燃料配比的动态调整，从而降低能耗，减少污染物排放，提升钢铁产品的质量和产量。

在供应链管理方面，钢铁行业的数字化转型通过物联网和区块链技术的深度融合，实现了从原材料采购、物流运输、仓储管理到成品交付的全流程可视化和信息化。钢铁企业可以利用供应链管理系统，实时跟踪和监控物流运输状况，优化库存水平，减少库存积压和资金占用风险。同时，区块链技术的引入，使得供应链数据的透明性和安全性大大提升，钢铁企业可以通过区块链平台追溯原材料来源，确保产品质量的可追溯性和供应链的绿色化，有助于建立可信的供应链网络，降低交易成本，提高供应链的协同效率。

在产品创新和市场营销方面，钢铁行业的数字化转型利用人工智能、大数据分析和客户关系管理系统（CRM），帮助企业精准把握市场需求变化，制定个性化的产品和服务策略。钢铁企业可以根据客户的个性化需求，通过大数据分析挖掘潜在市场机会，并结合智能制造技术，提供定制化的钢材产品，提升客户满意度和市场竞争力。此外，数字化营销工具的使用，如电子商务平台和社交媒体广告，使得钢铁企业能够更快速、更精准地触达目标客户群体，降低营销成本，提升品牌影响力和市场份额。

从长远来看，钢铁行业的数字化转型是一项系统性、长期性的战略工程，它不仅涉及技术手段的升级，还要求企业在管理理念、组织架构和业务流程上进行深刻变革。通过引入先进的数字技术，钢铁企业能够打破传统制造模式的局限，实现从大规模生产向柔性化、智能化生产的转变，提升企业的市场竞争力和抗风险能力。未来，随着5G、人工智能、物联网等新兴技术的进一步发展，钢铁行业的数字化转型将会不断深化，为行业的高质量发展注入新的活力和动力，助力钢铁企业在全球市场中占据更有利的地位。

7.3 钢铁行业数字化转型的系统构建

钢铁行业的数字化转型是一个复杂而庞大的系统工程，需要深入融合信息技术与工业生产，并建立起覆盖全流程、全要素的数据管理和智能决策体系。整个系统的构建不仅涉及硬件和软件的深度集成，还包含生产、能源、物流、质量等多个维度的数据协同与优化，如图 7-2 所示。为此，钢铁企业通常会将数字化系统的构建划分为四个核心模块，即数字采集系统、数据治理系统、数据分析系统以及资源配置与调度管理系统，各模块间紧密衔接、互相配合，共同推动生产流程的精细化管理与智能化升级。这种模块化的系统设计能够帮助企业高效应对复杂多变的生产环境，实现全局优化与智能化决策，提升整体竞争力。

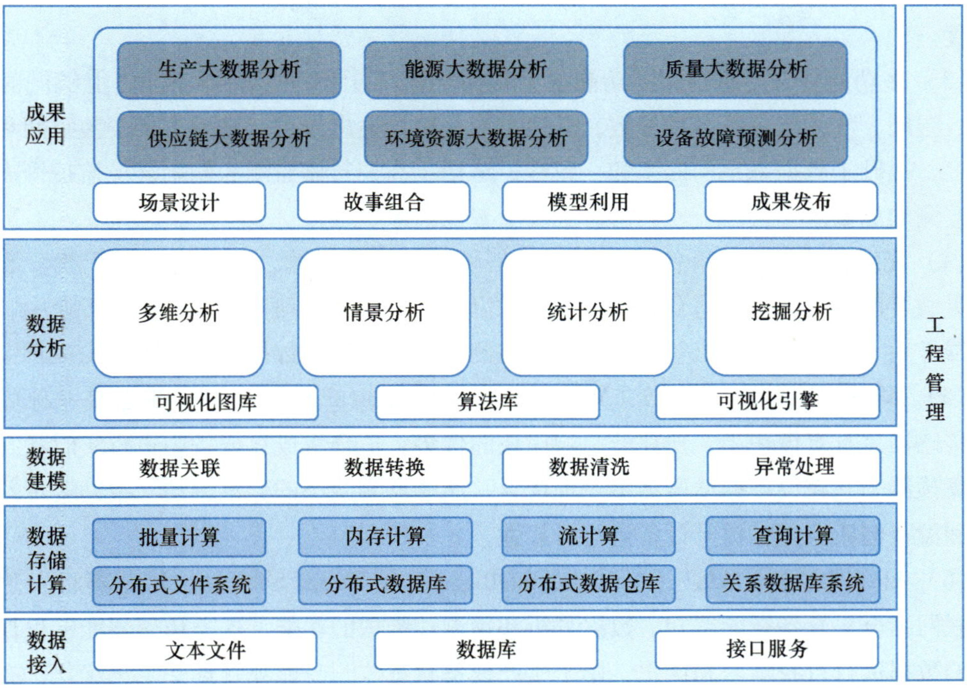

图 7-2 某钢铁企业数字化系统概念图

7.3.1 数据采集系统

数据采集系统是钢铁企业实现数字化转型的基础设施，它通过各类传感器、仪表和智能设备，从生产现场的不同环节实时采集生产过程中的各类数据。数据采集系统的核心功能包括数据的监测、收集、传输和初步处理，为生产管理和智能分析提供可靠的数据支撑。在钢铁行业中，数据采集系统覆盖了从原材料入厂、炼铁、炼钢、连铸、轧钢到成品仓储的全流程，采集的数据类型涉及温度、压力、流量、成分等关键参数。数据采集系统的架构通常由各类传感器、智能仪表、工业摄像头与机器视觉、工业控制设备、工业物联网设备、环境监测设备等组成。

7.3.1.1 传感器设备

在钢铁行业中，数字化和智能化的进展推动了传感器设备的革新，除了传统的温度、压力、流量传感器等物理量传感器外，涌现了一批新型的数字化传感器。

（1）智能传感器。智能传感器融合了数据采集、处理和通信功能，具备嵌入式处理器或 AI 芯片，能够在传感器端对数据进行实时处理和异常检测。这种传感器不仅减少了数据传输量，还能降低对中央系统的依赖，支持分布式决策和优化控制，广泛应用于设备状态监控和生产过程的智能化调节。

（2）边缘计算传感器。边缘计算传感器集成了计算和存储功能，能够在本地进行数据分析和处理，不需要将所有数据上传至云端处理。这类传感器适合实时性要求高的场景，如高炉温度监控和轧钢过程控制，能够快速响应并进行现场决策，提升生产效率和控制精度。

（3）多功能复合传感器。多功能复合传感器集成了多种传感器单元，能够同时采集温度、湿度、气体成分等多种参数，并通过统一接口输出数据。它减少了安装空间和布线复杂度，提升了数据采集的效率和一致性，适用于高炉气体监测和轧钢环境监控等需要多参数监测的场景。

（4）光纤传感器。光纤传感器利用光信号进行数据传输，具备抗电磁干扰、耐高温和高灵敏度的特点，特别适合恶劣环境下的温度、应变和振动监测。在钢铁行业中，这类传感器常用于高炉、连铸机等高温区域的监测，提供精确的数据采集和可靠的运行保障。

（5）MEMS 传感器。MEMS（Micro-Electro-Mechanical Systems）传感器是一种微机电系统传感器，具有体积小、功耗低、响应快的优势，适合集成在设备中进行实时状态监测和故障预测。它在设备振动监测中表现优异，能够监测微小的异常振动，帮助实现预测性维护和设备健康管理，提升设备运行可靠性。

（6）AIoT 传感器。AIoT（Artificial Intelligence of Things Sensors）传感器将人工智能与物联网结合，具备智能感知、数据分析和预测性维护的功能。这类传感器能够根据实时采集的数据进行自我学习和优化，用于生产设备状态监测、能耗管理和工艺优化，有助于钢铁企业实现更加智能化和高效的生产管理。

7.3.1.2 智能仪表

（1）智能电表。智能电表不仅能精准采集和分析用电数据，实现对生产全流程的智能监控，还具备远程通信与自动化调节功能，帮助企业提升能源管理效率。通过智能异常检测和故障预警，智能电表显著增强了生产过程的安全性与稳定性。同时，智能电表与 MES（生产执行系统）、ERP（企业管理系统）等系统的深度集成，使得用电数据能够驱动智能决策，优化生产调度和节能方案，助力钢铁企业向智能化、绿色化和高效化方向转型升级。

（2）智能气体分析仪。气体分析仪可实现多气体成分的实时检测和快速响应，通过多传感器集成在高温、高压环境中高效运行。内置的人工智能算法能对气体数据进行自动化分析，识别异常趋势和泄漏风险，并通过工业互联网实现与工厂管理系统的数据联动。大数据的支持也使得气体分析仪能够提供更准确的预测性维护和能效优化方案，进一步提升了钢铁行业在安全性、环保合规和生产效率方面的管理能力。

（3）智能水质分析仪。智能水质分析仪具备了多参数实时监测、智能分析和远程数据联动等新功能，显著提升了水质管理效率。这些仪器采用集成式传感器，可同时监测多种水质参数（如 pH 值、溶解氧、浊度、重金属含量等），并通过高速数据处理芯片实现秒级响应。借助内置的人工智能算法，水质分析仪能够自动识别水质异常并发出预警，支持对污染源的溯源分析。此外，通过工业互联网和大数据平台的联动，仪器可实现数据的远程实时传输与共享。

（4）智能热流量计。在钢铁行业数字化、互联网和大数据技术的赋能下，最新型智能热流量计具备了高精度测量、智能分析和远程监控等尖端新功能。相较传统设备，智能热流量计采用先进的传感器和机器学习算法，能精准监测流体的温度、流速和热量变化，适应高温、高压的复杂工业环境。借助工业互联网连接，仪器可将实时测量数据传输至云平台，实现全流程的数据共享与可视化监控。大数据分析功能则帮助企业优化能源使用，进行预测性维护，自动识别异常流量情况并提前预警，为钢铁企业在提升能效、降低能耗和保障安全生产方面提供了强有力的技术支持。

7.3.1.3 智能摄像头与机器视觉

（1）智能化工业摄像头。智能化工业摄像头集成了图像处理芯片、AI 算法和边缘计算功能，具备本地智能分析和自适应学习能力，不仅能够捕捉高清图像，还能在摄像头端进行实时处理。它可以识别表面缺陷、检测焊缝、进行尺寸测量等操作，显著提升了检测速度和精度，降低了对中央处理器的依赖。同时，这类摄像头具备自适应学习功能，可以根据历史数据和反馈进行优化调整，适应复杂生产环境的变化需求。

（2）深度学习驱动的机器视觉。现代机器视觉系统通过集成深度学习算法，突破了传统图像处理方法在复杂背景和噪声环境中的局限性，能够识别更加复杂、不规则的缺陷和异常。深度学习模型经过大量样本训练后，具备高容错性和高识别率，适合用于钢板表面划痕、气泡、裂纹等复杂缺陷的检测。实时反馈和在线更新功能使模型可以不断优化，保持检测精度和一致性，有效降低误报和漏报的概率。

（3）3D 视觉与多光谱成像。3D 视觉系统和多光谱成像技术为钢铁行业带来了新的检测手段，能够捕捉物体的深度信息和不同光谱下的特征，实现对物体三维形态和表面特征的精准识别。3D 视觉可用于测量钢材的几何尺寸、检测平整度，而多光谱成像则能检测不同材质的表面状态，如涂层厚度等。这些技术显著提高了钢材质量检测的精度，帮助企业实现更高标准的产品质量控制。

7.3.1.4 工业物联网设备

（1）边缘计算网关。边缘计算网关是工业物联网系统的核心设备，能够在生产现场对传感器和设备采集的数据进行本地分析和处理，无需将全部数据传输至云端。这种设备集成了计算、存储和通信功能，支持多种协议连接，适合实时性要求高的应用场景，如连铸、轧钢过程的实时监控和优化控制。边缘计算网关减少了网络延迟，提升了系统的响应速度，并增强了现场决策能力。

（2）无线传感器网络节点。无线传感器网络节点是工业物联网中的重要组成部分，采用低功耗设计，支持多种通信协议，能够在恶劣环境中实现稳定的数据采集和传输。它们通过自组织网络构建覆盖广泛的监控系统，适用于钢铁企业的温度、压力、气体成分等实时监测应用，帮助企业实现设备运行状态的全面监控和优化。

（3）无线传感器网络。工业无线传输模块采用 LoRa、NB-IoT、Wi-Fi 6 或 5G 等通信技术，实现数据的无线传输和远程监控。这类设备具有高可靠性、抗干扰能力强的特点，特别适合钢铁行业复杂的生产环境中使用。它可以将采集到的设备运行状态和生产参数数据实时传输到中央系统，帮助企业进行远程监控和智能化调度，提升生产效率和安全性。

（4）RFID 与条形码扫描器。RFID（射频识别）与工业传感器集成设备结合了无线射频识别技术和多种传感器功能，可以对物料、成品、设备等进行高效跟踪和状态监控。这类设备支持对温度、湿度、振动、位置等参数的实时监测，并将数据自动上传至中央控制系统，适用于库存管理、物流跟踪和设备健康监测等应用场景，提升了生产管理的自动化和精准度。

7.3.2 数据治理系统

随着物联网、智能制造以及工业互联网技术的广泛应用，钢铁企业的数据量正经历前所未有的爆炸式增长。现代钢铁生产流程中，大量的传感器、监控摄像头、智能仪表和工业机器人等设备，实时采集生产过程中涉及的各类数据。这些数据涵盖了生产工艺、设备运行状态、能耗情况、产品质量等多个关键环节，涉及的范围从原材料采购、炼铁、炼钢、轧钢到成品入库。然而，由于这些数据来源多样、格式复杂，再加上不同生产环节使用的系统平台往往各自独立，导致数据无法在全企业范围内进行高效共享和整合，形成了数据孤岛现象。信息孤立不仅使企业难以从全局视角分析生产流程中的问题，还会造成数据冗余、数据质量低下和标准不一致等问题，直接影响钢铁企业在数字化转型中的深度应用和智能化决策能力，某钢铁企业数字治理系统框架图如图 7-3 所示。

面对日益增长的数据量，钢铁企业正逐步提升其数据处理能力，以应对复杂多变的生产需求。过去，钢铁企业大多依赖传统的手工数据记录和分散化的系统采集，无法满足实时分析和动态调整的需求。近年来，企业开始积极引入大数据平台和现代化的数据治理工具，通过搭建数据采集与处理架构，逐步实现对全流程数据的标准化管理。在这一过程中，ETL（Extract-Transform-Load，即抽取、转换、加载）技术的应用尤为关键，能够帮助企业从多源异构系统中提取数据，对数据进行清洗、格式转换和标准化处理，最终加载至统一的数据库中。通过这种系统化的数据处理，钢铁企业能够更好地消除数据噪声与异常值，提升数据的准确性和一致性，为后续的数据分析、预测和优化提供强有力的基础支撑。

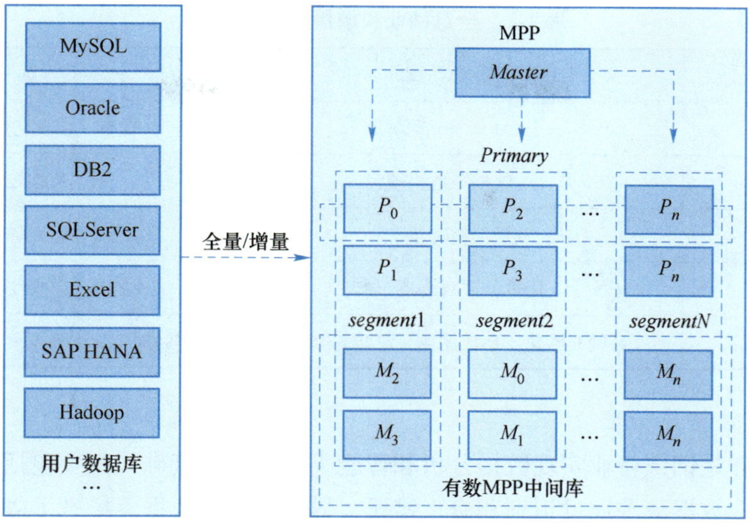

图 7-3 某钢铁企业数字治理系统框架图

7.3.2.1 数据抽取

钢铁行业在获取生产数据后，首先会进行数据抽取，这是后续数据处理和分析的基础环节。数据抽取是指从各种生产设备、传感器和信息系统中收集并提取原始数据，并将其汇总到统一的数据平台。此过程通过不同的抽取逻辑和方式对海量、多源异构数据的集成和筛选，以确保数据的完整性、一致性和准确性。通过高效的数据抽取，钢铁企业能够为后续的清洗、分析和建模提供可靠的数据基础，进而支撑智能化生产决策、流程优化和质量控制等应用，实现生产效率的提升和资源的优化配置。

（1）全量抽取。全量抽取是一种将整个数据集完整地提取出来的方法，无论数据是否发生了更新，每次抽取时都会重新提取所有数据。全量抽取的优点在于操作简单，可以确保抽取数据的完整性，因此通常用于系统初始化或小规模数据集的抽取。在实施过程中，全量抽取对系统资源和网络带宽有较高的消耗，并且在数据量较大时耗时较长，因此不适合于频繁更新或数据量庞大的场景。全量抽取的主要种类包括文件抽取、数据库表抽取、API 抽取、数据仓库全量导出、定期全量备份、镜像复制等。

（2）增量抽取。增量抽取则是一种仅提取更新部分数据的抽取方式，每次抽取时只会提取自上次抽取以来发生变化的数据。相较于全量抽取，增量抽取对系统资源的占用较少，处理时间更短，适合于需要频繁更新的数据同步场景。该方法通常依赖于数据的时间戳、标记字段或日志记录来识别和定位变化部分，因而实现过程相对复杂，但在数据量较大、更新频率较高的环境中更具优势，其主要种类包括基于时间戳的增量抽取、基于日志的增量抽取、基于标记位的增量抽取、基于增量快照的抽取、基于变更数据捕获（CDC）的增量抽取等。

根据数据源的变化情况，钢铁企业在进行数据抽取时通常采用全量抽取和增量抽取两种主要方式，两种抽取方式各有特点，具体对比见表 7-1。

表 7-1 全量抽取和增量抽取的对比

对 比 项	全 量 抽 取	增 量 抽 取
数据量	较大（所有记录）	较小（仅变化数据）
系统负担	高，对数据源负担较大	低，负担较小
实时性	较低，耗时长	较高，适合实时更新
实现难度	简单，逻辑清晰	较复杂，需要变更检测
适用场景	系统初始化、小数据量、定期备份	实时同步、大数据量、变化频繁

7.3.2.2 数据预处理

数据预处理是钢铁行业实现数据分析和智能决策的重要基础，主要包括数据清洗和数据转换两部分。数据清洗通过识别和修正错误、异常及缺失数据，提升了数据的准确性和可靠性；而数据转换则对不同来源、格式各异的生产数据进行标准化处理，使其能够统一适配分析模型和应用系统，如图 7-4 所示。通过高效的数据预处理，钢铁企业能够确保数据的一致性和高质量，为后续的智能化生产、能效优化和预测性维护提供坚实支撑。

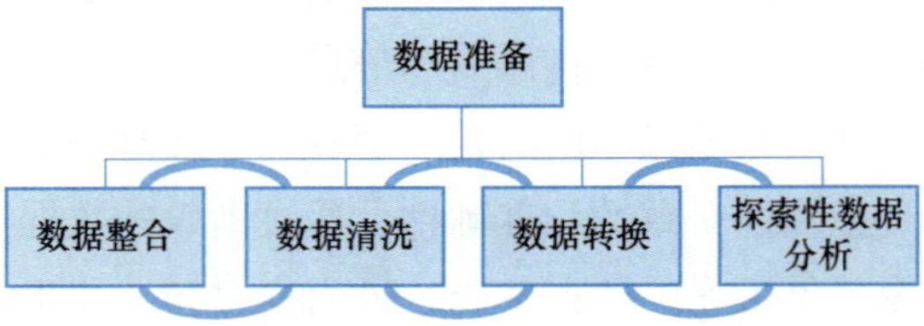

图 7-4 数据预处理工作

（1）数据清洗。数据清洗是指识别、修正和删除数据中的错误、异常值、不一致性和噪声，以提升数据的质量和可靠性。在钢铁行业中，生产过程复杂且设备多样，数据清洗的任务尤为重要。数据清洗不仅帮助企业获得准确的数据输入，还能避免因数据质量问题导致的错误决策和生产故障。钢铁行业中数据清洗面临种种挑战和任务，最为常见的问题包括缺失数据处理、异常值检测与修正、重复数据去重、格式标准化。通过数据清洗，钢铁企业能够显著提升数据的质量，为后续的数据转换、数据分析、建模和智能决策提供更加可靠的基础。

（2）数据转换。数据转换是指将清洗后的原始数据进行结构调整、格式转换和标准化处理，使其能够与后续分析模型、业务系统和数据库结构兼容。在钢铁行业中，生产数据通常来自多种来源，包括 PLC 控制器、DCS 系统（分布式控制系统）、MES 系统、传感器网络等，数据格式复杂且种类繁多，因此需要进行以下几方面的转换与处理。1）对不同的数据来源进行格式转换，将这些不同格式的数据标准化为统一的格式以便于后续处理和分析；2）对钢铁行业涉及大量物理参数进行单位转换，确保分析时各项数据具有一致性和可比性；3）对于钢铁企业的生产数据中包含的大量非结构化和半结构化数据进行结构化转换，提取出故障时间、设备 ID 和故障类型等字段，便于进一步分析和处理；4）钢铁企业的各个系统使用的设备编号、物料编码等不尽相同，数据转换时需要进行映射和融合，以建立统一的数据标识体系；5）钢铁生产过程中，来自不同设备和系统的数据可能存在时间差异，在数据转换时，需要对时间戳进行标准化处理，并对不同数据源的时间序列进行同步和对齐，确保数据在时间维度上的一致性。

7.3.2.3 数据加载

数据加载是 ETL 过程中的最后一步，它的主要任务是将经过清洗和转换的数据加载到目标数据库或大数据平台中，以便后续的数据分析和挖掘。通过数据加载，处理后的数据将被存储在高效、可扩展的数据仓库或大数据平台中，确保数据在存储和访问方面的高效性与可靠性。对于钢铁行业而言，数据加载不仅为生产分析、预测模型和决策支持系统提供数据基础，还为实现实时监控和数据驱动的智能优化提供了必要的数据支撑。根据数据加载的策略和执行方式，数据加载可以分为以下几种类型。

（1）全量加载。全量加载是指将所有数据（包括新数据和历史数据）一次性加载到目标系统中，每次加载时，系统会清空目标数据存储，再将源数据全部导入。这种方式适用于数据量相对较小或更新频率较低的场景，但在数据量较大的情况下可能会导致加载时间较长、系统负荷增加，因此在大数据环境中较少使用。

（2）增量加载。增量加载是指仅加载自上次加载后发生变化的数据，通常是新增或更新的数据。这种方式通过对比源系统和目标系统的数据差异，仅将差异部分进行加载，避免了全量加载带来的性能压力。增量加载在数据量大、更新频繁的场景中尤为有效，能够提高数据处理效率，减少对系统的影响。

（3）实时加载。实时加载是指在数据变化发生时，立即将变化的数据实时加载到目标系统中。这种方式通常依赖于流处理技术和事件驱动的架构，适用于需要实时数据分析、实时监控或实时决策支持的场景。在钢铁行业中，实时加载常用于生产线的实时数据监控、设备故障预测等应用。

（4）批量加载。批量加载是指按照预定的时间周期（如每天、每小时等）将数据从源系统批量导入到目标系统，这种方式适用于数据更新周期较长、对实时性要求不高的情况。钢铁企业中，批量加载常用于处理生产日志、月度产量统计等数据。

7.3.3 数据分析系统

钢铁企业数据分析与优化系统是钢铁行业数字化转型的核心组成部分，它通过对大量生产、设备、质量、能源等数据的深度分析（见图 7-5），实现生产过程的智能优化和精细管理。该系统集成了大数据分析、机器学习、人工智能等技术，能够帮助钢铁企业提升生产效率、减少能源消耗、提高产品质量，并实现智能决策和实时监控。

钢铁企业的数据分析与优化系统集成了多种先进技术和方法的复杂体系，并且包含众多不同功能和特性的模块，以适应企业多方面的需求，但通常都会围绕以下几个关键模块来构建和运行。

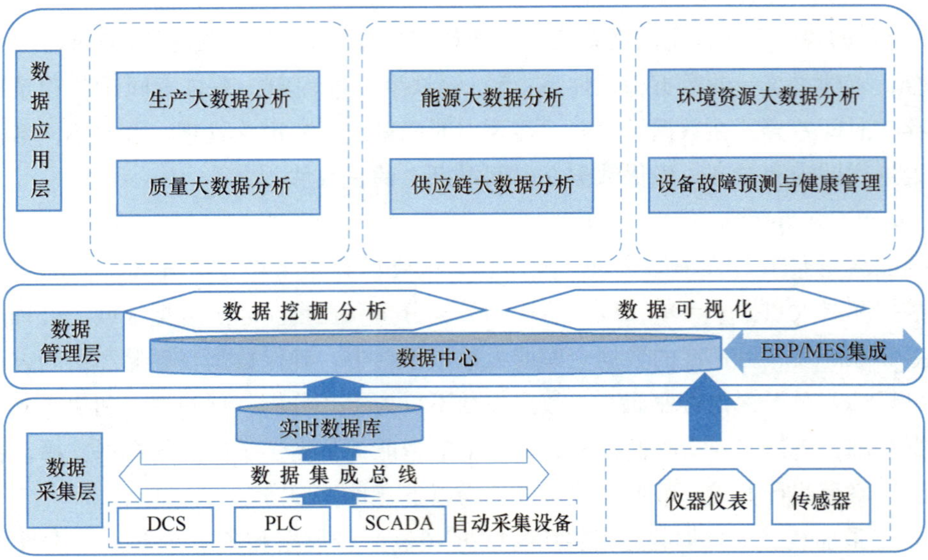

图7-5 某钢铁企业数据分析系统

7.3.3.1 生产数据分析

生产数据分析模块通过对钢铁生产过程各环节（如高炉、炼钢、轧钢、热处理等）的生产数据进行全面收集、汇总和深入分析，帮助企业及时识别潜在的生产瓶颈、优化生产工艺和流程，降低生产中的停机时间，提高设备利用率。例如，系统通过对设备运行状态、生产效率、能源消耗和设备故障记录等数据进行实时监控和分析，能够识别设备运行的异常模式，预测设备的故障风险，并提前发出预警信号。这样，企业可以根据预测结果提前安排设备检修或更换，避免突发故障导致的生产中断或生产效率下降。此外，生产数据分析还可以为工艺改进提供数据支持，优化生产参数，提升整体生产效率和产品质量。

7.3.3.2 能效分析与优化

钢铁生产是典型的高能耗行业，能效分析模块在此背景下发挥着至关重要的作用。该模块通过实时采集和分析各类能源消耗数据，如电力、燃气、蒸汽等，全面评估生产各个环节的能效水平。通过深入分析不同生产环节（如高炉、炼钢、轧钢等）以及设备的能源消耗情况，系统能够识别出能效低下的环节和设备，并针对性地提供优化建议。例如，系统可以根据实时数据调整生产工艺、改进设备运行方式、优化能源供应等措施，帮助企业提高能源使用效率，减少不必要的能源浪费。通过这些优化手段，能效分析模块不仅能够有效降低企业的能耗，还能大幅减少碳排放，助力企业实现绿色低碳目标。此外，该模块还能为企业的长期能源管理提供数据支持，帮助制定更加科学的能源策略，实现可持续发展。

7.3.3.3 质量分析与控制

钢铁产品的质量控制对企业的市场竞争力和品牌形象至关重要。质量分析与控制模块通过全面收集和分析生产过程中各类质量数据，如产品的成分、尺寸、表面缺陷等，帮助企业识别潜在的质量问题并进行及时调整。该模块利用先进的智能算法，能够实时监控和自动调整生产参数，确保产品在生产过程中的质量一致性，减少人为操作带来的误差。通过数据分析，系统能够发现生产中的偏差并提供优化建议，帮助工艺人员及时调整，确保产品符合设计标准。此外，质量分析与控制模块还支持生产过程的质量追溯功能，能够详细记录每一批次产品的生产信息和质量检测结果。在出现质量问题时，企业可以快速定位问题源头，采取有效的改进措施，确保质量问题得到及时解决，从而减少返工、废品率和客户投诉，提高产品的市场竞争力和客户满意度。

7.3.3.4 预测性维护与设备优化

通过对设备历史运行数据的深入分析，结合机器学习和人工智能技术，预测性维护模块能够有效预测设备的故障风险，从而提前采取措施避免突发故障。该模块通过实时监控设备的运行状态，分析关键参数如温度、压力、振动等，运用智能算法识别潜在的故障模式，并预测设备在未来的故障概率。借助这些预测，钢铁企业能够在不影响生产的情况下，优化设备的维护计划，避免在设备出现故障时进行紧急维修，减少生产中断的风险。此外，预测性维护还能够帮助企业延长设备的使用寿命，提高设备的运行效率，降低突发故障带来的维修成本和停机时间，进一步提升整体生产效率和经济效益。这种基于数据和智能化预测的维护方式，能够大大提高设备管理的科学性和精准性，为企业的长期生产稳定性提供强有力的保障。

通过这些模块的协同工作，钢铁企业能够实现全流程的智能化生产管理，提升生产效率、降低成本、减少资源浪费，并不断提升产品质量。数据分析与优化系统不仅帮助钢铁企业实现可持续发展，还能为企业在激烈的市场竞争中提供技术优势，推动企业的数字化、智能化转型。

7.3.4 资源配置与调度管理系统

资源配置与调度管理系统是钢铁行业数字化转型中的重要组成部分，旨在通过智能化手段优化生产资源的配置和调度，从而提升生产效率、降低能耗、减少生产瓶颈，并保证生产流程的顺畅运行。该系统的核心功能包括资源调度、工艺优化、生产计划管理等，主要通过实时监控生产线、设备、人员和物料等资源的使用情况，进行数据分析和决策支持。

7.3.4.1 资源调度与优化

资源调度是资源配置与调度管理系统的核心功能之一，它通过综合分析生产需求、设备状态、原料库存和人员安排等因素，自动生成和优化生产调度计划。系统能够实时监控各生产环节的设备运行状况，根据生产负荷和设备状态的变化，动态调整生产任务和资源分配，避免设备过载或闲置，提高生产资源的利用效率。同时，系统还能够智能调度能源和原料的供应，确保各个生产环节按需获取资源，减少物料和能源的浪费，优化生产过程，提升整体生产效率。通过这些优化，钢铁企业能够提高生产线的运作效率，降低成本，同时支持绿色低碳发展目标。

7.3.4.2 生产计划与排程

生产计划和排程管理是资源配置与调度管理系统的另一个关键功能，该系统通过综合分析订单需求、生产能力、物料供应、设备状态等多方面信息，自动生成精准的生产计划和排程方案。生产计划帮助企业合理安排各生产环节的作业顺序、时间节点及资源分配，减少等待时间和无效时间，从而提高生产效率和设备利用率。系统还能够与其他管理系统（如 MES、ERP、WMS（仓储管理系统）等）进行集成，实现生产计划的动态调整和同步更新，确保生产流程的顺畅衔接，避免因信息滞后或冲突导致的生产延误。通过这一功能，企业可以更精确地控制生产进度，优化生产资源配置，提升整体生产效益。

7.3.4.3 设备与人员调度

资源配置与调度管理系统还具有优化设备和人员调度的功能，确保设备和工人的配备与生产需求相匹配。系统能够根据生产任务的紧急程度、优先级和重要性，智能调整设备和人员的使用，优先调度高效设备和经验丰富的操作工人。同时，系统能够避免生产资源的过度集中或闲置，确保每个生产环节都能得到足够的资源支持。通过智能化的设备和人员调度，系统能够提升生产线的平稳性和灵活性，减少生产瓶颈，确保生产任务能够按时、高效地完成，从而提升企业的整体生产能力和响应市场需求的能力。

7.3.4.4 能源与物料供应调度

能源（如电力、天然气等）和物料（如钢铁原料、辅料等）的供应调度也是资源配置与调度管理系统的关键组成部分。系统通过实时监控能源和物料的库存水平，结合生产计划和实际需求，进行智能化的调度和分配，确保生产过程中能源和物料供应的及时性，避免因供应不足而导致生产中断。与此同时，系统还能够根据生产负荷的变化和不同生产环节的特点，优化能源使用方式，减少浪费，实现更高效的资源利用。此外，系统还支持根据实时需求调节能源消耗，帮助企业在满足生产需求的同时，降低能源成本，推动节能减排，实现绿色低碳生产目标。

7.3.4.5 故障响应与调整

在生产过程中，设备故障或生产异常经常不可避免，可能会对整体生产进度和效率产生较大影响。资源配置与调度管理系统通过实时监控生产设备和生产环节，能够迅速识别生产中的异常情况，如设备故障、生产线停滞等问题，并及时进行调整。通过系统内置的自动化故障响应机制，系统能够根据故障的紧急程度，迅速调整生产调度或资源配置，确保生产流程不受重大影响，最大程度地减少因设备故障或生产异常所带来的停机时间和产能损失。这一功能不仅提升了生产线的稳定性和灵活性，还帮助企业降低了故障发生时的生产风险，提高了整体的生产效率。

7.3.5 钢铁行业数字化新架构

我国钢铁行业在数字化转型方面一直处于国际领先地位，随着数字化技术与钢铁产业深度融合，众多创新型智能系统和平台相继投入使用，覆盖了从生产制造、设备维护、质量管理到能源管理等多个核心领域。例如，MES（生产执行系统）、EMS（能量管理系统）这些智能系统的应用，不仅显著提升了企业的生产效率，还大幅提高了决策过程的智能化水平，为钢铁企业的高质量发展提供了强有力的支撑。

生产执行系统（Manufacturing Execution System，MES），是一套面向制造企业车间执行层的生产信息化管理系统。生产中涉及的物料种类多且颇为繁杂，比如原材料、辅料、零件、成附件、标准件、产品等物料，MES 系统能够对生产物料的基本属性数据进行定义、修改、维护与查询，同时 MES 物料管理功能提供物料主文件管理、物料清单（BOM）管理、工艺路线管理等功能对物料基础数据进行管理。

能量管理系统（Energy Management System，EMS）是一种集软硬件于一体的智能化系统，用于监控、控制和优化能源系统中的能量流动和能源消耗。它基于数据采集、分析和决策支持技术，能够实时监测能源设备的运行状态、能源消耗情况以及环境条件，从而实现对能源的高效管理和优化。

目前，MES 系统和 EMS 系统等已经相对完善，并广泛应用于钢铁企业。尽管钢铁行业目前已经应用了 MES、EMS 等多种数字化系统，实现了对生产流程、物料和能源的精细化管理，但整体的数字化水平仍有提升空间。未来，随着工业云平台、大数据、人工智能、区块链等技术的深入应用，钢铁行业将引入更多创新型系统，特别是以云平台为核心的系统架构，将成为企业数字化转型的关键。

7.3.5.1 边缘云平台：边缘数字化核心平台

钢铁行业的边缘云平台是企业数字化转型中的关键组成部分，负责处理生产现场产生的大量实时数据。作为边缘数字化核心平台，它能够实现数据的本地采集、存储、计算和分析，极大地缩短了数据处理的延迟时间。该平台主要部署于钢厂的生产一线，包括高炉、转炉、轧钢机等关键设备和工序，通过连接大量传感器、PLC 控制器和工业摄像头，实时采集温度、压力、能耗等关键参数。

边缘云平台的核心优势在于其高效的数据处理能力和分布式计算架构。通过在边缘端对数据进行初步处理和分析，平台能够过滤掉冗余数据，仅将有价值的信息传输到上层云平台进行深度分析，从而降低了带宽占用和数据传输成本。此外，边缘平台还支持本地的智能分析和快速响应，能够及时识别生产异常情况，如设备故障或能耗异常，避免因延迟导致的生产损失，提高生产效率和安全性。

随着工业互联网、5G 通信和人工智能技术的进一步发展，钢铁行业的边缘云平台将迎来更多创新应用。未来，边缘云平台将更加注重智能化分析和自主决策能力的提升，结合深度学习、边缘 AI 等前沿技术，实现更高效的设备状态监控和生产工艺优化。此外，基于 5G 网络的广泛部署，边缘平台将具备更高速的数据传输能力和更低的网络延迟，为实现钢铁行业的无人化生产和智能工厂建设提供有力支撑。边缘云平台的应用，将大幅提升钢铁企业的数字化水平，推动行业向智能化、绿色化和高效化方向持续发展。

7.3.5.2 云平台：资源配置与管理云平台

钢铁行业的云平台作为企业数字化转型的核心基础设施，承担着资源配置、数据管理和业务协同的重要任务。云平台通过整合生产、供应链、物流、设备维护等多源异构数据，实现企业内外部系统的互联互通，打破了传统的信息孤岛，形成了覆盖全业务流程的综合管理与调度体系。依托弹性计算和分布式存储架构，云平台能够高效处理钢铁生产过程中产生的庞大数据流量，包括温度、压力、能耗、物流追踪等海量实时数据。基于云端强大的数据处理和分析能力，企业能够及时获取生产状态的全景视图，并进行智能化的决策支持，如动态调整产能、优化供应链排程和实施预测性维护。此外，云平台还提供高度灵活的扩展能力，支持企业根据业务需求动态调整计算资源，提升生产效率和应对市场变化的能力。

资源配置与管理云平台能够对全流程资源进行智能调度与优化，包括设备、能源、物料、人力等关键要素。系统根据生产需求和实时数据，对资源进行动态配置和自动调度。例如，平台可以依据订单需求、设备运行状况和库存情况，自动调整生产计划和排产策略，确保生产效率的最大化。同时，云平台能够对能源消耗进行智能分析和预测，优化能源的使用，减少浪费，实现节能减排的目标。

此外，资源管理云平台具有作为连接的中枢，与其他系统（如 MES 等）的集成的作用，进而形成统一的数据管理中心。通过云平台，钢铁企业可以实现从生产到销售的全流程数据共享与协同，提升产业链协同效率和企业运营的透明度，帮助企业在快速变化的市场环境中保持竞争力。

7.4 中国钢铁行业数字化进展

7.4.1 中国钢铁企业数字化进展

2024 年 4 月，中国钢铁工业协会发布了《钢铁行业数字化转型评估报告（2023 年）》（以下简称《报告》），以 49 家企业为例，从基础建设、单项应用、综合集成、协同与创新等方面，分析评估了我国钢铁行业数字化转型的进展。

参评企业包含国有企业 18 家、民营及混合所有制企业 31 家。其中，粗钢产能 1000 万吨及以上企业 14 家、500 万～1000 万吨企业 12 家、200 万～500 万吨企业 17 家、200 万吨以下企业 6 家。《报告》指出，绝大部分钢铁企业建立了数字化转型相关管理组织和团队，并加强其规划落实，系统间的综合集成能力进一步加强。在研发、制造、服务全生命周期管控以及产业链协同等方面需继续深化，这也是现阶段钢铁企业数字化转型需重点建设的内容。

《报告》显示，在基础建设方面，93.9% 的企业将数字化转型融入企业总体发展战略规划中，并持续投入大量资金实施数智化改造升级项目。其中，24.5% 企业的资金投入占营业收入的比例超过 1%。2022 年，企业资金投入 165.4 亿元，平均吨钢投入 38.5 元，较 2021 年提高 8.7 元，提升 23.9%。数据管理工作稳步推进，63.3% 的企业建立了数据治理组织和专职队伍，专门开展数据治理工作，这一比例较 2021 年提高 12.2 个百分点。

在单项应用方面，97.9%的企业已普及车间级制造执行管理信息系统。其中，子系统联网率达到100%的企业比例较2021年提高4.2个百分点，达31.9%。应用工业机器人成为钢铁行业普遍共识，机器人（含无人化装备）应用密度达54台（套）/万人，较2021年36台（套）/万人提升50%。信息技术在能源管理、环保监测、安全管控、物流仓储、设备监控、生产过程优化等方面的创新场景大幅增加，生产流程整体信息化水平有所提升。

在综合集成方面，500万吨规模以上企业基本实现了管控衔接、产销一体和业财无缝。其中，78.7%的企业应用信息技术实现订单排产与优化，与2021年保持齐平。建设智能工厂和智能集控中心正在成为新趋势，有40%的企业在其主要产线应用了三维可视化仿真技术，较2021年提高2.5个百分点。

在协同创新方面，企业正加大力度构建上下游客商高效紧密衔接的生态圈，实现信息共享。数据显示，企业均能在不同程度上实现与上下游客商在线协同，其中，与供应商实现订单协同的企业占53.1%，较2021年提高9.5个百分点。79.6%的企业对大数据模型进行了试点应用，18.4%的企业已开展局部AI（人工智能）应用。利用工业互联网技术实现智能化生产过程管控和智慧化运营管理的企业达79.6%和57.1%，较2021年分别提高7.3个百分点和1.8个百分点，企业综合协同、智能管控能力呈稳步提升趋势。

7.4.2 中国钢铁数字化转型标杆

中国钢铁行业在数字化转型方面取得了显著进展，涌现出宝武集团、鞍钢集团等一批标杆企业，它们凭借创新的数字化解决方案和先进的智能制造能力，成为行业内数字化转型的先行者和引领者。这些企业不仅在生产效率和产品质量上实现了显著提升，还在绿色生产、信息化管理和智能化决策方面展现了卓越成效，推动了钢铁行业向高效、智能、可持续方向发展。这些标杆企业通常具备以下共同特点：（1）将数字化战略深度融合到企业总体发展规划中，建立了覆盖全流程的智能制造体系，涵盖从原料采购、生产制造到成品交付的各个环节；（2）积极探索并应用大数据分析、人工智能、工业互联网等前沿技术，打造了高度自动化、智能化的生产模式；（3）注重环保和能源效率，通过数字化手段对能耗进行实时监控和优化，实现了绿色低碳生产，助力行业整体的碳减排目标。

2015年宝武集团发布了智慧制造的发展规划，智慧制造进入了整体的试点阶段，历经五年的深耕细作，2020年宝武集团大数据中心正式投入运营，同时宝武上海基地工厂旗下五个智慧制造项目获评“灯塔工厂”最佳实践案例，覆盖智慧计划、智慧生产、智慧设备管理、智慧质量管理和智慧物流五大模块，是当时唯一入选“灯塔工厂”最佳实践案例的中国企业。依靠大数据支撑、网络化共享和智能化协作，宝武集团打造了第三方钢铁云平台欧冶云商，平台当前企业用户超过12万家，每日交易用户5000家以上。在产业物流领域，构建智慧物流服务体系，目前已接入仓储企业超过2000家、运输企业5000家，加工产线超过1000条。在产业金融领域，宝武集团打造中国宝武在线数字化金融服务平台，已累计发生业务规模上千亿元，服务中小企业2000家。在新冠肺炎疫情期间，钢铁生态圈的建设为中国宝武加快推进企业复工复产发挥了积极作用。

鞍钢集团紧密围绕企业新时期发展战略，以“两化”深度融合为目标，构建了企业数字化能力模型，绘制了未来钢厂新蓝图，全面指引智能制造建设。鞍钢集团数字化能力蓝图包含数字化平台架构能力、数据智能授权能力、业务自动化能力、敏捷生产能力、智慧管理与服务能力、用户洞察能力、数字化战略能力七个方面，横向贯穿从企业研发设计、生产过程、经营管理到客户服务全流程，纵向贯通从平台建设、生产管理、业务管理到战略管控全环节。

鞍钢矿业公司依托数字矿山建设的现有成果，结合矿冶工程的“五品联动”新理念，积极推进智慧矿山的全面建设；搭建了标准化基础设施平台，实现了信息运维的统一与规范；构建了一体化数字采掘平台，推动生产管理的透明化升级；打造了人性化的安全管控平台，着力提升企业的本质安全水平；整合业务流程，建立了高效协同的集成化管理平台，增强了规范管理能力；推出了个性化移动应用平台，灵活安排工作空间，满足不同业务需求，实现移动办公的高效化。鞍钢矿业公司智慧生产平台实现了对澳大利亚卡拉拉矿业有限公司的监管服务，被国家评为工业互联网平台集成创新应用试点示范项目。

鞍山钢铁集团有限公司通过全流程质量管控及大数据项目建设，横向打通了各生产线及最终客户之间的数据，纵向打通了从一级到四级的数据，实现了物料、工艺数据的关联匹配，提高了生产效率和管理效率。大型轨梁分厂通过 CPS 系统建设，实现了生产过程自动跟踪和生产数据自动匹配、全流程产品质量的溯源分析和质量优化与车间数字化模拟运行。鞍山钢铁集团鲅鱼圈分公司通过智能能源管控平台建设，建立了多场景多时长能源介质发生量、消耗量预测模型；从经济运行角度，进行多能流协同实时优化，实现全系统价值最大化。2020 年，组织实施鞍钢股份鲅鱼圈分公司原料场、炼钢、厚板和鞍山本部炼钢、2150 mm 热轧、2130 mm 冷轧 6 条首批智能化试点示范产线改造；2021 年，向同类产线推广并实施 5 条智能化产线改造。同时，重点围绕基础自动化升级、模型优化与深度应用、智能装备应用、工业大数据分析、集控中心建立等，共组织放行 119 个项目，累计投入运行 96 个项目。此外，还建成了鞍山本部炼钢、热轧、冷轧全流程智能制造示范区，营口鲅鱼圈全流程智能制造示范基地，鲅鱼圈“钢铁厚板项目”被国家评为智能制造试点及人工智能应用试点双示范。

唐钢在提高全供应链管控和分析决策过程的数字化水平中不断创新与探索，构建了集智能装备、智能工厂、智能互联于一体的智能制造体系，成为国内钢铁行业数字化转型标杆，也是河北钢铁行业加快数字化转型促进钢铁工业高端化、绿色化、智能化发展的缩影。一直以来，唐钢积极致力于智能制造领域的探索，特别是区位调整后，通过融合互联网、大数据、5G 等前沿智能制造技术，打造出国内钢铁行业首个覆盖全生产流程的智能制造体系，各业务单元具备智能化响应及配套一体化的数字化管理，实现了全流程安全、高效、精益化生产管控。2024 年，河钢集团唐钢公司成为全国 35 家获得三星级评估的企业之一，同时也是河北省唯一获此评估的钢铁企业，这标志着唐钢数字化转型水平与能力获得国家工业和信息化部的评定认可，达到国内领先级别。

南钢集团积极嫁接内外部资源，构建钢铁数字系统与生态，打造数据治理 + 工业互联网平台双轮驱动的领先架构，通过智能生产、智慧运营、智慧互联和数字服务等领域建设，全面推进数字化转型工作。南钢目前已建成 1 个国家级智能制造示范工厂、2 个省级智能工厂、2 个省级工业互联网标杆工厂、7 个省级示范智能车间。南钢先后荣获国家级工业互联网试点示范企业、国家“区块链 + 制造”企业、全国首批“数字领航”企业、江苏省工业互联网示范工厂等国家及省市荣誉 70 余项。

攀钢集团西昌钢钒有限公司通过钢铁工业大脑建设，对提钒、脱硫、转炉炼钢、精炼、连铸等炼钢全流程相关的生产过程和检测数据进行挖掘分析，构建优化模型，找出影响该工序的关键因素并针对不同场景进行关键因素配置推荐，实现了工艺优化的目标，有效降低了脱硫剂等原料单耗；基于冷轧表检的历史数据进行人工智能判定模型训练，辅助人工进行质量判定，降低人工依赖性、提高精准度，目前判定准确率已达到人工水平。

上述一系列钢铁企业在数字化转型方面取得了丰硕成果，标志着我国钢铁行业正在向智能化、绿色化、高效化的方向迈进。这些企业通过广泛应用工业互联网、人工智能、大数据、物联网、云计算和 5G 等先进技术，实现了从原料采购、生产制造、仓储物流到成品销售的全流程数字化管控和智能化优化。这一转变不仅推动了生产效率和资源利用率的提升，还加速了行业结构的升级优化，促使钢铁行业从传统的高耗能、高污染制造模式，逐步转型为更加精益化、智能化、低碳环保的绿色制造模式。

7.4.3 中国工业大模型

随着中国钢铁行业数字化与智能化进程的不断深入，行业发展迎来了重要突破。中国宝武、河钢集团以及中国钢研科技集团等相继发布了面向钢铁行业的大模型。这一系列行业大模型的推出，标志着中国钢铁企业在人工智能与工业智能化应用领域迈出了关键的一步，展示了我国钢铁行业数字化转型的新高度。通过引入大模型技术，这些企业在生产优化、能源管理、材料研发等多个领域取得了显著成果，实现了从传统制造向智能制造、精准决策的升级，大幅提升了企业的生产效率和绿色发展水平。这不仅推动了企业自身的高效运营，也为整个钢铁行业的全面转型升级提供了有力支持和借鉴示范作用。

7.4.3.1 宝武集团工业大模型

10 月 23 日，在 2024 年全球低碳冶金创新论坛暨第九届宝钢学术年会上，中国宝武发布了自主研发的“宝联登钢铁行业大模型”。该大模型包括基础大模型、行业垂类大模型、应用场景领域模型三层架构，总体达到垂类模型国内领先水平，是中国宝武推动钢铁行业绿色低碳发展的创新举措。这款大模型由宝武旗下公司宝信软件研发，研发团队在行业内首创提出集平台、数据、算力、模型、场景“五位一体”的钢铁大模型建设思路，在智能化整体架构、“五位一体”的总体能力、行业垂类大模型分层构建、预测模型构建、钢铁制造工序设备实时智能控制、新型人机交互模式等方面取得了创新突破。

7.4.3.2 河钢工业大模型

10 月 24 日，河钢自主研发的垂直领域钢铁行业人工智能大模型——“威赛博钢铁大模型”，在2024中国国际数字经济博览会上发布。该模型是全国首发的垂直领域钢铁行业大模型，也是河北省首家通过国家生成式人工智能服务备案的大模型。

“威赛博钢铁大模型”充分利用河钢集团的丰富场景资源，依托强大的语言理解能力、先进的算法和模型技术，能够精准理解、生成并处理钢铁行业的大量信息，实现与用户的多维度协同互动，提供涵盖信息检索、数据分析和决策支持等方面的专业服务。该大模型通过深度融合算力、数据与算法，广泛适用于企业研发设计、中试验证、生产制造、营销服务和运营管理等多类人工智能应用场景。大模型在自然语言处理和计算机视觉方面表现卓越，覆盖了钢铁生产中复杂的流程操作，能够为技术人员辅助新材料研发，提出优化高炉炉温控制的科学建议，指导转炉炼钢的工艺过程，检测钢材表面缺陷，并提供设备运维状态的智能诊断建议。通过构建全栈自主可控的人工智能大模型技术体系，“威赛博钢铁大模型”不仅提升了钢铁企业的运营效率和市场竞争力，还助力推动整个行业向高端化、智能化和绿色化方向迈进。

7.4.3.3 中国钢研工业大模型

11月2日，国内首个行业智能决策大模型——中国钢研“冶金流程优化大模型”在CAC2024中国自动化大会主会场首发。大模型面向冶金工业数字化转型，针对冶金流程网络化建模难、多目标优化求解难和不确定场景自适应难三大难题，运用中国钢研70多年的知识积累和跨专业协同优势，整合多源异构数据，构建精细化的冶金流程模型，实现从材料研发到生产制造的全流程智能化管理。

该模型聚焦全流程高价值场景，从钢铁制造全流程视角，横向贯通炼铁、炼钢、连铸、轧钢各工序，纵向协同计划、调度、控制各环节，支撑流程一体化排程、动态调度、能源和生产协同优化等高价值场景，助力钢铁制造流程动态有序运行。同时，采用专家协同模式，深度融合各类大模型、专业模型和钢铁知识，通过思维链导引和智能体协同，提供可解释、可迭代的冶金流程优化应用系统。该模型依据对冶金流程业务的深度理解，内置了各类解决方案的仿真验证和KPI评价，既发挥了大模型内容生成的创造力，同时也有效规避了大模型幻觉等问题，为大模型应用保驾护航，做到万无一失。

7.5 钢铁行业数字化未来展望

7.5.1 钢铁行业数字化发展趋势

在数字化浪潮的推动下，未来钢铁行业的核心发展方向将更加聚焦于构建数字化工厂、推进工业互联网平台建设以及深化数据驱动的智能决策。

（1）钢铁企业将加速实施数字孪生和边缘计算技术，通过高精度的虚拟仿真模型实现生产设备和工艺流程的实时监控和优化调整。这种数字孪生技术能够模拟真实生产环境，预测设备性能和生产异常，并为工艺改进和新产品研发提供数据支撑。

（2）工业互联网平台将成为钢铁企业数字化转型的关键载体。通过集成物联网、大数据、人工智能等先进技术，工业互联网平台能够实现设备的互联互通和全生命周期管理，打破传统的信息孤岛。借助平台化的数据集成和智能分析，钢铁企业可以实现跨系统、跨流程的综合管理，提升生产效率和资源利用率。同时，这些平台还可以连接上下游供应链和客户，为企业提供更精准的市场需求预测和个性化服务能力，推动钢铁行业从“制造”向“智造”升级。

此外，随着数据驱动智能决策系统的不断完善，钢铁企业将更加依赖于大数据分析和人工智能模型来支持生产、质量和运营决策。智能算法能够从海量生产数据中识别潜在规律，优化排产和资源配置，并实现精准的质量控制和设备预测性维护。这种数据驱动的运营模式，不仅能降低生产成本、提高产品质量，还能有效提升企业的市场响应速度和竞争优势，为钢铁行业迈向智能化、数字化的未来注入强劲动力。

7.5.2 钢铁行业数字化面临挑战

尽管钢铁行业在数字化转型中取得了一定成效，但仍面临诸多挑战。

数据孤岛和系统集成问题仍然存在，企业内部各系统间数据标准不统一，信息共享难度较大，限制了数字化技术的深度应用。由于企业内部存在多个独立的生产系统和管理软件，数据格式、接口标准和传输协议各不相同，导致信息无法有效共享，“数据孤岛”现象仍无法彻底解决。这种现象限制了跨部门、跨系统的数据流动和集成，阻碍了数字化技术的深入应用。为了打破这一壁垒，企业需要投入大量资源进行系统整合和数据标准化建设，但这一过程通常复杂且耗时长，增加了数字化转型的难度。

高昂的投资成本与长周期的经济回报使得中小企业难以承担全面升级的负担。数字化技术应用的经济回报通常需要经过长期的生产优化和效率提升才能逐步体现，这种长周期的回报模式与企业短期的盈利目标存在矛盾，高昂的初期投入和不确定的投资回报率，导致一些企业对数字化改造持观望态度，进一步延缓了行业整体转型进程。

数字化人才短缺与技能差距进一步加剧了企业在新技术应用上的瓶颈。传统钢铁企业员工的技能结构偏向于传统制造工艺，对数字化技术的掌握和应用能力普遍不足。行业对复合型数字化人才的需求激增，然而，企业往往缺乏完善的人才培养体系和吸引力，导致数字化人才短缺成为阻碍转型的重要瓶颈。

此外，随着数字化技术的深入应用，网络安全和数据隐私保护问题也愈发凸显。工业控制系统和企业核心数据一旦遭受攻击，不仅会导致生产停滞和经济损失，还可能造成严重的安全事故。与此同时，数据隐私保护要求也逐渐提高，尤其是在涉及客户信息和供应链数据的场景中，企业面临着严格的合规要求，如何建立健全的网络安全防护体系，保护数据安全和隐私，成为钢铁企业数字化转型中亟待解决的重要课题。

7.5.3 钢铁行业数字化前景展望

钢铁行业正迎来数字化转型的关键时期，智能制造与绿色低碳发展正在成为未来的主旋律。在全球制造业向数字化、智能化、绿色化不断演进的背景下，钢铁企业逐步引入大数据、人工智能、物联网、5G 通信等先进技术，推动传统生产方式的全面升级。未来，钢铁行业的数字化转型将不仅限于单一环节的优化，而是朝着全流程覆盖、全产业链协同的方向迈进，实现智能化、无人化和可视化的生产管理模式。

随着科技进步和政策支持的不断加码，钢铁行业的数字化转型进程将进一步加速。这一转型不仅有助于提升企业的生产效率和产品质量，还将增强其在国际市场上的竞争力。展望未来，钢铁行业将通过智能化、自动化、绿色化的不断融合，形成高效、智能和可持续的新型产业模式，推动整个行业向更加智能、高效和绿色的未来迈进。

思考题

7-1 钢铁行业能源系统数字化、智能化推进过程中可能遇到哪些困难，如何解决这些困难？

7-2 钢铁行业能源系统数字化、智能化管理对于节能减碳的推动作用体现在哪些方面？

7-3 钢铁工业能源系统数字化、智能化管理内容可涉及哪些方面？

参考文献

[1] 中国信息通信研究院．中国数字经济发展研究报告［M］．中国信息通信研究院，2023.

[2] 王国栋．数字钢铁白皮书［M］．北京：冶金工业出版社，2022.

[3] NA H，SUN J，YUAN Y，et al. Theoretical energy consumption analysis for sustainable practices in iron and steel industry［J］. Metals，2024，14（5）：563.

[4] 王国栋，张龙强，付静，等．“双碳”背景下我国废钢资源高质循环利用战略研究［J］．中国工程科学，2024，26（3）：63-73.

[5] ZHANG L，YUAN Y，XI J，et al. Synergistic enhancement for energy-saving，emission reduction and profit improvement in iron and steel manufacturing system：Strategies for parameter regulation and technologies integration［J］. Energy Conversion and Management，2024，322：119101.

[6] 王军生，林利，张宇，等．基于数据治理的钢铁材料数字化研发［J］．中国冶金，2024，34（6）：1-13.

[7] ERFURTH L. Stahlbau 4.0-Fünf Trends füreine Industrie im Wandel［J］. Stahlbau，2018，87（2）：80-86.

[8] 张充，张伟，张建荣，等．“工业互联网 + 钢铁厂安全生产”管控系统架构研究［J］．中国安全生产科学技术，2023，19（4）：5-13.

[9] NA H，DU T，SUN W，et al. Review of evaluation methodologies and influencing factors for energy efficiency of the iron and steel industry［J］. International Journal of Energy Research，2019，43（11）：5659-5677.

[10] 李涛，郦秀萍，上官方钦，等．中国钢铁行业数字化碳管理发展探讨［J］．工程科学学报，2024，46（2）：209-217.

[11] 陈宝奇，那洪明，袁喻兴，等. 钢铁企业炼铁系统（㶲）损优化及影响因素分析［J］. 钢铁，2023，58（11）：141-149.

[12] 工业和信息化部. 钢铁行业数字化转型实施指南［M］. 工业和信息化部，2024.

[13] GARRONE FRANCINE. Protected by digitization，fragile steel industry files to go public［J］. JOM，2008，60（10）：64.

[14] 李毅仁，李梦龙，侯长江，等. 面向钢铁碳中和的数字化碳管理体系构建与实施［J］. 钢铁，2024，59（9）：13-21.

[15] YUAN Y，NA H，CHEN C，et al. Status，challenges，and prospects of energy efficiency improvement methods in steel production：A multi-perspective review［J］. Energy，2024，304：132047.

[16] 中国钢铁工业协会. 钢铁行业数字化转型评估报告［M］. 中国钢铁工业协会，2024.

[17] XINGLI W，HUCHANG L. A dual linguistic scale-based digitization and exploitation method for scrap steel remanufacturing process selection［J］. Engineering Applications of Artificial Intelligence，2021，100：104169.

[18] LUKAS K，PAUL S，FELIX B，et al. A digital twin-based adaptive optimization approach applied to waste heat recovery in green steel production：Development and experimental investigation［J］. Applied Energy，2024，353：122192.

[19] NIKHIL J，HENDRIK J W，ERNST W，et al. How key-enabling technologies' regimes influence sociotechnical transitions：The impact of artificial intelligence on decarbonization in the steel industry［J］. Journal of Cleaner Production，2022，370：133624.

[20] BOŻENA G，RADOSŁAW W. Transitioning of steel producers to the steelworks 4.0—literature review with case studies［J］. Energies，2021，14（14）：4109.

[21] KOTESHWAR C. Building digitally-enabled process innovation in the process industries：A dynamic capabilities approach［J］. Technovation，2021，105：102256.

[22] ANNUNZIATA T B，BARBARA F，VALENTINA C，et al. The challenge of digitalization in the steel sector［J］. Metals，2020，10（2）：288.

[23] 何宇城，聂志权，何萍，等. 中国宝武数字化司库体系建设实践［J］. 财务与会计，2023，2：39-43.

[24] 刘东. 鞍钢集团数字化转型评价体系构建与评价实践研究［J］. 冶金管理，2024，7：61-63.